U0480797

创新节奏论

岑 杰　徐 晶　著

科学出版社
北　京

内 容 简 介

本书从时间的视角出发，通过聚焦企业的"创新节奏"这一问题，旨在突破传统的对创新量级的研究，将研究的视角转移到创新的过程。本书遵循"知识—能力—协时"的研究逻辑，通过专利研究法、微观计量法等方法，全方位地研究了创新节奏的生成机制与绩效机制。本书关于"创新节奏"的研究，一方面，将组织研究中的"节奏观"引入企业研发创新研究，为企业创新研究提供了一个新的理论视角；另一方面，加深了读者对创新行为甚至创新结果的理解。

本书可供技术创新研究人员、企事业单位科研人员以及企业的行政管理者等阅读参考。

图书在版编目(CIP)数据

创新节奏论 / 岑杰，徐晶著. -- 北京：科学出版社，2025.6. -- ISBN 978-7-03-080100-5

Ⅰ.F279.23

中国国家版本馆CIP数据核字第20247ZJ619号

责任编辑：陈会迎 / 责任校对：姜丽策
责任印制：张 伟 / 封面设计：有道设计

科 学 出 版 社 出版
北京东黄城根北街 16 号
邮政编码：100717
http://www.sciencep.com

北京中科印刷有限公司印刷
科学出版社发行 各地新华书店经销

*

2025 年 6 月第 一 版　开本：720×1000　1/16
2025 年 6 月第一次印刷　印张：12 1/4
字数：245 000

定价：138.00 元
（如有印装质量问题，我社负责调换）

前言：在时间的脉动中寻找创新的韵律

我们正身处一个被"创新"深刻定义的时代。从国家战略的宏大叙事到企业发展的微观实践，创新已成为驱动文明进步的引擎，重塑经济格局的杠杆，以及决定国家兴衰的关键变量。中国作为后发追赶并正努力实现引领的东方大国，其创新征程波澜壮阔：国家创新体系加速构建，全球创新指数排名显著跃升，量子通信、人工智能、新能源等前沿领域不断涌现突破性成果，"中国制造"向"中国智造"的华丽转身令人瞩目。国家重点实验室、工程研究中心、企业技术中心如雨后春笋般建立，研究与试验发展（research and development，R&D）经费投入持续增长，高新技术企业数量激增，技术交易市场空前活跃——一幅多主体、多层次、充满活力的创新图景正在神州大地铺展。

然而，在这幅壮丽的创新画卷之下，隐忧与挑战同样不容忽视。当我们站在"百年未有之大变局"的历史坐标上审视，一种深刻的"创新焦虑"正悄然浮现：为何在资源投入空前、政策支持有力、创新主体日益多元的背景下，关键核心技术受制于人的困境依然普遍？为何科技成果从实验室走向市场的"死亡之谷"依然难以跨越？为何创新活动时常陷入"爆发式跃进"与"断崖式停滞"的怪圈？这些现象指向了创新链条更深层次的症结——创新活动在时间维度上的失序与失调。原始创新投入的长期性、稳定性不足，成果转化机制在时序协同上的断裂，创新主体间动态协作节奏的错配，都暴露出现行创新体系在驾驭"时间"这一关键维度上的乏力。创新，常常被简化为一种静态的"结果"或孤立的"事件"，其内在的、动态的、贯穿始终的时间性本质，尤其是其展开的节奏（rhythm）却长期被忽视或低估。

正是这种对创新"时间性"的忽略，催生了本书的核心关切——创新节奏论。我们观察到，在信息技术革命狂飙突进、全球竞争格局瞬息万变、工作与互动节奏不断加速的背景下，"时间现象"对组织与管理的冲击日益凸显：时间碎片化与模糊化带来的认知困境、技术轨迹演进中多维时间特征的复杂性、企业间战略与创新行为如何协时（entrainment）的难题以及普遍弥漫的时间荒的感觉。时间，已远非行为发生的单纯背景板，它本身就是理解组织行为、战略决策与创新效能的核心透镜。创新，本质上是一个在时间长河中展开的动态过程序列。其成败不仅取决于"做什么"（what）和"怎么做"（how），更深刻地依赖于"何时做"以及"以何种节律持续做"（when and with what rhythm）。

节奏作为时间的核心属性之一，为我们破解创新的时间密码提供了关键概念。它并非指音乐中的节拍，而是指创新行为轨迹在时间维度上所呈现的规则化程度。节奏是组织内部协调复杂活动的无形脉络，是分配战略资源的时间机制，更是反映系统动态平衡过程的"主导性时间顺序"。从理论脉络看，自 Zerubavel(1981)将节奏定义为"事件重复地、有规则地发生"，Schriber 和 Gutek(1987)将其视为"事件展开的节律"以来，节奏观已逐步渗透到组织研究的各个领域，如变革节奏(Liguori，2012；Klarner and Raisch, 2013)、国际化与并购节奏(Shi and Prescott，2012)、联盟组合扩张节奏(Hashai et al., 2018)，乃至 Mudambi 和 Swift(2014)基于间断平衡理论提出的"创新节奏跳跃"，都揭示了节奏作为关键时间维度在解释组织现象中的强大生命力。遗憾的是，当聚焦于"创新"这一核心组织能力时，对创新行为本身序列化、动态化节奏的系统研究，却仍显稀缺。将"节奏观"系统引入创新管理研究，正是本书力求进行的理论探索。

本书的立意，在于倡导并构建一种"时间嵌入"的创新观。我们的观点如下。

(1)创新是时间中的旅程。任何创新行为都无法脱离其历史背景（路径依赖）、当下情境（时机窗口）与未来预期（战略远见）而孤立存在。理解创新，必须将其置于纵向的、连续的、序列化的时间流中考查。

(2)节奏是创新的韵律。创新活动的强度、频率、持续性及其变化模式（平稳演进抑或剧烈跳跃），构成了创新的独特"韵律"。这种韵律深刻影响资源利用效率、组织学习效果、风险承受能力以及最终的创新绩效。

(3)失衡的节奏导致"创新异象"。一些产业从爆发式增长到断崖式下跌的经典案例，以及众多企业时而激进投入、时而偃旗息鼓的"脉冲式"创新，其根源往往在于未能根据内外部环境（战略需求、技术生命周期、市场波动、政策周期）有效规划和调适其创新节奏，陷入短视化、碎片化、无序化的困境。

(4)驾驭节奏是核心能力。在高度不确定性的"乌卡时代"，企业乃至国家创新体系的核心竞争力，不仅在于拥有创新的资源与意愿，更在于具备识别、设计、调适和维持合宜创新节奏的能力。这要求管理者具备"时间智慧"(temporal intelligence)，能够敏锐感知时间压力，精准把握时机，有效协调多速并行的活动，在稳定与变革的节奏间寻求动态平衡。

我们深信，将"节奏"这一时间透镜引入创新研究，不仅是学术探索的深化，更是回应时代紧迫需求的必然。它促使我们从静态的"结果崇拜"转向动态的"过程关怀"，从片段的"事件管理"转向序列的"轨迹设计"，从被动的"应对时间"转向主动的"驾驭时间"。对于致力于建设科技强国、实现高水平科技自立自强的中国而言，理解并塑造合宜的创新节奏，是突破"卡脖子"困境、弥合成果转化鸿沟、激发全链条协同效能、最终实现创新体系从"大"到"强"跃升的关键变量。

本书的旅程，旨在叩响创新在时间长河中的韵律之门。我们邀请读者——无论是身处创新前沿的企业家与管理者，还是致力于政策制定的政府人士，抑或是潜心学术探索的研究者一同踏上这趟探索"创新时间性"的旅程。让我们共同思考：在瞬息万变的时代洪流中，如何让创新的脉搏跳动得更稳健、更持久、更富生命力？如何谱写一曲属于中国创新的、恢弘而隽永的"时间乐章"？答案或许就蕴藏在对"创新节奏"的深刻理解与自觉实践之中。

感谢国家自然科学基金青年项目"战略新兴产业企业创新节奏的双层协时治理与政策工具扩展研究"(2018—2020)和国家自然科学基金面上项目"企业通用新兴技术创新机理：双元转换视角下的'研发节奏-知识空间'耦合效应及其演进研究"(2021—2024)对"创新节奏"研究工作的资助。感谢科学出版社编辑的热心支持和大力帮助。在全书的撰写、修改和校对过程中，感谢靖晓菲、万玉莹、王琴、沈杰尘、顾晓琳、冯俊菁这六位学生深度参与本书的写作工作，完成的内容均超过 1 万字。

对节奏、创新节奏以及组织与管理中的时间的研究，从我读博阶段就开始了，回头一看，已经 15 个年头；这一研究范式、理论视角和底层逻辑，在我的研究中还在持续，也将一直持续。期待研究者、实践者关切这一话题，共同浇灌"组织和管理中的时间"的理论之树和实践之树。

岑杰，徐晶

2025 年 6 月，杭州

目　录

第1章　绪论 ·· 1
- 1.1　本书研究背景 ··· 1
- 1.2　研究目标、内容与框架 ··· 5
- 1.3　研究方法与创新点 ·· 9

第2章　节奏：组织理论的新视角 ··· 12
- 2.1　组织与管理研究中的时间透镜 ····································· 12
- 2.2　组织研究中的节奏 ··· 19

第3章　创新节奏：议题与讨论 ·· 30
- 3.1　创新节奏的研究现状 ··· 30
- 3.2　相关解释视角 ··· 41
- 3.3　双元转换：有效链接节奏与二元 ·································· 52

第4章　企业知识宽度和知识深度与创新节奏 ························· 61
- 4.1　本章研究问题 ··· 61
- 4.2　理论基础与研究假设 ··· 62
- 4.3　本章研究设计 ··· 69
- 4.4　分析与结果 ·· 72
- 4.5　结论、贡献与展望 ·· 77
- 4.6　本章小结 ··· 80

第5章　企业技术知识系统与创新节奏 ··································· 82
- 5.1　本章研究问题 ··· 82
- 5.2　理论基础与研究假设 ··· 82
- 5.3　本章研究设计 ··· 86
- 5.4　分析与结果 ·· 89
- 5.5　结论、贡献与展望 ·· 92
- 5.6　本章小结 ··· 95

第6章 企业人工智能能力与创新节奏 ·······96
6.1 本章研究问题 ·······96
6.2 理论基础与研究假设 ·······97
6.3 本章研究设计 ·······104
6.4 数据分析与结果 ·······109
6.5 结论与启示 ·······115
6.6 本章小结 ·······118

第7章 创新节奏、协时与企业绩效 ·······120
7.1 本章研究问题 ·······120
7.2 理论基础与研究假设 ·······121
7.3 本章研究设计 ·······126
7.4 研究模型与假设检验 ·······129
7.5 结论与启示 ·······133
7.6 本章小结 ·······136

第8章 行业速率、创新节奏与企业绩效 ·······138
8.1 本章研究问题 ·······138
8.2 理论基础与研究假设 ·······138
8.3 本章研究设计 ·······142
8.4 分析与结果 ·······146
8.5 研究与启示 ·······150
8.6 本章小结 ·······152

第9章 本书结语 ·······153
9.1 主要结论 ·······155
9.2 理论贡献 ·······157
9.3 现实意义 ·······158
9.4 研究展望 ·······158

参考文献 ·······161

第1章 绪　　论

1.1　本书研究背景

1.1.1　本书现实背景

实现高水平科技自立自强，构建国家创新体系，是推动高质量发展的必由之路，是中国式现代化建设的关键；进入创新型国家前列，是基本实现社会主义现代化的重要目标。国家"十四五"规划提出，"坚持创新驱动发展，全面塑造发展新优势。坚持创新在我国现代化建设全局中的核心地位……深入实施科教兴国战略、人才强国战略、创新驱动发展战略，完善国家创新体系，加快建设科技强国"。党的二十届三中全会提出"构建支持全面创新体制机制"，强调"统筹推进教育科技人才体制机制一体改革，健全新型举国体制，提升国家创新体系整体效能"。

围绕创新型社会转型、关键核心技术突破、重大战略平台布局等方面，我国的创新实践已经取得显著进展。一是一大批创新平台布局持续加强，初步构建了新型举国体制的发展基础。到2022年底，我国正在运行的国家重点实验室有533个，纳入新序列管理的国家工程研究中心有191个，国家企业技术中心有1601家，大众创业万众创新示范基地有212家。2022年，R&D经费支出实现了10.4%的年增长。自2012年以来，我国的全球创新指数排名显著提升，从2012年的第34位跃升至2024年的第11位，标志着我国已成功跻身创新型国家之列。二是科技创新对产业发展的支撑力度显著增强。化学、材料、物理、工程等基础科学领域在全球处于领先地位。在量子通信、铁基超导、合成生物、中微子、干细胞和脑科学等前沿科技领域，我国不断取得重大原创性科研成果，为"中国制造"向"中国智造"的转型提供了强有力的支撑。三是重点创新产业集聚，未来产业布局态势明显。各地积极制定未来产业发展规划，这对培育新的增长点、开拓新的赛道以及推动产业的转型升级具有重要的战略意义。

多主体多层次的创新体系正在逐步形成，"创新"已经成为一种社会现象。

一是企业发展成为科技创新主体。2022年企业研发投入占全社会研发投入的比重已超过3/4。高新技术企业从2012年的3.9万家增长至2022年的40万家，中小型科技企业达到50万家。在成果转化方面，2022年全国技术合同成交额已达到4.8万亿元，企业贡献了超过80%的技术吸纳。二是创新的产业孵化能力持续增强。2022年，我国有国家级科技企业孵化器1425家，国家备案众创空间2441家；《中国创业孵化发展报告（2022）》显示，孵化器毕业企业上市和挂牌累计超6500家，科创板上市企业中有103家为孵化器毕业企业，占比1/4。三是特色创新产业集聚形成。华为技术有限公司、比亚迪股份有限公司等企业国际化程度不断增强，专精特新中小企业等快速发展，762家企业进入全球企业研发投入2500强。科技型企业在补链延链强链中的主体地位更加突出，武汉东湖新技术开发区、杭州"天堂e谷"电子商务创意产业园、贵阳"中国数谷"、中国（南京）软件谷等特色地区产业链集群在巩固中持续发展。

但是，站在纵向的百年未有之大变局以及横向的复杂国际形势角度来看，创新链不均衡、创新体系不完善、创新行为和创新结果关联性弱等问题依然存在。第一，原始创新不足，关键核心技术受制于人的现象普遍存在。2022年，我国基础研究经费占研究与试验发展经费的比重为6.32%，低于发达国家15%的总体水平。基础研究投入比重较低制约了科技创新的自主性，不利于构建完整科学知识体系，难以突破关键核心技术受制于人、科技创新领域"大而不强"等困境。产业界对基础研究投入的重视程度不够，不利于增强产业链高质量发展的原始动能。第二，科技成果转化机制和市场亟须加强。跟发达国家横向比，我国科技成果转化能力还有很大提升空间，部分高校和科研机构科研项目的立项与决策过程缺乏专业市场前景及产业化潜力评估；高校和科研机构、政府、风投机构、大企业和创新公司等创新生态系统中各"生态因子"紧密相连、协同共生的制度仍须进一步探索。第三，创新主体与企业的协同机制不够健全。推进产业链、创新链融合的有关政策供给还有待完善，政务、科研、金融、中介、法律等基础服务支撑有待提升。大企业与中小企业之间的协同合作不够，大企业对整个产业的龙头带动作用不明显。

在创新领域中，创新经常被视为一种结果。但是，随着创新短视、创新步调凌乱、创新节奏失衡等问题频繁出现，越来越多的学者主张从时间的角度来对创新进行研究，关注企业创新行为过程，即对于企业创新的研究逐渐从静态化、片段化转变为动态化、序列化。在这种转变中，可以观察到不同的企业在创新过程出现的实践活动。特别是在创新管理的实践中，有些企业的创新过程呈现出不规则的变化轨迹，也就是说，在某些时期创新活动大量涌现，但是在另一些时期内则停止创新活动；另一些企业是以一种比较规则化的行为轨迹进行创新。企业在这一创新过程中体现出来的时间要素可以用节奏的概念来衡量，指的是创新轨迹的规则化程度，即创新节奏。节奏的背后，是时间视角（temporal len）。

在所有的组织和管理问题中，时间无处不在。时间不仅仅作为各种现象和行为发生的背景，更可以用来对许多组织和管理现象中的本质进行描述。对于企业而言，其在决策时受情境和时间因素的影响，企业往往基于纵向案例的序列化角度来看待组织管理中的问题，这会导致企业在看待组织管理问题时无法摆脱单一时间节点的管理局限性，从而使企业陷入了短视化的困境中。近年来，由于第四轮科技革命和产业革命的到来，随之而来的是信息技术（IT）的快速发展、工作节奏的快速转变以及团队互动的快速增加（McGrath and Tschan，2004），在此背景下，企业、团队、员工等均面临"时间现象"的冲击，这些冲击包括时间碎片化和模糊化带来的对时间多重性与不确定性理解、企业技术轨迹的多维度时间特征如何把握、企业间的战略和创新节奏如何协时、时间荒的感觉不断增加（Robinson and Godbey，1997）。因此，时间问题已经不能被单纯地看成是行为或事件发生的背景，还需要将其问题化以更好地研究组织和管理中存在的问题。

节奏作为时间的一个核心要素和属性，与时间密切相关，甚至可以通过对节奏这一概念的研究来理解组织和管理情境中的时间。节奏可以定义为行为轨迹的规则化程度（Vermeulen and Barkema，2002；Shi and Prescott，2012；Chen et al.，2016），节奏能够帮助人们对组织内部的各种创新活动进行协调，并为衡量创新活动的进度提供转折点（Gersick，1994），而且节奏创造了一个主导性的时间顺序，并反映了如何对复杂社会系统诸多方面的动态平衡过程进行协调的这一动态过程，它相当于是一个有效的时间机制，用以在不同的战略行为中分配时间。因此，在组织和管理情境中，应该将研究的焦点放在节奏这一核心时间维度以及创新行为展开的纵向过程，从而更好地协调企业的创新活动。

在实际生活中，由于节奏渗透于企业创新活动的各方面并影响着创新模式的选择，企业行为中的节奏观视角正处于蓬勃发展的状态。以我国光伏产业的发展为例，我国光伏产业在2004～2010年发展呈现急剧增长的态势，但是从2011年开始，受国内产业无序发展、国外贸易保护兴起等的影响，该产业创新活动大幅度甚至是"断崖式"跳水，导致全行业数年亏损。该产业出现创新异象是因为光伏产业属于新兴产业，而新兴产业又具有发展路径模糊和发展经验稀缺的特征，从而使行业中的企业容易沉溺于短期的创新活动中，不能很好地根据企业内部战略和外部产业环境对长时序的创新活动的节奏进行安排。任何企业的发展都离不开创新活动，更离不开对创新活动节奏的安排。基于光伏产业的例子，可以看出企业的创新异象在很大程度上是由于企业创新活动节奏的紊乱。因此，将组织研究中的"节奏观"引入到企业创新的研究中，不仅加深了我们对创新行为甚至创新结果的理解，还能在一定程度上减少创新异象发生的频率，从而促进企业的良性发展。

总而言之，在信息技术快速发展、战略节奏快速转变以及互动节奏快速增加的背景下，新的时间问题以及创新异象接连出现。因此，在组织和管理情境中，应该将节奏这一时间要素和企业的创新活动结合起来，从动态化、序列化的角度对企业的创新活动进行研究。本书的研究正是在此现实背景下展开的。

1.1.2 本书理论背景

时间是一种重要的理论视角。早期的组织和管理理论赖以存在和发展的基础就包括对时间尺度的选择(Ancona et al., 2001)。自 20 世纪 80 年代以来，在时间人类学(Hall, 1983)和时间社会学(Clark, 1985)的影响下，时间问题再次成为组织和管理学者研究的焦点问题，并提出了很多和时间相关的议题(Roe, 2008; Sonnentag, 2012)，使组织和管理情境中的时间研究蓬勃发展，逐渐成为一个相对独立的研究领域。但是，从研究现状来看，尽管时间基本渗入到组织和管理研究的所有领域中，不同研究的重点大多都集中在时间的某一个侧面，也就是说，对时间本身缺乏集中的、系统的研究。因此，为了理解时间本身，其中一个重要的部分就是要明确时间的构成，这就必须要考虑到不同时间维度下的时间属性(temporal attributes)。

节奏作为时间的一个重要属性，也可以被视为一种重要的理论视角。Zerubavel(1981)描绘了时间的四个主要属性，并通过对重复率(rate of recurrence)这一重要时间属性的描述得出节奏产生于事件重复地、有规则地发生时。Schriber 和 Gutek(1987)在组织文化中考查了时间属性，并且开发了一个量表测量这些属性。他们认为节奏是事件展开的节律。基于对节奏的定义，节奏观逐步深入到组织理论的各个领域。Liguori(2012)从节奏的维度考查了组织变革序列问题,并指出了变革的两种节奏,即革命型节奏和渐进型节奏。Shi 和 Prescott(2012)研究了兼并和联盟的节奏问题并开创性地提出了平稳-事件步调。Klarner 和 Raisch(2013)通过对欧洲保险公司进行探索性分析考查了变革节奏问题。Hashai 等(2018)基于节奏视角考查联盟组合扩张问题,指出一个更有规律的扩张节奏会减少对企业的负面影响。

创新节奏指的是创新轨迹的规则化程度,这个定义包含以下三个方面的内容:第一,创新节奏从时间的过程性角度来看,刻画的是创新活动的时间模式;第二,创新节奏涉及的是多个时间段的研发创新行为特征,也就是轨迹;第三,规则化程度从动态的角度出发,刻画的是研发创新行为的动态时间特性,是一种客观的而非主观的描述。近些年来,学者逐渐开始将动态平衡的视角引入到创新节奏的应用中来,这意味着时间在组织研究中不再单纯地作为背景因素而存在,而在更大程度上处于组织理论的核心位置,企业创新行为序列节奏的研究也日趋重要。Mudambi 和 Swift(2014)基于间断平衡(punctuated equilibrium)视角提出创新节奏跳跃,其描述的是在一定时期内,创新活动的投入脱离历史趋势发生的持续而显著的变化。企业的创新投入脱离发展趋势的变化通常情况下表明企业创新活动的节奏性转变,企业创新节奏跳跃的数值越大,意味着一定时期内创新投入偏离预期发展轨迹的幅度越大,创新节奏在一定时期内发生较大改变;反之,企业创新节奏跳跃的数值越小,说明一定时期内创新投入越贴合历史发展趋势,也就意味着一定时期内企业的创新节奏趋于稳定。

总之,随着组织时间研究的深入,节奏作为一个重要的时间因素和属性,逐渐渗透进组织研究的各个部分,如国际化节奏、并购节奏、制度化节奏以及学习节奏。而创新经常被视为一种绩效结果,因此当前越来越多的观点认为需要从时间这一过程视角考查创新。这是本书以创新节奏为研究主题的理论背景和理论出发点。

1.2 研究目标、内容与框架

1.2.1 本书研究目标

本书聚焦于创新节奏这一核心问题,从时间视角出发,探索"知识—能力—协时"逐步递进视角下创新节奏的前因和后果，尝试打开创新节奏的生成机制和绩效机制，构建企业创新研究中的节奏观理论。

1.2.2 本书研究内容

本书在研究目标的指导下，综合相关的文献资料，围绕创新节奏这一核心问题展开以下五个方面的相关研究。

1. 研究一：企业知识宽度和知识深度与创新节奏

目前，现有对创新节奏的研究主要的关注点在于其对企业绩效的影响，即采取"向后看"的视角，缺乏对其前因的关注。此外，无论是探索式创新节奏还是利用式创新节奏，都建立在过去的知识基础之上，而知识基础具有诸多属性，其中最基本的两个属性为知识深度和知识宽度。因此，本书从知识深度和知识宽度的视角切入，研究创新节奏的知识基础前因。

本书选取312家战略性新兴企业的2009~2018年平衡面板数据作为研究样本，分析知识基础对创新节奏的影响，并得出了知识宽度与企业创新节奏呈倒"U"形关系，但知识深度负向影响创新节奏；探讨了数字化对知识宽度、知识深度与创新节奏的关系的作用，并得出了数字化使知识宽度与创新节奏的倒"U"形曲线更陡峭，负向调节知识深度与创新节奏的负向关系。本书基于知识基础观，考查创新节奏的知识基础前因，从而弥补了现有关于创新节奏的研究在影响因素方面的不足。

2. 研究二：企业技术知识系统与创新节奏

现有的关于创新节奏研究的关注点在于创新节奏跳跃的绩效，但尚未回答"创新节奏的跳跃是如何产生的"这一问题，即对创新节奏前因的关注度不够。此外，创新节奏中的创新活动开展的基础是知识，而其必需的知识并不是散落、零碎的，需要形成一个联系紧密、具有关联性和系统性的技术知识系统。因此，本书从知识系统的角度入手，探索创新节奏的知识系统前因。

本书以我国489家战略性新兴产业上市企业2009~2015年的数据为研究样本，分析知识系统对创新节奏的影响，并得出了技术知识系统的多样性对创新节奏有显著的正向影响，且相关多样性比不相关多样性的正向作用更大；技术知识系统的独特性与创新节奏间呈倒"U"形关系。本书考查创新节奏的知识系统前因，从而进一步弥补了现有关于创新节奏的研究在"向前看"方面的不足。

3. 研究三：企业人工智能能力与创新节奏

在智能化时代背景下，人工智能是企业创新的战略来源，是改善企业绩效的一个强大工具。人工智能支持创新过程可以降低创新过程中的风险和成本。因此，本书结合当今的时代背景，从人工智能的角度入手，探索创新节奏的人工智能能力前因。

本书以我国895家制造业上市企业2011~2020年的面板数据为研究样本，从人工智能资源能力、分析能力和管理能力三个维度入手，分析了企业人工智能能力对创新节奏的影响，得到了人工智能能力的三个维度与创新节奏的跳跃行为间均存在倒"U"形关系；探讨了环境动态性对人工智能能力与创新节奏之间关系的作用，并得出了环境动态性使企业人工智能各个能力与创新节奏之间的倒"U"形曲线陡峭；探讨了高管自信对人工智能能力与创新节奏之间关系的作用，并得出了高管自信使企业人工智能资源能力和管理能力与创新节奏的倒"U"形曲线陡峭，但对人工智能分析能力与创新节奏的作用并不显著。本书基于人工智能能力，丰富了创新节奏"能力"的前因变量研究。

4. 研究四：创新节奏、协时与企业绩效

目前，在现有二元创新研究中，时间往往被视为企业创新活动开展的背景，故对于创新的过程性的研究仅运用"阶段划分"的方法。因此，本书从节奏这一时间视角出发，审视二元创新及其过程，探讨了二元创新节奏及其内部协时与企业绩效的关系。

本书以我国89个上市电子通信企业的534个企业年数据为研究样本，分析探索式创新节奏和企业绩效的关系，并得出了探索式创新节奏和企业绩效之间呈"U"形关系，且这个"U"形关系受到企业规模的调节；探讨了内部协时和企业绩效间的关系，并得出了探索式创新和利用式创新的内部协时与企业绩效间呈倒"U"形关系。本书将节奏观和协时观纳入二元创新过程的研究，细致地刻画二元创新节奏间的协时关系，也揭示了其绩效机制。

5. 研究五：行业速率、创新节奏与企业绩效

目前，在现有的创新研究中，往往都忽略了创新是面向未来并为未来做

准备的活动，因此，需要以更加宏观的视角去研究企业的创新节奏，故本书将行业速率引入对创新节奏与企业绩效之间关系的研究中，以更好地揭示创新节奏的绩效机制。

本书以我国制造业 8 个子行业的 156 个上市企业的 468 个年数据为研究样本，探讨了行业速率分异情景下创新节奏的绩效机制问题，并得出了在高速率产业中，创新节奏与企业绩效间呈倒"U"形关系，在低速率产业中，创新节奏对企业绩效有显著正向影响；研究了组织冗余的调节作用，并得出了组织冗余在创新节奏与企业绩效间起正向调节作用。本书从机会观的解释逻辑出发，将机会的外部因素和内部因素引入对创新节奏与企业绩效间关系的探索中，以弥补现有研究视角的不足。

1.2.3 研究框架

本书的基本研究框架如图 1-1 所示，本书五个研究间的逻辑关系如图 1-2 所示，包含了本书开展的五个主要的研究以及各个研究间的关系。

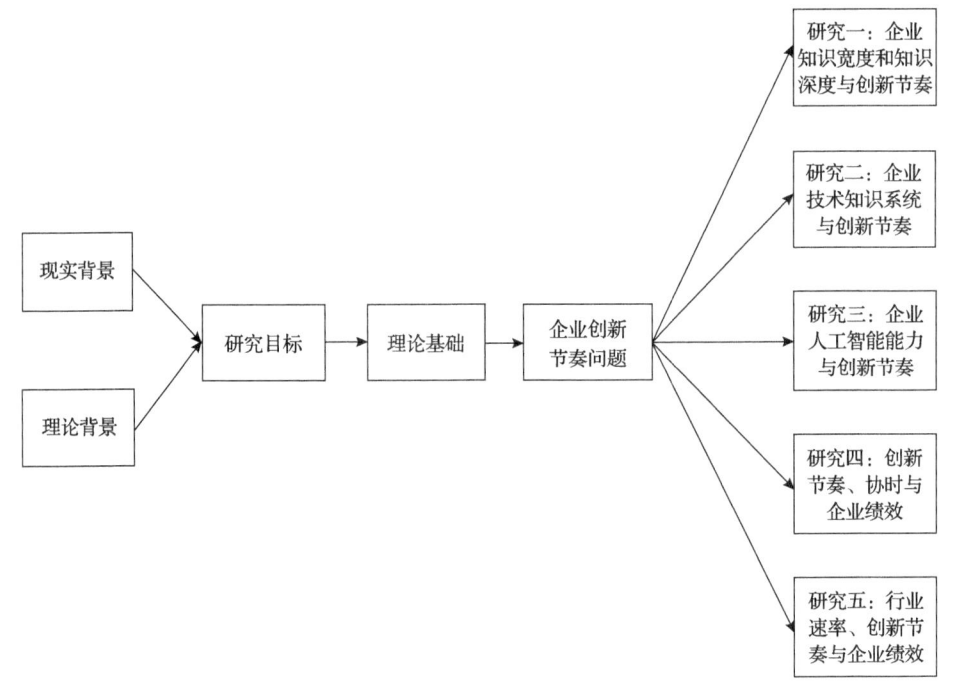

图 1-1 本书的基本研究框架

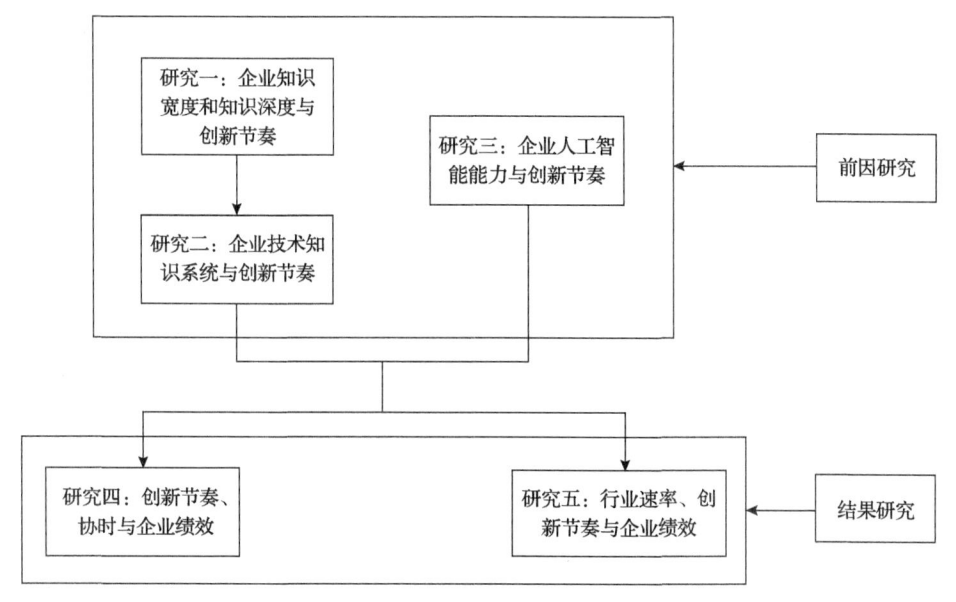

图 1-2 研究间的逻辑关系

1.3 研究方法与创新点

1.3.1 本书研究方法

在研究过程中，除了理论分析之外，本书还采用了专利研究法、微观计量法、文本分析法和机器学习法。

1. 专利研究法

本书研究一、研究二以及研究三均通过 SooPAT 专利数据库搜索下载了样本企业每年的专利数量、申请时间、申请人、所属技术领域、被引和施引专利等信息，通过企业在技术领域的专利申请相关信息，对研究的初始样本进行处理。专利研究法在技术创新领域应用较为普遍，能够分析企业的技术成果与创新特征。本书前三个研究通过对制造业上市企业和战略性新兴企业的专利数据进行搜集，对创新节奏的前因进行研究。

2. 微观计量法

微观计量法是一种分析微观经济数据的统计方法，它通过建立计量经济模型来估计和检验经济变量之间的关系。本书的五个研究均使用了微观计量法。以研究一为例，该研究在设定 GARCH 模型（generalized autoregressive conditional heteroskedasticity model，广义自回归条件异方差模型）和从企业年报数据、CSMAR 数据库（China Stock Market & Accounting Research Database，中国经济金融研究数据库）及 SooPAT 专利数据库获取相关数据的基础上，采用普通最小二乘法（ordinary least squares，OLS）对模型中的参数进行估计，并对估计的模型进行检验来评估其预测的能力。然后，将模型应用于实际的问题分析中。最后，对估计的结果进行解释和分析，得出最终的结论。

3. 文本分析法

文本分析法是研究非结构化数据的一种有效的研究方法，也是管理学、经济学等多个领域中较为常见的方法之一。具体是指运用 Python、C 语言等工具把网页搜集到的大量文本信息转变成可视化的数据，从文本的表层深入到内部，探寻其中的规律，进而可以客观地反映事物的变化规律和发展趋势。本书的研究三即采用了文本分析法对"人工智能能力"进行度量，根据相关文献研究、客观经验以及专家报告与官方文件内容确定需要的母词，运用 Python 识别企业年报中与母词相关的关键词，通过共现与聚类分析计算词集在数据源中的出现频率以及所占权重，从而得出企业的人工智能能力水平。

4. 机器学习法

本书的研究三采用了一种半监督化的机器学习算法对文本进行分析，主要表现在该研究基于母词对上市企业年报摘取的关键词进行共现网络分析得出样本数据。在对初始数据进行处理的过程中，基于统一格式、定义母词以及文本摘取，在进行共现分析时，使用 TextRank 算法对文本库进行共现率分析，最终形成文本中所有词汇之间的两两共现关系并画出对应的网络图。该种研究方法，一方面有利于后续过程中的聚类分析和结果计算；另一方面有利于更加细致地测度企业的人工智能能力。

1.3.2 本书创新点

本书以组织与管理情境中的时间视角、间断平衡理论、双元转换理论等为理论基础，以创新节奏为核心研究内容，尝试打开了创新节奏生成（前因）

机制黑箱和绩效机制黑箱，也为企业创新和研发提供了一种新型理解方式和管理策略。具体而言，本书的创新点包括以下三个。

第一，将时间维度引入到企业创新的研究中，从时间的角度对企业创新行为序列的动态平衡及其管理问题进行研究，构建企业创新研究中的节奏论。现有企业创新行为研究的范式都对时间采取了模糊化的处理方式，或者将其作为企业创新行为的背景，或者划分为几个过程阶段，将其"阶段化"；但是，无论是"背景化"，还是"阶段化"，均不是"变量化"，也就是说，未进入到企业创新行为的解释框架和管理体系中。本书从现有组织理论研究中的时间这一新兴的研究视角切入，将创新带入节奏的概念中，并对创新节奏的前因和绩效机制进行研究，从而可以更加全面和细致地了解创新节奏这一命题，也是构建"创新节奏论"的重要尝试。

第二，将创新与节奏结合起来，刻画了企业创新行为序列的节奏模式，厘清"创新节奏-绩效"间的模糊认识，进一步探索和刻画了创新节奏的理论框架。现有对节奏问题的研究主要集中在国外扩张节奏、收购节奏、并购节奏方面，也有学者明确考查了创新节奏，但是，并未充分探索创新节奏、创新节奏的生成（前因）机制以及创新节奏的绩效机制，缺乏考查企业创新行为开展过程中的时间模式和节奏特征，特别是缺乏将时间视角、间断平衡理论、二元创新理论、协时理论引入到对创新节奏的解释中。本书从知识、能力、协时三个角度出发，构建起了由知识基础、知识系统、人工智能能力、创新节奏、协时、行业速率、企业绩效等构成的概念体系和逻辑机制，进一步探索和刻画了创新节奏论的理论框架。

第三，弥补了创新节奏的研究在"向前看"方面的不足。现有的关于创新节奏的研究主要集中在对其绩效机制的研究。本书通过实证研究，考查了创新节奏的知识基础前因、知识系统前因以及人工智能能力前因，从而可以更好地从时间维度对创新节奏进行研究。

第 2 章 节奏：组织理论的新视角

2.1 组织与管理研究中的时间透镜

时间是组织和管理研究中一个往往被忽视的重要的理论透镜。随着组织时间研究深入，时间透镜的使用范围正逐渐发生转变，呈现出了工具化和变量化的趋势，在此背景下，反思和展望组织与管理研究中的时间透镜及其维度和属性，是非常必要的。本节首先探索了时间的研究起源；其次，基于现象、视角、变量和方法，指出时间透镜对组织和管理研究的独特价值，厘清时间的结构维度和阐释维度，以及每个维度下的两个子维度；再次，考查了创新领域中时间要素的相关研究；最后，对本节进行总结，并对组织和管理研究中时间透镜的运用进行展望。

2.1.1 时间的研究起源

在组织和管理活动中，时间尺度无所不在，时间和时机问题是现代管理的中心议题(Bluedorn and Denhardt，1988；Shipp and Cole，2015)。早期的组织和管理理论，无论是韦伯的组织理论，还是泰勒的科学管理理论，时间尺度的选择都是其基础(Ancona et al.，2001)。自 20 世纪 80 年代以来，随着时间人类学(Hall，1983)和时间社会学(Clark，1985)的发展，组织和管理领域对时间问题的兴趣显著增长，涌现出众多与时间相关的研究议题(Roe，2008；Sonnentag，2012)。这些研究推动了组织和管理中时间研究的深入，使其逐渐发展成一个独立的研究领域。

在探讨组织和管理情境中的时间概念时，核心问题在于如何准确理解和定义时间。为了深入理解时间的本质，研究者首先需要关注时间的构成要素，这涉及时间维度和时间属性两个关键方面。时间维度决定了时间的框架和结构，而时间属性则描述了时间的特征和性质。尽管现有研究已经从时间维度和时间属性的角度出发，构建了一系列时间变量来探讨时间问题，但学界对组织中时间的维度和属性等基础概念尚未形成统一的认识。具体来说，不同的学者使用不同的术语来描述时间的维度，并且赋予了这些术语不同的定义和内涵。此外，对于时间属性的理解和时间变量的设置，学者也持有不同的观点和方法。进而，随着组织时间研究的深入，时间透镜的使用从单纯地对时间进行抽象的、宏观的探讨，转变到了将其运用到具体领域的具体议题中，如组织变革（Klarner and Raisch，2013；Lord et al.，2015）、组织身份（Schultz and Hernes，2013）、创新（Dougherty et al.，2013）、组织即兴（Crossan et al.，2005）、兼并（Shi and Prescott，2012；Hashai et al.，2018）、团队协调（张钢和岑杰，2015）等，逐渐体现出这一透镜工具化和变量化的趋势。鉴于此，本章试图澄清组织中时间的维度、属性及变量设置，以期为进一步推进时间视角在组织和管理研究中的运用奠定概念基础。

2.1.2 组织和管理研究中的时间透镜及其价值

时间作为一个关键的理论分析工具，在学术研究中扮演着至关重要的角色。Ancona等（2001）将这种研究视角比喻为透镜，认为研究者通过不同的理论透镜来探究组织和管理问题。例如，战略规划、政治和文化这三个透镜，每个都强调不同的变量和它们之间的关系，并可能忽略其他变量和关系。这种现象类似于盲人摸象，每个盲人只能感知到大象的一部分。战略规划透镜着重于竞争力、战略位置和战略行为的分析；政治透镜关注权力、影响力和组织内的冲突；而文化透镜则侧重于规范、意义、人工制品和价值观的探讨。尽管时间在这些研究透镜中都扮演着一定的角色，但往往没有被放在核心位置。与之相对，时间透镜将时间的维度和实施推到了研究的前台与中心，使时间成为分析问题的一个重要视角。一般而言，时间透镜的价值体现在以下几个方面。

首先，时间透镜为我们提供了独特的视角，它专注于那些在其他理论框架下可能被忽略的变量和它们之间的相互作用，从而能拓展现有的组织和管理理论。一些经常使用的概念，如环境的不稳定性、变革、竞争、学习、适应、协调，都包含着时间维度，但是在考虑这些概念的时候，时间依然是暗含的，而不是明确的；时间透镜以新的视角切入，为原有的组织理论提供新的变量及其关系，能有效地拓展现有组织和管理理论。以组织适应的研究为例，尽管"适应"研究具有很长的历史，但是"适应"常常和组织过程的"什么"（如资源、过程）或者"如何"（如结构、技术）相联系，却没有与"何时"（when）（如时机、节奏）相联系（Pérez-Nordtvedt et al.，2008）。因此，就需要将协时、授时因子（zeitgeber）、节奏和阶段等时间要素纳入到组织适应的理论中，借以拓展组织适应理论，并赋予其更多的理论解释力。

其次，时间透镜能够表达其对特定现象的独特看法，从而能更全面地看待组织和管理问题，并提供更整体的管理策略和管理工具。单一组织由于受制于决策情景和决策时间，往往不能从纵向的序列时间角度全面地看待组织和管理问题，因而大多数企业并未有意识地对其中的时间要素进行管理，从而陷入了短视化的泥淖中。时间透镜和战略、政治等透镜最大的区别是，前者提供了纵向的、序列化的理论视角，能够摆脱单一时间节点的管理局限性。例如，在二元创新的研究中，一些学者主张探索式创新和利用式创新的节奏观，就将时间和时机的要素纳入到了二元创新的研究中，并指出，有效的创新管理应该是相对平稳时期和极端变革时期互相交叉（Mudambi and Swift，2014）。另外，对创新时隔的观点也散落在不同的理论中，如组织学习理论和组织惯例理论认为一定的时隔保证了学习沉淀、减少了惯例负荷（Liguori，2012；Klarner and Raisch，2013），创新理论认为在时隔较小的情况下能够保证创新速率并减少组织惰性（Hannan and Freeman，1977），协时理论认为研究企业行为序列需要考查行业速率和授时因子的影响（Nadkarni et al.，2016）。时间透镜力图重新看待这些管理现象，并给予理论解释。

最后，时间透镜主张新的研究方法甚至是新的研究方法论，给现有的企业行为序列研究带来了新的思路和工具。对于节奏、协时、时隔、序列、时间个性、时间规范等新的时间要素，有些需要采用新的研究方法。例如，对于节奏的研究，可以采用峰态的操作化方式（Shi and Prescott，2012；Klarner and Raisch，2013），以考查企业行为的稳定性程度；对于序列模式的识别，可以将最早用于分析蛋白质或脱氧核糖核酸（DNA）序列相似性的最优匹配技术引入，用以识别序列的模式，或者评估多个序列间的相似度或相异度（Biemann and Datta，2014）。进一步地，和现有管理研究中基于纵向案例的序列化研究范式不同，基于时间透镜的研究主张将时间维度和时间属性作为变量纳入理论模型的构建中，而不仅仅是作为一种时间背景，因此，时间透镜借助新的研究方法和方法论，使时间问题显性化。

可以认为，时间透镜给现有的组织和管理研究带来了新的研究现象、视角、变量和方法，正在成为一个有价值的、独特的理论视角。然而，尽管时间透镜已经广泛应用于各个组织和管理研究领域，但现有研究对这个概念的探讨往往是片面的，缺乏一个统一和系统的理论体系。换言之，尽管存在大量涉及时间因素的研究，但深入探讨时间本质及其核心属性的研究仍然不多(Lee and Liebenau, 2000)。因此，在继续推进这一理论视角的过程中，重新反思其基本的内涵、维度和属性，是非常有必要的。

时间维度是对时间多方面特征的深入探讨，旨在超越传统的钟表时间观念，从而更全面地理解组织和管理中的时间现象。学者从不同的视角对时间进行了分类和探讨。Barley(1988)将时间区分为结构维度和阐释维度，前者基于客观的钟表时间，后者基于主观的社会时间。Ballard 和 Seibold(2003)则进一步细化为时间执行(temporal enactment)和时间解释两个维度，强调组织成员如何执行和解释时间。Shen(2009)则尝试将这些分析纳入统一框架，提出时间的结构维度可以细分为时间背景(temporal context)和时间执行，而阐释维度则包括时间感知(experience of time)、时间价值取向(temporal values)、时间规范(temporal norms)和时间的空间感知(spatial experience of time)。与上述学者不同，Ancona 等(2001)则从概念、活动映射和参与者三个角度对时间进行分类。我们认为，学者在探讨时间子维度时存在一定的重叠，如 Shen(2009)提出的时间感知和时间价值取向都聚焦于个体对时间的感知和使用方式，这表明两者可以合并。同时，时间的空间感知既包含结构维度也体现在阐释维度中，故将时间的空间感知视为独立子维度这一分类方式还须进一步地验证。因此，我们认为组织与管理研究中的时间可以主要从客观时间和主观时间两个方面来理解。客观时间，即时间的结构维度，主要体现在组织和成员的任务与行为上；而主观时间，即时间的阐释维度，则反映在他们对时间的感知和使用风格上。两个维度又可以分别细分为两个子维度，具体来说，时间背景作为任务和事件的外部轮廓，时间规定体现行为的时间模式；时间感知与个性代表个体对时间的感知和使用风格，而时间规范则反映组织或团队对时间的稳定看法。

时间属性在组织和管理情境中扮演着重要角色，它与特定的事件、任务、行为、个性和规范紧密相连。学者对时间属性进行了分类和研究。Zerubavel(1981)提出了时间的四个主要属性——顺序性结构、时长、时点和重复率，这些属性分别描述了事件的顺序、持续时间、发生时刻和发生频率。Schriber 和 Gutek(1987)则从组织文化的角度出发,提出了分配、排程、顺序、最后期限、准时性、节奏、同步、协调等概念,并开发了量表来测量这些属性。我们认为,这些时间属性不仅有助于理解组织行为,还可以通过时间维度进一步分类。时点、时长、时序、时速和时隔等属性,它们定义了任务和事件的基本轮廓,属于时间背景子维度;而排程、节奏和同步等属性则描述了行为的固有模式,属于时间规定子维度;时间紧迫感、步调风格、时间视野和时间取向等属性反映了团队成员对时间的感受和使用方式,属于时间感知与个性子维度;准时性和团队时间认知等属性则体现了组织或团队对时间的稳定看法,属于时间规范子维度。通过这种分类,可以更清晰地理解时间在组织行为中的作用和影响。

2.1.3 创新研究中的时间

在创新领域,创新经常被视为一种结果,但越来越多的观点认为需要从时间这一过程视角考查创新,时间视角已经成为创新学者突破固有研究范式的重点。时间不仅是一个基本维度,更是影响创新过程和结果的关键因素。这就涉及创新过程的时间复杂性。它指的是创新过程往往具有多样化的时间节奏(time pacing)和序列,而不是一个单一的、线性的时间概念(Garud et al., 2013)。不同的时间节奏造成时间的不同步性,如果这些不同步性没有得到解决,创新过程本身就会变得不均衡。在创新研究中,涉及时间要素的研究大多集中在二元创新领域,即研究探索和利用二者之间的平衡关系。现有二元创新行为研究从简单的创新行为分类,经过结构观(O'Reilly and Tushman, 2004)、情境观(Gibson and Birkinshaw, 2004)、网络观(Gupta et al., 2006),发展到间断平衡范式下的跳跃观(Mudambi and Swift, 2011; Chen et al., 2022; Jiang et al., 2022)等更凸显时间维度的分析方式。

目前对于如何规划二元创新行为的分歧主要在于平衡观和联合观的差异,平衡观主张应将探索活动和利用活动视为组织行为中相辅相成的要素,强调组织应该寻求二者之间的平衡,以促进组织的生存和发展(March, 1991);而联合观则认为探索活动和利用活动是相对独立的,主张组织可以在同一时期最大程度地发展二者,以取得更显著的二元性效应。但不管是从平衡观角度还是从联合观角度,二元性范式中的"同时"都认为二元行为是完全同步展开的，使时间维度成为二元行为过程中的背景因素，时间变得更为同质化，无法体现二元行为中所蕴含的时间维度。

在间断平衡范式中，有学者提出，探索行为和利用行为受到不同的组织惯例(Dosi et al.，2001)、能力(Jansen et al.，2006)、心智、结构和过程的影响，这使探索式创新和利用式创新存在内在的不一致和冲突，可能导致二者之间存在竞争关系，甚至形成互斥关系(Lavie et al.，2011)。因此，间断平衡范式认为二元性范式提出的"同时从事探索和利用"在实践中难以实现，而更合适的方法可能是采用"长期利用+短暂探索"的间断平衡机制(Mudambi and Swift，2011)来解释探索行为和利用行为之间的动态关系。该范式虽然通过"相继""交替"等概念融入了更多对时间的考量，但是，这种视角对时间的认知以事件发生过程为基础，较为碎片化。现有理论对二元创新行为的定义仅仅关注了极端情况，对时间问题的处理缺乏更全面的视角，也较少考虑时间带来的规律性问题，没有对探索式和利用式创新行为间的交互性、次序性展开研究。

随着二元创新行为理论的发展，二元性范式和间断平衡范式的逐渐融合，已经推动了时间视角在二元创新行为研究领域的突破。对于二元创新关系而言，"对立"和"同步"都只是基于特定条件下的企业创新行为表现。探索式创新行为与利用式创新行为的关系可能由于外部环境(如环境动态性)、组织特点(如资源稀缺性)及分析层次(如公司层次、单位层次和个人层次)呈现出多样化的表现(李桦等，2011)。Raisch 等(2009)认为企业管理者必须以时间为基准做出有意识的资源分配以保证二元性，"时间"成为二元创新行为研究中的重要议题。二元创新行为的动态特征、动态演化将成为企业动态能力构建、创新管理与战略决策等多领域的重要研究对象，如何在动态过程中平衡二元活动的开展成为探究企业创新可持续性的重要议题。在创新管理领域，学者已经开始关注到"时间"可以为企业创新研究提供崭新的理论视角，推动创新过程的内在机理探索。例如，Rothaermel 和 Deeds(2004)融入时间视角刻画出了双元化移动的序列形式，Venkatraman 等(2007)通过间断平衡范式为二元创新提供了显性化的"时间"维度处理，Gupta 等(2006)基于时间视角，进一步提出了间断平衡的特殊情况——双元转换观。

近年来，随着序列概念逐步从社会科学领域应用到管理研究中，"序列"这一新视角也开始进入组织创新领域，成为解决"时间困境"的关键要素。

序列既是"时间要素"管理的新视角,也是创新行为互动机制探究的未来发展方向,目前序列的应用主要聚焦于变革(Amis et al., 2004)、学习(Bingham and Davis, 2012;魏江等, 2014)、家庭轨迹(Elzinga and Liefbroer, 2007)和教育历程(Milesi, 2010)等领域。融入"序列"视角,观测二元创新行为的动态演变过程及其次序模式,可以使二元创新行为研究不再局限于单一的时间模式,以更为全局化的视角思考二元创新行为模式的多样化类型。

2.1.4 小结

奥古斯丁(Augustine)曾说,"时间是什么?如果没人问我,我是明白的,但是一旦有人问我,我就糊涂了"。在组织与管理情境中同样存在这种情况。学者虽然都强调时间不仅构成了各种事件发生的背景,也体现着组织现象的本质(Klarner and Raisch, 2013);但一旦深入追问"组织与管理情境中的时间是什么"的时候,关于时间理解的模糊与不一致就出现了。这迫切需要从理论上对组织与管理情境中的时间问题进行分析,以便形成一个逻辑一致的概念框架,使时间这个理论透镜清晰起来,帮助人们更好地认识和把握组织与管理的时间侧面。打磨时间透镜的任务无疑是艰巨的,在接下来的研究进程中还有很多问题有待进一步探讨。

1. 继续探索不同时间属性和时间变量的内涵与维度

时间概念本身的多样性、模糊性和复杂性,导致那些试图刻画"时间"概念的属性变量的内涵存在模糊性,而这种模糊性在阐释时间上体现得尤为突出。对于多重时间取向这一构念涉及的时间尺度和任务范围,也没有统一的认识。由于涉及行业特征、任务性质、组织文化和领导风格等问题,与社会时间相比,组织与管理情境下的时间如组织时间(Blount and Janicik, 2002)和团队时间及其属性更加凸显出复杂性。因此,对组织与管理情境下时间属性变量的内涵和维度探索,是未来研究的重点。

2. 探索不同时间属性间的影响机制

针对组织与管理情境中的时间问题,学者提出了诸多变量,用以刻画时间的不同属性,这虽然丰富了我们对时间问题的认识,但如果这些研究仅停留在构念本身的刻画，而不进行相关的机制构建研究，仍不利于加深认识。例如，在传统领导理论下探索时间领导力问题(Halbesleben et al., 2003；Mohammed and Nadkarni, 2011)，就要考虑时间领导力对团队或组织的节奏、团队时间适应行为和团队时间心智模型的影响机制；在传统的团队或者组织适应理论下探索时间适应问题(Pérez-Nordtvedt et al., 2008)，同样要考虑时间适应对团队协作和组织绩效的影响机制等。

3. 进行跨层次研究

在组织和管理的不同层次中，都存在时间的结构维度和阐释维度，以及这两个维度下的不同属性，但对特定属性的研究往往集中在一个特定的层次上。例如，对节奏的研究大多集中在组织和团队层面(Eisenhardt and Brown, 1998)、对时间个性的研究大多集中在个体层面(Gevers et al., 2009)，尽管已经有一些跨层次的研究(Bluedorn and Jaussi, 2008)，但是还远远不够。同样重要的是，时间属性的跨层次研究也应体现在同一属性在不同层次中的相互关系(如个体工作节奏和团队节奏、团队时间适应与组织时间适应等)，以及它们的过程机制。

4. 引入和探索更多的理论视角，解释组织和管理中的时间现象

基于时间透镜重新审视组织和管理中的现象纵然可以发现新的问题、探索新的模式，但是，这还仅仅停留在"现象"层面上，对组织和管理情景中涌现出来的时间模式的进一步理解有赖于引入特定的理论视角。事实上，时间透镜和现有管理理论之间是相辅相成的关系，一方面，需要用时间透镜拓展现有的管理理论，将时间维度和时间属性引入到管理理论构建中；另一方面，也需要用相对成熟的理论解读现象层面的时间模式。

2.2 组织研究中的节奏

基于前文对时间透镜的价值以及时间的维度和属性的回顾与展望，本节归纳了现有的在组织研究中有关节奏的议题，包括国际化节奏、并购节奏、制度化节奏和学习节奏四个方面。

2.2.1 国际化节奏

国际化经营在本质上是一种复杂且多元的国际化行为序列(Casillas and Moreno-Menendez, 2014)。企业进行国际化经营可以优化产业结构, 促进整体工业化进程(徐楷和余中东, 2008)。因此, 在组织研究中挖掘企业国际化发展的节奏对企业绩效和经济发展起到重要的作用。国际化节奏是指企业在国际扩张过程中建立子公司的规律性和连贯性(Chen et al., 2016), 能够在战略方案之间有效配置时间资源(Bluedorn and Denhardt, 1988), 同时也影响组织中的绩效。国际化扩张过程的节奏规律性是关系企业国际化风险和绩效的重要因素(周荷晖等, 2019)。企业对国际市场进行及时的探索和评估, 并保持灵活的国际化扩张模式, 以便在面临机会或威胁时能够准确地应对, 这种能力对企业而言十分重要(Lin, 2012)。

从企业的发展来看, 国际化战略是一个从被动到主动的过程。乔纳森和威施米普尔把企业国际化经营分为国内经营阶段、零星出口阶段、经常性出口阶段、国外销售阶段和直接投资阶段五个阶段。Dunning(1988)认为, 企业的国际化经营可以被区分为四个不同的发展阶段, 即间接、被动地参与国际贸易阶段, 直接、主动地参与国际贸易阶段, 非股权安排阶段和国际直接投资阶段。Ansoff(1970)则根据企业开展国际化的深化程度将企业国际化经营分为出口阶段、国际阶段和跨国经营阶段三个发展阶段。出口阶段参与国际分工; 国际阶段规避贸易壁垒进行对外投资; 跨国经营阶段开展国际化生产, 合理配置资源。从以上内容可以看出, 学者普遍将企业国际化经营看成一个渐进发展、动态学习的过程, 而企业可以根据国际化经营的过程确定自己的国际化节奏。

国际化的过程也受多方面因素的影响, 同时, 不同的国际化节奏也会给企业绩效带来不同的结果, 下面将梳理不同学者对国际化节奏的看法。组织中对国际化节奏影响因素的研究主要集中在企业高管上, Lin 和 Cheng(2013)发现较高的 CEO(chief executive officer, 首席执行官)薪酬将导致企业的经常性对外扩张, CEO-TMT(chief executive officer-top management team, 首席执行官-高层管理团队)差距对企业国际化的节奏具有曲线效应。王艺霖和王益民(2016)以制造业为样本, 研究了高层管理人员权力与中国企业国际化节奏的关系，发现高层管理人员权力越大越倾向于选择不规律的国际化节奏。Elosge 等(2018)结合了代理理论、制度主义和上层方法的理论框架提出了一个纵向模型，他们发现 CEO 变动次数(继任类型)对国际化节奏的影响呈正(负)单调效应。任鸽等(2019)提出高管的国际经验会促使企业进入更广的国际区域、更快地推进国际化扩张并保持国际扩张轨迹的规律性，但对国际化节奏没有影响。方宏和王益民(2021)研究了女性 CEO 对国际化节奏的影响，发现女性 CEO 倾向于采取更加稳健和规律性的国际化扩张节奏。不同于专注高管个人特征，张祥(2013)分析认为国际化节奏对企业绩效的影响取决于多种因素，如国家经济优势历史发展周期以及所有权等。Lin(2012)考查了家族制的国际化步伐、国际化范围和国际化节奏对企业国际化经营的影响。通过对 772 家中国台湾上市企业 2000~2008 年的纵向数据进行分析发现，在家族制高度发达的情况下，企业选择了快速的国际化步伐、狭窄的国际化范围以及不规则的国际化节奏。研究结果表明，家族所有权对企业国际化经营有显著影响。此外，也有学者提出，制度因素，如政治关联和政府参与也会对企业国际化节奏产生影响。因此，组织中的国际化节奏不仅受企业中高管团队个人特征的影响，制度因素也会影响企业的国际化节奏。

国际化对企业绩效的作用结果是多方面的，Grant(1987)认为国际化程度与企业绩效具有线性正向关系。然而，越来越多的研究表明，企业国际化的负面影响完全有可能降低或部分抵消国际化正向收益，所以，企业国际化与绩效有些时候也具有负向关系(Kumar，1984；Michel and Shaked，1986)。随着国际化的发展，越来越多的学者开始关注国际化节奏与企业绩效的关系。Vermeulen 和 Barkema(2002)最先提出国际化节奏的概念，认为国际化节奏能够很好地描述企业扩张，并通过研究表明国际化节奏对企业绩效具有显著影响，不规律的国际化节奏对企业的扩张速度具有负向作用。钟昌标和刘伟(2016)从整体角度分析后认为国际化带来的绩效取决于国际化节奏，企业国际化应该沿着价值链上增值的序列不断向前延伸。在此基础上，李竞(2018)分析认为国际化节奏越不规律，跨国企业母公司的创新绩效越不佳。周荷晖等(2019)在结合 TMT(top management team，高层管理团队)特征的基础上对国际化节奏与企业绩效的关系进行了研究，表明企业不规则的国际化扩张与企业绩效是负相关的，而高管年龄和任期加强了其负向影响，另外，高管教育水平和国际经验则削弱了该负向影响。由此可见，规律的节奏能够带来更强的预见性，使母公司能够充分解读之前海外子公司建立的经验，通过重复的经验积累逐步形成组织惯例与运营模式(Klarner and Raisch, 2013; Shi and Prescott, 2012)。当跨国公司适应某一种规律之后，母公司在资源分配、责任分摊、战略行动等问题上将遵循过去成功的惯例，从而更好地计划与执行。

2.2.2 并购节奏

并购是企业扩张的重要方式，对增强企业的竞争力、实现快速成长有着十分重要的作用。并购通俗来说是指不同的企业合并成一家企业的过程，其内涵包含两个方面，一是兼并，二是收购。兼并是指为了优化升级企业的生产要素，两家或多家企业通过建立契约关系而进行的产权合并；收购是指一家企业以产权交易的方式来控制另一家企业的行为。企业在其并购过程模式中体现出来的时间要素可以用节奏的概念来刻画，指的是并购轨迹的规则化程度，即并购节奏是指企业并购的变化过程，主要关注企业在某一时间段内并购活动的可变性、一致性和规律性，代表了组织研究中并购的可预测性。

组织研究中的并购活动兴起于19世纪末20世纪初，19世纪末至20世纪90年代，美国发生了五次并购浪潮，分别是19世纪末到20世纪初同业间的横向并购、20世纪20年代通过整合实现的纵向并购、20世纪60年代末发生的多元并购、20世纪70年代中期到80年代末的分解重组以及发生在20世纪90年代的战略性并购。我国关于企业并购的研究起步较晚，但发展较快。近年来越来越多的声音说中国或将引领第六次并购浪潮——海外并购。我国企业的并购浪潮，不仅是为了把握国际经济和金融形势给我国经济带来的良好的发展机遇，也是为了适应国民经济政策的调整对我国经济结构产生的影响。

在并购的相关文献中，并购绩效是学者普遍关注的。Vermeulen和Barkema(2001)、Laamanen和Keil(2008)基于组织学习的视角提出均匀的并购节奏有利于吸收能力的建立和并购惯例的发展。他们认为并购节奏均匀程度与并购绩效呈正相关关系，均匀的并购节奏增强了可预测性，更可能产生好的并购绩效，而不规律的并购节奏则会给企业的管理造成更大的困难，导致企业表现出更低的绩效水平。原因是在并购高峰期时，企业需要在同一时间处理多起并购事件，多方繁杂的信息会造成信息过载，从而引起管理层信息遗漏、对形势和自身能力判断失误等问题，致使决策延误或者与企业战略环境不匹配，降低并购绩效。在并购低谷期则会因工作的不活跃性而产生企业并购知识与能力的退化，同时还会因为长时间的稳定状态而产生组织僵化，进一步降低企业信息搜集和战略决策的灵活性与灵敏度(黄嫚丽等，2020)。尽管均匀的并购节奏得到了许多学者的支持，但也有学者提出，平稳的并购节奏可能会存在创造惯性和能力陷阱等问题，但是之前尚未有学者将并购节奏视作一个连续变化的变量去考查其与绩效的关系，因此 Shi 和 Prescott(2012) 提出了跨时异质性的连续体概念(也称作节奏连续体)。他们将节奏的两个极端分别定义为均匀节奏和事变节奏，均匀节奏是指企业在连续并购的时机选择上具有低变异性，前后两次并购事件之间的时间大致相等，而在这一连续体另一端的是事变节奏，其特点是并购的交易时间具有高度变异性，这些交易行为发生的时间是不规则的。在这两种极端的行为之间，还存在二者的结合——均匀事变节奏，在这种节奏中，企业既保持着既定的均匀的并购节奏，同时也对市场临时出现的机会快速做出反应。

当然，并购的成功实施也是受多方面因素影响的，并购绩效的好坏不取决于单方面的原因。因此，组织研究中的并购节奏对并购绩效的影响也不仅仅是均匀节奏和事变节奏的作用结果。吴超鹏等(2008)在研究了连续并购绩效之后，提出管理者的过度自信以及学习行为会对企业连续并购绩效产生影响，过度自信使连续并购绩效下降，而学习行为又会导致连续并购绩效上升。因此，企业的并购节奏会受到管理者行为的影响，并购高峰期一般会发生在管理者学习效应占优期间，而并购低谷期发生在管理者过度自信导致并购绩效偏低的期间。在此基础上，黄旭等(2013)认为，高管团队平均年龄越小、高管团队平均任期越短、高管团队规模越大的企业越倾向于采取并购行为；而高管团队中女性比例越大，企业越倾向于不采取并购行为。这些高管的个人特性会对企业的并购行为发生与否产生影响，从而影响企业的并购节奏。在研究了跨国并购与企业创新绩效之间的关系后，吴航和陈劲(2020)认为探索性并购、利用性并购均与创新绩效呈正相关关系，而制度因素对二者的作用有所不同，制度适应对探索性并购与创新绩效关系的作用显著，制度共创对利用性并购与创新绩效的关系有显著作用。刘莹等(2017)从与并购节奏相似的角度，即并购次序上对并购绩效进行了研究，他们认为并购绩效会随着并购次序的上升而下降，另外，他们提出首次并购成功与否也会影响企业的并购绩效，首次并购成功企业的绩效会随着并购次序的增加呈"U"形，首次并购失败企业的绩效则会随着并购次序的增加呈倒"U"形。苏卫东和谢玲红(2011)曾研究基于时间间隔的连续并购行为，表明相邻两次并购的时间间隔随着并购次序的上升逐渐下降，即随着管理层并购经验的丰富，他们会倾向于更频繁的并购。从中可以看出，并购次序中也隐藏着并购节奏，它们受管理层并购行为的影响。

并购节奏研究的意义就在于在组织研究中引导企业找到适合自己的并购过程，不管是从过去的经验中形成的还是学习借鉴吸取的，企业的连续并购形成的节奏都是要建立在综合管理层特征与并购行为的基础上。2015年云南沃森生物技术股份有限公司的巨大亏损就是一个典型的反面例子，其连续并购后出现的经营绩效下降原因除了医药行业的特殊性外，主要在于管理层的自信使其并购节奏过快，造成现金消耗过快，连续并购的子公司拖累了整体业绩而造成公司的巨亏(何锐，2016)。相比之下，海航集团有限公司在多年的连续并购后却都获得了优良绩效。其原因就在于其管理层能够在多次的连续并购后利用以前积累的经验和娴熟的并购技巧，降低并购的资本成本，提高企业EVA(economic value added，经济增加值)，同时不盲目自信，根据公司的自身情况实施自己的并购节奏(南金伟和付浩，2018)。因此，在组织研究中企业的并购节奏对最终并购是否能成功开展也起到至关重要的作用。

2.2.3 制度化节奏

制度化的过程有着广泛的时间动态：新的实践、规则和技术随着时间的推移将以不同的速度出现、传播和合法化(Leblebici et al.，1991；Meyer and Rowan，1977)。节奏可以定义为行为轨迹的规则化程度(Vermeulen and Barkema，2002；Shi and Prescott，2012；Chen et al.，2016)；节奏帮助人们协调很多创新活动，并为衡量进度提供里程碑(Gersick，1994)，而且，节奏创造了一个主导性的时间顺序，并反映了"复杂社会系统诸多方面的动态平衡过程"是如何协调的(McGrath et al.，1984)。它相当于是一个有效的时间机制，用来在不同的战略行为中分配时间。组织理论的诸多领域均展开了对节奏的研究。创新是一种高风险、前瞻性的行为，对企业创新的研究逐渐从静态化、片段化的行为观点转变为动态化、序列化的行为观点。在这一转变中，可以观察到多样化的企业创新过程实践，即在创新管理的实践中，有些企业采取"波动性"的创新过程模式，也就是说，在某些时期内进行大量的创新活动，但是，在另外一些时期内则停止创新活动；另外一些则采取"平稳性"的创新过程模式，也就是说，以一个比较均匀的步调进行创新，避免大起大落(Turner et al., 2013; Dougherty et al., 2013)。企业在这一创新过程模式中体现出来的时间要素可以用节奏的概念来刻画，指的是创新轨迹的规则化程度，也就是说制度化节奏是一个过程，是制度随着时间的变化，以不同的速度进行演化创新的过程。制度在演化过程中依靠纪律、权力、影响力及支配体系作为支持机制，它们互相组合或者单独对制度化过程起作用(Lawrence et al., 2001)。因此本节将从这几个机制来介绍制度化节奏对企业绩效的影响。

首先，制度化依靠影响力作为支持机制，在演化创新过程中对企业绩效产生影响。影响力包括两个方面，一是个人影响力，二是团队影响力。个人影响力主要有人格品质和专业技能等，这些个人影响力保障制度的稳步推行；制度在推行时离不开高层管理者的支持，高层管理者在新制度推行时会综合考量新制度对企业内外部的影响，最终是否对企业绩效产生正向作用；高层管理者的支持会加快制度化的推进过程。一些学者认为制度化是沿着一条"S"形曲线发生的，这条曲线大致描述了扩散的路径(Powell and DiMaggio, 1991; Rogers, 1995; Strang and Tuma, 1993)，也就是说制度化加入了时间的尺度后，就是一个时间过程，而高层管理者的影响力会缩短时间的长度，加快制度化扩散的速度，但是一旦个人影响力对制度扩散的影响达到饱和后，制度化会停止扩散，此时就需要组织团队影响力。组织团队影响力主要是企业的文化、核心价值观以及组织内部环境等。制度在创新过程中会以一定的速度前进，可能会匀速、加速、停止，但是不管它以怎样的速度运行，一定会受到团队的影响。如果企业的成员安于现状，认为现在的制度足以给企业带来收益，反而推进新制度可能会给企业带来一定的风险。在这种情况下，企业新制度推行的速度就会止步不前。此外，组织结构对新制度的扩散也产生一定的影响，组织结构如果发生重大的变动，如企业核心领导者离职，会给企业带来大幅度的波动，企业没有精力去推行新制度的创新及实施，此时新制度的扩散曲线会下降。因此，制度化节奏是制度创新的轨迹，在创新过程中受到多重因素的影响。

其次，当影响力不足以支撑制度化创新时，就需要权力和纪律作为支持机制。DiMaggio 和 Powell(1983)提出了三种导致制度化的机制：强制、规范和模拟压力。一些学者也研究了包括权力的其他方面，这些方面与组织行为者的影响联系不太紧密，而与控制组织成员的纪律系统的作用联系更紧密（Clegg，1989；Deetz，1992；Townley，1993）。权力和纪律代表着要在一个既定的框架内按照计划的轨迹运行，权力和纪律在一些国有企业更有效。一般情况下国有企业拥有完整且严格的纪律，很少发生大幅度的变动，基本都是按照平稳的轨迹运行，很少发生重大制度创新。另外，企业制度推行速度要远远大于非国有企业，因为国有企业主要是权力集中制，当一项新制度推出后，经过领导层同意后很快就会被运行。基于二元创新视角，国有企业一般是利用式创新，即制度化节奏较为平稳。国有企业会根据以前的制度逐步探索新制度，在制度创新过程中遵循着规则变动的节奏，以下是几种一致的解释逻辑。第一，从时间压缩不经济的观点来看，由于规则化的制度创新节奏意味着创新活动在一个给定的时间内创新的分布相对平均，因此，企业会将后续的创新活动安排在前一次创新活动的利益被充分挖掘的基础上，这会减少时间压缩不经济的负面效应，也会减少行动过快的风险；相反，如果同一较短时间发起多个创新，这些不经济和风险就会增加（Huber，1991）。第二，来自"信息加工"的视角支持这个逻辑，不规则变动的制度节奏要求高层管理团队持续地对制度创新过程给予注意力资源，这一方面来自制度创新过程的时间复杂性，另一方面来自制度创新要素组合的复杂性（Garud et al.，2011）。第三，"吸收能力"的思路也与上面两个视角相一致，由于规则化制度创新节奏的存在，可以让企业对制度创新节奏有较高的把控度，甚至可以按照自身的需求和偏好对制度创新与其他企业行为间的节奏进行匹配，从而能够增加对制度创新过程和制度创新成果的吸收。

最后，当前者都不足以支撑制度创新时，企业此时应该建立一个支配体系作为支持机制。支配体系可以是纪律、影响力、权力等的相互组合，整个系统通过这些机制相互配合共同起作用。当影响力和纪律相结合时，我们认为这会加快制度化的进程，如当一项新制度刚推出时，股东们可能会认为新制度会导致他们的个人利益受损，从而阻挠新制度的实施，但是如果这项制度由企业比较有影响力的人支持时，新制度可能会很顺利地实施。但是如果影响力和纪律单独起作用时，扩散速度会减慢。因此当这些机制不能单独起作用时，可以建立一个支配体系，加快制度化进程。

2.2.4 学习节奏

组织学习是随着时间的推移而展开的过程(Berends et al., 2003)。March (1991)指出组织学习可以分为探索式学习和利用式学习,二者是知识积累的方式。探索式学习是组织抛弃原有的,探索出一种全新的独特的方式;利用式学习是组织依赖于原有的知识,在原有知识基础上积累知识从而进行创新。组织学习的过程采取这两种方式进行知识积累,但是有些组织二者择其一。探索式学习和利用式学习不管是相互平衡还是相互独立,都会对组织绩效产生影响,这就要求我们在组织内部协调探索式学习和利用式学习之间的关系。因此本书从节奏观视角去探索这两种学习行为方式之间的关系。

探索式学习主要是发现新的知识,它的学习轨迹波动性比较大。一般新兴企业在外部环境较为稳定的情况下会探索一种新的知识以满足未来发展的需要。在互联网经济的不断发展中,催生出了很多知识获取的方式,企业不再像以前那样获取知识的渠道单一,这也就导致了企业与企业之间的信息鸿沟不断缩小,企业如何在海量的知识中获取自身所需要的知识,需要企业采取有效的方式。另外,探索式学习的风险成本比较大,因为这种获取知识的方式没有以前经验的积累,需要探索出一种全新的知识。相比较于利用式学习,探索式学习会提高知识水平,更有利于技术创新,但是在学习过程中波动性较大;而利用式学习主要是依据之前的经验、知识等,在这基础上进行知识积累,利用的本质就是对现有能力、技术和范例的提炼和扩展,它的回报是正的、接近的和可预测的。一般来说,大企业较多采用利用式学习的方式,因为随着企业多年的发展,企业内部机制相对成熟,很少会改变原来的方式,它们会利用以前的技术进行扩展,这样可以减少创新成本并且风险性较小。探索式学习和利用式学习对组织绩效都有一定的正向影响,二者之间有一定的差异,它们的行为轨迹也是不同的,因此企业应该权衡这两种学习方式,也就是所说的协时和间断平衡。

协时是为了达成效率和效果的平衡,组织需要同时进行探索行为和利用行为;间断平衡是为了达成效率和效果的平衡,组织可以交替地采取探索行为和利用行为。不同行为轨迹的节奏差异性引向了两者间的协时问题。协时指的是一个系统内两个或者多个活动节奏或者阶段的同步性。协时的这一概念最初源自物理学，用以描述多个活动节奏或周期在系统中实现同步的现象。随后，这一概念被引入生物学，并广泛应用于该领域。在生物学中，entrainment 通常被翻译为"导引"，它描述了环境因素如何影响生物节律，使之与环境节律同步，如蟋蟀的齐鸣和萤火虫的同步闪烁都是导引现象的实例。而后，Hall（1983）和 McGrath 等（1984）将周期性适应的概念引入社会科学。间断平衡，或者叫长时间段的利用夹杂短暂的探索，被认为是一种替代性的平衡机制，这同时具有变革的逻辑和实践意义。其中一个强烈地影响着我们对变革过程想法的范式是达尔文的进化模型，该模型强调较少突变的缓慢演进，逐渐被环境选择塑造为全新的形式。这种增量式的、累积性的变革非常普遍，人们用其来解释大量的现象，从地质侵蚀到技能获取（Gersick，1991）。然而在进化生物学领域中，有一支理论挑战了达尔文式的渐进主义，并提出了一个完全不同的看法，即间断平衡式进化（evolution as punctuated equilibrium）。这种观点认为在大多数的历史阶段中，谱系处于稳定阶段（平衡），而新物种会通过突然的、革命式的"间断"（在达尔文模型中，被称为环境选择决定了新变异的命运）意外地出现。其他文献中的理论也和这种间断平衡假设遥相呼应。

现有研究主要从静态视角考查双元性学习模式，从动态视角切入对双元性模式本身演化过程的研究仍较为匮乏（García-Lillo et al.，2016）。因此，本书认为在二元学习行为中要考虑节奏这一时间属性，探索出一种二元学习行为的最佳时间模式。

上述关于现有的组织研究中节奏议题的梳理结果如表 2-1 所示。

表 2-1 组织研究中的节奏

领域	内涵	主要观点	解释机理	代表性文献
国际化节奏	企业在国际扩张过程中建立子公司的规律性	对国际市场进行及时的探索和评估，并保持灵活的国际化扩张模式，在面临机会或威胁时就能够准确地应对	国际化经营在本质上是一种复杂且多元的国际化行为序列	Bluedorn 和 Denhardt（1988）；Casillas 和 Moreno-Menéndez（2014）；周荷晖等（2019）
并购节奏	企业并购的变化过程	企业在某一时间段内并购活动的可变性、一致性和规律性，代表了组织研究中并购的可预测性	企业在其并购过程模式中体现出来的时间要素，也就是并购轨迹的规则化程度	Vermeulen 和 Barkema（2001）；Laamanen 和 Keil（2008）；Shi 和 Prescott（2012）；黄嫚丽等（2020）

续表

领域	内涵	主要观点	解释机理	代表性文献
制度化节奏	制度化过程有着广泛的时间动态	新的实践、规则和技术随着时间的推移将以不同的速度出现、传播与合法化	制度在演化过程中依靠纪律、权力、影响力及支配体系作为支持机制，它们互相组合或者单独对制度化过程起作用	Leblebici 等(1991); Meyer 和 Rowan(1977)
学习节奏	组织学习是随着时间的推移而展开的过程	组织学习可以分为探索式学习和利用式学习，二者是知识积累的方式	探索式学习和利用式学习对组织绩效都有一定的正向影响，二者之间有一定的差异，它们的行为轨迹也是不同的	Berends 等(2003); March(1991)

第 3 章 创新节奏：议题与讨论

3.1 创新节奏的研究现状

3.1.1 创新节奏的内涵

从第 2 章我们知道，关于节奏的界定已经在多位学者的研究中达成共识，指的是行为轨迹的规则化程度。而在创新研究领域中，企业基于时间的节奏引入新产品、基于节奏进行创新的管理、二元创新之间的创新节奏以及复杂产品创新中的时间节奏都从不同维度对创新节奏进行了定义。

首先，创新节奏中的时间节奏将企业行为轨迹的规则化拉到时间视角，Gersick(1994)首次提出时间节奏的概念，他认为时间节奏是组织在复杂环境中根据一些重要的时间点获取自身内部行为规则化的能力。也就是说，时间节奏刻画的是企业在竞争激烈的市场环境下自身内部业务流程与外部市场环境能否协同前进的一种组织能力，外部不确定性与时间限制、驱动因素的结合产生一个很好的机会窗口，来观察组织的适应性和了解时间是如何影响这个协同过程。Eisenhardt 和 Brown(1998)将时间节奏定义为一种平均，即组织变化是由时间的推移而不是事件的发生引发的，同时注意到时间的轨迹可能是外部的，也可能是内部的，或者两者兼而有之。因此，区分了时间节奏和事件节奏。前者指代企业管理活动和变化发生的速度，而后者将导致更随机和不连续的变化。Dibrell 等(2009)也提出类似观点，他们认为组织活动应该与时间节奏变化相结合，应使企业能够以更及时和适当的方式应对环境变化。

其次，将创新带入节奏概念中的创新节奏也被越来越多的学者提及和研究。创新节奏指的是创新轨迹的规则化程度。这个概念包含以下三个方面的内容：第一，创新节奏从时间的过程性角度来看，刻画的是创新的时间模式；第二，创新节奏涉及的是多个时间段的创新行为特征，也就是轨迹；第三，规则化程度从动态维度刻画的仅仅是研发行为的动态时间特性，是一种客观的描述。接下来，我们用两个折线图来进一步具象刻画创新节奏的概念，以

第 3 章　创新节奏：议题与讨论

方便读者更好地理解。借鉴 Vermeulen 和 Barkema(2002)的做法，从图 3-1 可以看出两个企业的创新路径。A 企业以一个规则化节奏的轨迹来进行创新，比如说，可能是每年一个专利；而 B 企业每年创新数量则在某个年限中快速增长，又在较长时间内保持不变。虽然两个企业最后可能拥有一样的专利数量，但是从时间维度来看，却是完全不同的两种模式。换句话说，创新节奏反映了企业创新行为发生在时间上的规律性。

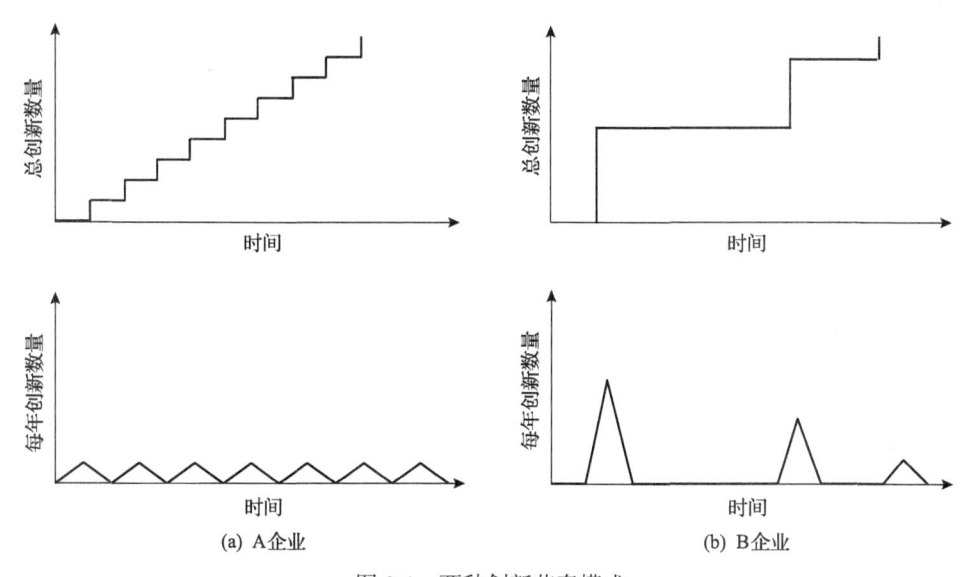

(a) A企业　　　　　　　　　　　(b) B企业

图 3-1　两种创新节奏模式

资料来源：Vermeulen F, Barkema H. 2002. Pace, rhythm and scope: process dependence in building a profitable multinational corporation[J]. Strategic Management Journal, 23(7): 637-653.

最后，上述定义进一步引申，将创新节奏定义为创新轨迹的规则化程度，其实描述的是特定时间段内二元创新的静态研发成果。然而，近些年来，学者对于创新节奏的研究逐渐开始从静态创新成果转移到探索式创新和利用式创新的动态平衡。将动态平衡的视角引入到创新节奏的应用中来，更大程度上将时间置于组织理论的核心位置，强调对企业创新行为序列节奏的研究。基于间断平衡视角，Mudambi 和 Swift(2014)最早根据跳跃观视角提出创新节奏，其描述的是一定时期内创新投入脱离历史趋势发生的连续而显著的变化。跳跃的发生意味着企业在探索式创新和利用式创新之间进行转换，这种转换或跳跃的一个重要时间维度就是时机，企业的高层管理者或创新团队必须从内外部环境中察觉到改变企业关注点的必要性，并对此做出反应。有效的创新管理应该反映这些战略现实：相对平稳时期和极端变革时期互相交叉（Mudambi and Swift，2014）。本书沿用 Mudambi 和 Swift（2014）对于创新节奏的定义，结合本书研究主题并参考贾慧英等（2018）、海本禄等（2020）的不同研究，最终将跳跃式的创新节奏定义为：在间断平衡的范式下，企业在探索式创新和利用式创新之间进行动态双元转换的节奏变换，这里的节奏变换更多强调的是转换的时机。

从企业实际经营角度来说，在科技竞争逐渐加大的当下时代，创新是企业保持核心竞争力的重要源泉。企业为了实现不断发展和持久盈利，不仅需要利用式创新，而且当现有能力不再具备足够竞争价值时，需将创新工作重点转移到探索式创新上，以获得更具竞争力的优势。然而，一直以来，我国企业一方面在某些技术领域面临严重的产能过剩问题，另一方面在全球分工的附加价值获取上又受制于技术轨迹转换和跳跃。诸多企业尝试借用二元方式走出困境，但是往往又不能很好地管理二元创新序列，从而陷入"二元创新陷阱"的泥淖中。"二元创新陷阱"的表现有两个，一个是过度聚焦于利用式创新，具体来说，我国大多数企业采用引进新技术再进行渐进式创新的方式，即采用走入新技术僵局的方式来逃避旧技术僵局，导致了对国外新技术的持续性依赖，从而过度聚焦于"把握现有能力"导致"成功陷阱"（success trap），最近几年中美贸易摩擦带来的"缺芯之痛"就是最好的体现。另一个是过度聚焦于探索式创新，具体来说，一些企业过度聚焦于探索式创新，过度聚焦于"探索未来机会"，从而导致"失败陷阱"（failure trap）。而无论是从技术经验积累、资金保证还是知识沉淀的角度，探索式创新都需要利用式创新的支撑，那么，这两类创新行为间的节奏、时隔和次序的安排就非常重要了，很多企业的发展受阻正是因为忽视了两者间复杂的互动和转化关系（Levinthal and March，1993）。换句话说，企业需要在二元创新之间对切换的时机和方向做出准确判断，即如何把握好二元创新的创新节奏成为至关重要的问题。

从纵向时间的角度来看，企业的探索式和利用式创新之间的转换呈现出一定的轨迹，节奏是这一轨迹中重要的时间要素。创新经常被视为一种绩效结果，但当前越来越多的观点认为需要从时间这一过程视角考查创新，而创新节奏为企业创新研究提供了一个新的理论视角，开拓了新的研究领域。

3.1.2 创新节奏的测度

目前国内外学者对创新节奏的测度从多个视角和理论基础切入，利用大量时间跨度较长的微观企业一手数据以及二手数据，已经逐渐形成了一套较为完整的测量体系，主要包括以下几种方法。

1. 时间节奏的测度

Brown 和 Eisenhardt(1995,1997)对时间节奏的测量是利用可观察到的行为，这些行为反映了企业关于时间节奏的潜在视角。Dibrell 等(2009)利用他们的描述，开发了 15 个项目来操作时间节奏行为。随后，设立了一个由 7 位学术和行业专家组成的专家小组，独立确定哪些项目最能捕捉外部时间节奏的概念。最终得到一个包含 5 个项目的列表，这些项目可作为测量时间节奏的基础。钟苏梅等(2016)对于时间节奏的测量，也主要参考 Dibrell 等(2009)对时间节奏的测量和描述形成，包含了如"企业会制定日程安排，以定期的、可预测的方式开发新产品或服务，设立新业务，或进入新市场"等 5 个题项。

2. 从规则化程度视角测度创新节奏

Vermeulen 和 Barkema(2002)、Shi 和 Prescott(2012)以及 Klarner 和 Raisch(2013)等都将创新节奏看成探索式创新或利用式创新的规则化程度。这个方法的本质是，把创新节奏化为一段时间内探索式创新(或利用式创新)数量的一阶导数的峰态。这个做法已经被广泛应用在国际化管理、兼并和联盟以及组织变革管理的节奏研究中，学者也用其来检验国外扩张的过程(Vermeulen and Barkema，2002)。

这种分布的峰态公式如下：

$$\text{kurtosis} = \left[\frac{n(n+1)}{(n-1)(n-2)(n-3)} \sum \left(\frac{x_i - \bar{x}}{s} \right)^4 \right] - \frac{3(n-1)^2}{(n-2)(n-3)} \quad (3\text{-}1)$$

其中，n 为观测值的数量；x_i 为在第 i 年中探索式创新(或利用式创新)的数量；s 为探索式创新(或利用式创新)的数量的标准差；$\bar{x}$ 为所有年份探索式创新(或利用式创新)数量的平均值。

上述公式计算的原理是：标准化时间跨度后，在这段时间跨度中基于峰态的节奏的测量是既定的。然后，逆转峰态，从而一个较低的值意味着较多的变异来自频繁的极端差异（事件步伐）；一个均匀步伐导致较少的节奏变动，因而导致较高的值；一个均匀-事件步调的节奏落在这两个中间。

结合数据的可得性和具体研究议题，我国学者更多的是采用申请专利的数据来测量创新节奏。具体来说，通过回溯4～5年的专利申请数据，把节奏操作化为一段时间内专利申请数量的一阶导数的峰态；在专利类型的选择上，结合中国企业专利实际情况，本书只考虑了发明和实用新型专利，因为外观设计专利主要涉及外观改进，技术含量相对较低，不足以代表技术变化（Benner and Tushman，2003）。通过这种方法，能够更准确地捕捉到企业在技术创新方面的真实动态。一个规则化的创新过程导致较少的节奏变动，因而创新节奏的值比较低；而一个非规则的创新过程导致较多的节奏变动，因而创新节奏的值也就比较高。

3. 从跳跃视角测度创新节奏

近几年越来越多的研究从跳跃视角出发，将创新节奏看作探索式创新和利用式创新的动态转换过程，也就是一个跳跃的过程，Mudambi 和 Swift（2014）是对这种创新节奏的跳跃刻画的开创者，后有学者考查了间断平衡范式下的跳跃观（Chen et al.，2022；Jiang et al.，2022），我国学者也在这之后进行了具体的应用和变革。

Mudambi 和 Swift（2014）最早用的是企业创新支出紧凑、重大变化的跳跃过程来测度创新节奏。作者认为，企业研发创新支出的紧凑、重大变化可以成为在间断平衡条件下所需的积极主动的创新节奏管理方法的一个明显标志。他们采用 GARCH 模型测定一个企业在 10 年研究期间内研发支出偏离正常演进趋势的所有离差中，绝对值的最大值，这衡量了研发创新支出净增长的意外变化，也确定了研发创新支出最极端的变化，也就是说，衡量出创新节奏在哪些年份出现剧烈变化。具体计算步骤如下。

第一，构建 GARCH 模型，估计研发创新投入增长的发展趋势，在此基础上计算偏离历史趋势的研发投入残差（e_{it}）。研发投入残差能够衡量一定时间跨度内历年组织研发投入偏离预期的程度或非预期研发投入的波动程度，如果残差很小，则表明组织的年度研发投入较为平稳。

第二,为了提高不同组织研发投入波动程度的可比性,对残差进行了"学生化"处理,除以残差生成过程的标准差,即

$$e_{it}(\text{stud}) = \frac{e_{it}}{s_i\sqrt{(1-h_{it})}} \tag{3-2}$$

其中,s_i 为 e_{it} 的标准差;h_{it} 为调整 s_i 的杠杆。

第三,计算"学生化"残差的绝对值的最大值,即

$$e_{i(\max)} = \max(e_{it}(\text{stud})) \tag{3-3}$$

$e_{i(\max)}$ 衡量的是该时期内,研发创新投入非预期波动的最大程度。如果在该时期内组织的研发创新投入基本平稳,则 $e_{i(\max)}$ 的取值相对较小;如果在该时期内仅仅发生一两次大的研发创新投入的变化,则 $e_{i(\max)}$ 取值相对较大;如果企业在该段时间内研发创新投入多次发生大的变化,则 $e_{i(\max)}$ 的取值也较小,因为"学生化"残差等于残差的预期值除以预期的标准差,如果组织经常发生大的研发创新投入变动,则预期的方差或者标准差也较大,两者相除的结果自然也较小。因此,只有当组织具有一个长期稳定的研发创新投入预期时,研发创新投入突然地上升或者下降才会导致 $e_{i(\max)}$ 的值较大。

在2014年跳跃式的创新节奏测度方法被提出后,国内外很多学者也基于此方法做出来多个变形,以更加符合自身的研究议题。例如,吴建祖和肖书锋(2016)将年度研发创新投入数据进一步划分为四个季度,对每个企业四个季度的时间序列数据进行比较,找出 $e_{itn}(\text{stud})$(n 表示季度,n=1, 2, 3, 4)的最大值,如果 $\max(e_{itn}(\text{stud}))>0$,则企业发生了研发创新投入正向跳跃,这类企业构成了子样本1;若 $\max(e_{itn}(\text{stud}))<0$,则企业发生研发创新投入负向跳跃,这类企业构成了子样本2,从而划分出了研发创新投入正向跳跃和负向跳跃,进行分样本研究。而本书认为,相较研发创新投入的财务数据,专利数量更能代表企业的创新轨迹,因此采用企业专利申请数据来衡量创新节奏。

4. 从协时角度来测度创新节奏

从方法论的角度来看,内部协时的概念类似于匹配,两个内部过程(也就是探索式创新和利用式创新)的节奏的变异性可以从一致性的角度来解释。协时的概念意味着不同的过程采取了相似的变异性。Venkatraman 和 Prescott

(1990)以及 Shi 和 Prescott(2012)对内部协时的操作为

$$Y = a_0 + a_1 X + a_2 Z + a_3 (|X - Z|) + \varepsilon \tag{3-4}$$

其中，X 为探索式创新的节奏；Z 为利用式创新的节奏；Y 为企业绩效；ε 为随机误差项。

既然我们对竞争者节奏的测量来自对相似竞争者的节奏的平均，不同数量的测量效度就会降低，其原因是目标企业的节奏可能和它的竞争者的节奏差异相似；在这种情况底下，多元回归分析是一个比差异数值分析更好的方法。具体而言，外部协时的操作化为

$$P = b_0 + b_1 R + b_2 E + b_3 R^2 + b_4 RE + b_5 E^2 + \varepsilon \tag{3-5}$$

其中，P 为企业绩效；R 为企业探索式创新(或利用式创新)的节奏；E 为产业探索式创新(或利用式创新)的节奏。进一步地，由于竞争者的平均节奏是一个比目标企业更高的分析层次，我们在多元回归分析中纳入了多层次分析方法，以控制共同偏差(Jansen and Kristof-Brown，2005)。

5. 从序列角度来测度创新节奏

以上学者对创新节奏的测度从不同角度出发，形成了较为成熟的做法。本书认为，对创新节奏的测度还可以从序列视角出发。随着学科领域的交叉和拓展，序列研究深深嵌入社会科学领域的各类议题中，学者探索和挖掘出了多种类型的"次序"，包括工作轨迹序列(Vinkenburg et al.，2020)、组织学习序列(魏江等，2014)、家庭轨迹序列(Han et al.，2017)、战略演变序列(Shi and Prescott，2011)以及教育历程序列(Vable et al.，2020)等，并还处于不断拓展的趋势中(Letarte et al.，2021)。笔者欲将最优匹配分析技术引入到探索式创新和利用式创新行为序列的识别中。最优匹配分析最早用于分析蛋白质或 DNA 序列的相似性，后来被社会科学借用，用以识别序列的模式，或者评估多个序列间的相似度或相异度(Biemann and Datta，2014)。这种动态规划技术的基本原理是当序列是由一些很好识别的要素组成的时候，测量序列的相似性。它通过计算将一个序列转化为另一个序列时所需要进行的插入、删除和替换的数量来衡量每一对序列间的距离，从而获得序列之间的相似程度。具体而言可以分为以下三个步骤。步骤一，从二手数据中挖掘出如下信息：

①每年进行的探索式创新和利用式创新的数量；②它们的时间；③两种策略间的转换。步骤二，利用产生于生物学中 DNA 螺旋识别的最优匹配技术计算序列间的距离，这一过程的目的是生成一个不相似矩阵，以显示每对序列的不相似程度。步骤三，借助最优匹配分析提供的距离矩阵(包含了每一对对象间的距离)，利用聚类算法分析这个矩阵，以识别特定的模式。例如，可以利用上一步得到的不相似矩阵作为网络软件 UCINET 的输入矩阵，然后执行分层聚类来识别那些具有相似轨迹模式的群集。

通过以上的方式，可以得到一个企业的创新节奏的序列化图谱，帮助我们进一步具象刻画出创新节奏，也是将创新节奏的研究推向另一个维度。当然，我们认为上述方法还需要通过具体的企业数据去验证，这也是本书作者未来的主要研究方向之一。

3.1.3 创新节奏的相关研究

1. 时间节奏的相关研究

时间作为一种特殊资源，与企业管理的方方面面都存在联系，一直以来是企业管理者须重点关注的内容。最早研究时间因素对组织绩效的影响的相关理论是社会夹带理论(McGrath and Kelly, 1987)，这一理论认为企业内部的运行过程可以相互同步。关于社会夹带理论的原始研究集中在生物、物理的节奏上，如人类昼夜规律的同步、物理环境中日光和黑暗的外部周期(Czeisler et al., 1981)。McGrath 和 Kelly(1987)进一步将这些理论应用到人的行为节奏研究。再后来，社会夹带理论被自然而然地引入到组织层面来解释企业现象。例如，Ancona 和 Chong(1996)使用社会夹带理论来增强现有的组织行为模型，而 Bluedorn(1993)提出使用社会夹带理论来检查企业层面的结构。时间节奏可以影响组织绩效的观点在学者研究中得到了证实。Marks 等(2001)在研究中，集中于企业任务环境的时间是夹带的基础。在应用到研究中，在企业行为和绩效方面，社会夹带理论的一个核心原则涉及组织活动的同步，无论它们是否受内部过程(如计划或报告、循环)或外部间隔的节奏(如一致的市场截止日期)的影响。学者认为，如果时间节奏被认为是匹配内部过程与需求任务环境，那么意味着更强的夹带企业将会更有效率。Brown 和 Eisenhardt(1997)的研究指出，企业关注时间节奏的目的是同步企业的内部过程(即新产品开发,从一个项目到下一个项目的无缝转换)及其当前的任务环境(即与供应商和买家的合作),通过同步时间节奏可以提高组织的效率和有效性。因为它允许企业管理新产品之间的转换,并创造一个协调的内部节奏。随着外部任务环境的影响以及企业环境的破坏,时间节奏也更加重要,可以进一步帮助提高企业的财务业绩。

随着对时间节奏研究的进一步深入,学者对时间节奏的关注从简单的时间同步转移到节奏的规则化程度上。从创新节奏的规则化程度来说,Gersick(1994)认为企业的组织架构是在相对较长的趋同期之间交替发展的,在这一时期,相互依存的基本结构只允许增量变化,而相对变化密切,或在重新定向的时期,企业就会发生根本性变革。并且,最成功的调整发生在管理人员预见到需要彻底变革并在危机发生前启动的组织中。Dibrell 等(2009)用实证数据证明了时间节奏和信息技术使组织与其任务保持一致所带来的企业绩效影响环境。Dougherty 等(2013)研究了复杂创新过程中的钟表时间和事件时间节奏(clock-time pacing and event-time pacing)。他们指出,两类时间节奏之间存在张力,但是却没有解释这种张力存在的源头;当这种张力没有得到有效管理时,熟悉程度和接受程度更高的钟表时间节奏会占据主导,这会有严重的负面后果。研究同时指出,创新管理需要结合钟表时间节奏和事件时间节奏,因为他们分别说明创新的不同侧面和不同层次。

2. 创新节奏的规则化相关研究

综合以往研究来看,节奏问题已被许多学者考查,节奏管理的作用也已被证实,但将节奏问题融入创新研究目前还在发展之中,节奏管理也是创新管理的新方向。当前多数学者就创新节奏的稳定性与企业绩效之间的关系展开研究,基于不同的理论逻辑得到了两类冲突观点。

现有大部分学者认为,创新节奏的规则化代表了创新过程治理的一个目标,也就是说,规则的创新轨迹会导致较高的绩效。首先,从时间压缩不经济的视角来看,规则的创新节奏意味着充足的创新准备、低不确定性、准确的市场分析与深度的收益挖掘。Huber(1991)从组织学习角度出发,认为不规则的波动节奏会加剧企业整体的创新风险,不利于企业绩效的保持。这是由于规则化的创新节奏意味着创新活动在一个给定的时间内相对平均分布,因此,企业会将后续的创新活动安排在前一次创新活动的组织学习基础上,这大大降低了创新风险；相反，如果在同一较短时间发起多个创新，组织学习能力无法跟上，这些风险就会大大增加，从而不利于企业创新绩效。Brown 和 Eisnhardt(1997)认为成功的企业能够通过有节奏的过渡过程将现在和未来联系在一起，具备稳定创新节奏的企业，其创新产物的创收能力更强；相反，波动节奏下创新行为的发生更多地取决于事件，事件发生的随机性导致创新过程面临高不确定性，以固定的时间间隔发展和引入创新能够帮助组织获取协调效率和资源分配效率，并减少协调的困难。其次，从有限理性和信息超载的视角来看，企业的注意力和信息处理能力是有限的，而不规则的创新节奏要求企业高层管理团队和研发团队持续地关注创新过程和其他资源，这会导致创新过程中的信息量超出高层管理团队的信息加工能力，从而导致信息的过载并损害决策质量，最终不利于企业绩效(Hambrick et al.，2005)。最后，Cohen 和 Levinthal(1990)从企业的吸收能力视角，论证了规则化的创新节奏使企业的创新过程可以和其他战略行为取得协调，从而促进了创新过程和创新成果的吸收，也就是有利于企业创新行为和绩效。

然而，也有很多学者认为不规则的创新节奏能够带来更高的竞争壁垒和创新绩效。首先，从竞争战略观来看，Barney(1991)认为通过不规则的创新节奏，企业能够形成难以模仿、具有社会复杂性和因果关系模糊性的创新战略，从而构筑起独特的竞争壁垒。并且，不规则的创新节奏无法被外部竞争对手观察、模仿，也形成较好的模仿壁垒。其次，从组织惰性角度来看，一些学者指出，不规则的创新节奏可以很好地让企业跳出原有的创新思维框架和模式，以一种全新的方式组合创新要素和创新过程，这可以帮助组织克服惰性，并建立起变革惯例，从而避免创新过程中的路径依赖。Burgelman 和 Grove(2007)认为，不规则的战略框架可能有助于高层管理人员更好地识别相关挑战，并设计制订与之相匹配的内部机制，以诱导和自主战略过程的平衡为特征，与企业运作的外部环境动态联系在一起，以达到更高的绩效。最后，袁建国等(2015)认为不规则的创新节奏体现的是企业对市场机会的把握能力，也就是对不规则、不定时涌现的市场机会的把握能力，从而让管理者成功应对市场等环境不确定变化带来的冲击，以保持企业在市场竞争中的优势地位。也就是说，不规则的创新节奏体现了企业对市场动态机会的把控与利用能力。

3. 创新节奏的跳跃观

除了关注创新节奏的规则化与企业绩效的议题，近年来，现有研究开始逐步将创新节奏与二元创新结合起来，即关注二元创新的节奏问题。二元创新节奏指的是探索式创新和利用式创新这两种创新行为的展开轨迹。由于探索和利用是完全不同的两类创新活动，它们依赖不同的组织资源和模式，企业承担的成本、风险和收益也大不相同，这使企业如何安排探索式创新和利用式创新间的内在节奏成为重要的命题。这两类活动会争夺企业有限的资源，从而造成两者间可能存在此消彼长的互斥关系，因此企业对这两者的创新节奏做出不同的安排，这最终会影响创新绩效乃至企业生存与发展。

对于到底如何安排探索式创新节奏和利用式创新节奏间的关系这一问题，可以从协时的视角来看。事实上，任何两个相关的行为轨迹，都会存在一定的协时效应。协时指的是，使用时间线以标准化的方式描述时间、分配、调度和协调企业活动，让企业的不同活动在时间层面上协调一致，共同理解。本书首次将节奏及其协时视角引入到二元创新的研究中，试图找到探索式和利用式创新行为两者之间复杂的协同和嵌入的关系，进一步打开两者间的过程黑箱，这涉及它们之间复杂的关联、互动和转化关系。通过下文的实证检验，我们得出探索式创新和利用式创新的内部节奏协时与企业绩效间呈倒"U"形关系，具体来说，企业要想取得高绩效，需要在探索式创新节奏和利用式创新节奏间寻找一个最优点，二元创新节奏间的间隔过大或者过小都会损害绩效。本书刻画了创新节奏的二元创新协时关系，并揭示其绩效机制，希望为今后学者对创新节奏与二元创新的研究产生一定的启示作用。

随着研究的不断深入，最近几年创新节奏和二元创新的相关研究拓展了一个新的视角，那就是间断平衡的动态视角。间断平衡最早用来描述组织、技术演化的规律(Tushman and Anderson, 1986)，指的是随机出现的突破性技术创新会打破现有的技术发展轨迹，带来新的可能性和不确定性，因此给企业创新绩效带来意想不到的变化。Tushman 和 Anderson(1986)等将种群生态理论中的"变异-筛选-保持"概念引入技术变革中，突破性创新开创了一个动荡期，在此期间各种创新会争夺组织资源，相互竞争，最终脱颖而出的会在接下来较长时期内慢慢得到完善，直到下一轮的变革出现。因此，间断平衡描述的就是通过时间和节奏的转换来平衡两种相互排斥但又相互联系的活动,探索式创新和利用式创新是其中重要的一种。间断平衡也被学者视为在二元创新节奏中,平衡组织探索与利用活动的重要方式。沿着这个视角,Mudambi 和 Swift(2014)最早提出创新节奏的概念,刻画了企业创新节奏脱离正常轨迹发生巨大变动的现象,这种变动通常伴随着创新战略的改变、创新管理周期性的转化等现象,可以重新塑造或者利用企业的技术优势,扩大企业竞争优势。这可以认为是创新节奏与二元创新在动态视角上的结合,不管是对相关理论发展还是对企业管理实践,都具有重要启示意义。但就创新节奏这一动作对企业绩效的影响,国内外多位学者持不同意见。Mudambi 和 Swift(2011)较早地探讨了创新节奏议题,从时序双元范式出发聚焦跨越式创新节奏,关注企业在一定时限内紧凑、幅度大且过程剧烈的创新转换行为。Mudambi 和 Swift(2014)研究认为,创新节奏是组织进行探索式创新与利用式创新转换的代理变量,是企业通过时间上的节奏转换来动态平衡探索与利用行为,因此对组织的创新绩效、市场绩效都具有正向影响;在此基础上,吴建祖和肖书锋(2016)认为,企业创新节奏变化的幅度越大,组织绩效越高。然而,贾慧英等(2018)以及李海东和戎晓婕(2020)认为由于探索式创新和利用式创新的本质性差异,节奏的跳跃存在巨大风险,跳跃程度越高,企业失败的可能性也越大。因此,创新投入跳跃和企业绩效之间可能不是简单的线性关系,而是更为复杂的倒"U"形关系,即一般情况下,创新节奏正向影响企业绩效,但是当创新投入跳跃幅度达到一个拐点之后,探索与利用之间转换的风险就会凸显,最终会超过转换的收益,反而有损于企业绩效。

3.2 相关解释视角

基于 3.1 节中对创新节奏的研究现状的细化讨论,本节从结构论、资源论、惯例论以及网络论四个角度对创新节奏进行进一步的研究,以期利用更加全面的视角对创新节奏这一议题进行补充和完善,从而为后续从双元转化的角度来研究创新节奏奠定理论基础。

3.2.1 结构论——半结构化更有利于产生快速持续的创新

成功的多产品创新将围绕责任和优先事项的有限结构与广泛的沟通和设

计自由结合起来，在当前项目中即兴创造。这种组合的结构既不是严密到无法发生变化，也不是松散到引起混乱，我们将这种结构称之为半结构或有机结构。半结构即秩序与无序间的平衡。

变化的间断均衡模型假设长时间小的、增量的变化被短暂的、不连续的、根本的变化打断(Abernathy and Utterback, 1978; Tushman and Anderson, 1986)。DNA 克隆、汽车、喷气式飞机和静电复印术等重大突破都是根本性变化的例子。间断均衡模型的核心论点是，变化会在长期稳定和从根本上改变一个行业短期激进式爆发的震荡(Gersick, 1991)。虽然假定会发生增量变化，但在间断均衡模型中，根本变化是关注的焦点(Tushman and Anderson, 1986; Romanelli and Tushman, 1994; Utterback, 1994)。

尽管间断均衡模型一直是学术界研究的热点，但它对一些企业并不适用。例如，西尔斯·罗巴克公司总裁阿瑟·马丁内斯(Arthur Martinez)曾经说道："如果你看看最好的零售商，你会发现他们一直在不断地重塑自己。"对于像英特尔、沃尔玛、3M(Minnesota Mining and Manufacturing Company，明尼苏达矿业及机器制造公司)、惠普(Hewlett-Packard)和吉列这样的公司来说，快速持续变化的能力，不仅是一种核心竞争力，也是它们文化的核心。对于这些公司来说，变化并不是间断均衡模型所描述的罕见的、偶发的现象，而是这些组织竞争方式所特有的。此外，在产品周期短、竞争环境瞬息变化的高速发展的行业中，参与快速、持续变化的能力是关键的生存之道(Eisenhard, 1989; D'Aveni and Gunther, 1994)。

一些学者已经开始探索持续变化的影响，特别是航空行业的定价中(Miller and Chen, 1994)，电子行业的市场机会捕捉(Galunic and Eisenhardt, 1996)，以及高端装备行业的行动和对策(D'Aveni and Gunther, 1994; Eisenhardt and Tabrizi, 1995)。在这些行业中，持续变化的能力是企业成功的关键因素。此外，越来越明显的是，这种持续的变化通常通过产品创新发挥作用，因为企业通过不断改变它们的产品进行变革(Burgelman, 1991; Chakravarthy, 1997)。惠普就是一个典型的例子，它通过快速、持续的产品创新，而不是突然、间断的变化，从一家仪器公司转变为一家电脑公司。在持续变革的企业中，创新与更广泛的组织变革密切相关。

为什么有些公司拥有成功的产品组合，而有些公司却没有？先前的研究(Burns and Stalker, 1969)表明，有机结构可能是答案。具有高工作流动性、松散的组织结构、高沟通效率和较少规则的公司可能更有利于创新，因为它们将开发人员从约束中解放出来，允许他们灵活地改变和创造新颖的想法(March，1981；Peters，1994)。相比之下，投资组合不太成功的公司(Burns and Stalker，1969)缺乏明确的责任和优先顺序。经理们对项目的优先级没有达成一致，产品盈利能力、定义和时间表的职责常常不明确。尽管在项目内部经常有交流，但是项目之间的交流特别少。这些高管管理当前产品的方式与成功公司使用的有限结构形成了鲜明对比。

为什么有机结构更有利于创新？系统地说，可能有以下几个方面的原因。

明确的职责和优先级以及广泛的沟通与成功的产品组合相关联的第一个原因是，它们可能具有高度的激励作用。与同事和外部环境的广泛沟通有可能产生对绩效的反馈，而明确的职责和优先次序为任务的重要方面提供自主权和问责制。这些反过来会创造内在激励的工作，并最终产生高绩效(Hackman and Oldham，1975)。

第二个原因可能是，这些有限的结构帮助人们理解快速变化的环境。在快速变化的环境中，企业很容易混淆、犯错误，甚至落后。先前的研究表明，结构有助于人们理解变化。例如，Weick(1993)对火灾风暴中空降消防员的讨论表明，结构的丧失阻碍了人们的理解，是这场悲剧的核心原因。同样，Eisenhardt(1989)发现，快速决策者利用结构来建立对周围环境的理解，并建立采取行动的信心。

第三个原因可能是，清晰的职责和优先级，加上广泛的沟通，让开发人员可以即兴发挥。即兴创作是一种组织战略。在爵士乐即兴创作的语境中，这意味着在创作音乐的同时适应他人不断变化的音乐诠释。在产品创新的语境中，它意味着创造一种产品，同时适应不断变化的市场和技术。在爵士乐的语境中，真正的即兴创作依赖于两个反映我们数据的关键特性。它不仅涉及演奏者之间的实时交流，也涉及一些非常具体的规则(如独奏的顺序、有效性和弦序列)(Bastien and Hostager，1988；Hatch，1999)。有限结构提供了拱形框架，允许玩家在这个框架内进行协调和相互调整，然后再组合在一起，这样即使环境在变化，人们也能完成任务。

最后，这些观点与产品开发研究有关。有学者发现(Allen，1977；von Hippel，1988；Ancona and Caldwell，1990；Dougherty，1992；Henderson，1994)，有限结构的重要性还体现在明确的优先级、责任与成功的产品组合。

成功投资组合的管理者依赖于既不太广泛也不太混乱的结构。此外，这暗示了从产品开发这种"有纪律的问题解决"（Clark and Fujimoto, 1991; Brown and Eisenhardt, 1995）到"即兴创作"（Miner et al., 2001）的隐喻转变，在这一过程中，项目即使在发展过程中也要适应不断变化的环境。后一种比喻更好地捕捉了许多高速发展产业中发生的快速、持续创新的灵活性和活力。

对于拥有成功产品组合的组织，我们发现在每个时间框架中都会出现半结构，即有机结构。例如，当前项目的有效管理处于两种组织之间，一种是强结构化的、机械的组织，在这种组织中，官僚程序被紧密地确定，另一种是强非结构化的、有机的组织，在这种组织中，几乎没有规则、责任或程序。对于成功的项目组合，一些职责、会议和优先级已经确定，但是实际的设计过程几乎完全不受限制。对于未来，这些更成功的投资组合的管理者使用实验产品和战略联盟等策略进行探索。他们既没有严格的计划，也没有混乱的反应。他们精心设计了从当前项目到未来项目的过渡，既不是随意的，也不是现在和未来之间的刚性联系。

3.2.2 资源论——企业拥有的资源基础决定了其创新形式、创新节奏的选择

根据 Daft(1983)的观点，资源是由企业掌控的可以提升组织效率和效果的一切东西。但就企业的持久竞争优势而言，资源必须具备价值性、稀缺性、难以模仿性和组织性，这就是资源基础理论中熟知的 VRIO 模型，即价值（value）、稀缺（rarity）、不可模仿（inimitability）和组织（organization）模型（Barney, 1991），它们构成了资源基础观的核心内容。当资源不再具备以上四种特性时，与资源相匹配的创新也就显得毫无价值。按照资源基础观的逻辑，企业是以自身的资源禀赋为基础，通过管理与配置使其获得良好的竞争地位，进而取得竞争优势（Schmidt and Keil, 2013），并产生创新。不难看出资源只有在经过管理者配置之后，通过事后评价才能彰显其价值。如果单独列示企业拥有的资源，并将这些资源对照 Barney(1991)的 VRIO 模型进行检验，很难看到一种资源能够满足 VRIO 模型的条件，至少在价值性上是不符合条件的。一种划分方式是，将资源分为知识性资源、财产性资源和混合性资源，并考虑资源嵌入组织的程度，形成了资源的通用性、模块化和互补性三种性质。

为了持续生存，企业需要最大限度地利用现有能力，这与开发活动相联系；为了永续发展，企业就必须挖掘其未来能力，这与探索活动相关联。这是两种完全不同的活动，两种活动对企业资源的需求不同，企业在资源有限的情境下，对两种活动的侧重不同也将会形成不同的创新节奏。企业需要匹配不同的资源以形成不同的创新能力，选择不同的创新模式，进而形成不同的创新节奏。探索性创新和开发性创新依赖完全不同的组织能力，能力的创造和形成需要依赖企业拥有的资源（March，1991；Henderson and Clark，1990）。将资源视为企业能力形成的基础已是战略管理领域极其重要的流派，这一流派的思想同样得到实务界的普遍认同（Wernerfelt，1989；Barney，1991），由此构成了企业获取竞争优势，进而形成不同创新节奏的资源基础理论。资源基础理论由于很好地解释了企业竞争优势的获取与保持问题，成为企业竞争优势结构化视角（Porter，1991）的有益补充。资源基础理论将企业视为资源的集合体（Wernerfelt，1984），探索性创新与开发性创新的基础也就转变为企业内外部能够拥有或获取的资源。也就是说，企业拥有的资源种类及资源比例会影响企业的创新能力，而创新能力会影响企业对探索性创新或开发性创新的选择。"多探索少开发""多开发少探索""探索与开发基本平均"，这些不同的创新模式最终会形成不同的创新节奏。

按照资源基础理论，资源的不可模仿性是企业可持续竞争优势的关键（King and Zeithaml，2001），这种不可模仿性提高了其他企业获取该类资源的门槛，进而使企业之间的创新能力趋于不同，进一步形成了不同的创新节奏。在资源的限制模仿方面，产权保护是一种最为常见的途径，它是企业财产性资源存在的基础。产权保护的手段包括专利、排他合同、特许专营权等，通过这些手段，企业独占了使用这些资源的权利，任何其他企业想要获取或使用这项资源必须支付相应的资源补偿费用。财产性资源较为具体且比较稳定（Miller and Shamsie，1996），企业借助财产性资源实际上是充分利用了组织内部已有的资源来谋求发展，并会凭借法律赋予其自身的独占使用权，最大限度地挖掘财产性资源的潜力，这也是开发性创新的通常方式。另外，企业财产性资源越多，意味着企业在竞争游戏中天然占据了越好的资源位置，保护、巩固甚至进一步强化这种良好的位置是企业战略和运营的首选，因此拥有财产性资源的企业更愿意实施开发性创新。

此外，由于企业对财产性资源的占有和使用受法律保护，这种外部保护增添了企业竞争的砝码，也容易让企业产生对财产性资源的依赖，降低其从外部获取资源的积极性，影响企业内外部资源的比例，进而影响企业的创新节奏。譬如行政垄断下的资源独占就是一种典型的财产性资源，该类企业更愿意在自己的独占资源基础上进行渐进性改进，对探索性创新表现大多不够积极，如石油企业极少愿意在"地沟油燃料"和"生物燃油"上下功夫；在利率规制下较大的存贷利差使银行业在中间业务创新方面动力不足；电信运营商拥有的平台资源使其在移动互联业务上创新表现不足。Chen 和 Sappington (2011)研究发现排他性合同在阻止新入者的同时，也会减少在位企业的创新努力。Chen 和 Chang(2012)还发现专利的保护程度并非越高越好，专利保护程度越高反而会越抑制企业创新，当然这种抑制在探索性创新上表现得会更明显。

并非企业的所有资源都能够得到确权并受产权保护，企业的声誉、专有知识、技能或诀窍是通过知识壁垒得以保护的，这是知识性资源存在的前提 (Miller and Shamsie, 1996)。无论对在位者还是对竞争者来说，这些知识性资源与企业绩效之间都存在很强的因果模糊性(King and Zeithaml, 2001)，甚至有时候连企业自己对其拥有的知识性资源也很难透彻辨识，正是这种模糊性使竞争对手难以模仿，企业之间形成了不同的资源基础，进而产生了不同的创新节奏。为了增加这种因果模糊性，在位企业会有意愿不断强化知识性资源的内容，这种强化不是靠点滴改进而是需要依赖新的知识内容，只有融入新的知识内容才会增加知识性资源的复杂性，也才能增加知识壁垒的可靠性，因此在位企业拥有知识性资源越多，就会越倾向于实施探索性创新。另外，鉴于在位企业的知识性资源，新进入企业在模仿上会面临时间压缩不经济[①]导致模仿耗时而昂贵(Granovetter, 1985)，也恰恰基于此，在位企业更倾向于随着时间的推移给自己原本拥有的知识性资源添加多样化的内容(King and Zeithaml, 2001)，其探索性创新的积极性也就更强烈了。

对竞争者来说，虽然在模仿在位企业知识性资源时面临着时间压缩不经济，但是这些资源并不受法律保护。随着时间的推移，竞争者可以通过对产品或服务的分析进行逆向工程分解，进而获得这种知识性资源。显然实施探

---

① 注：所谓时间压缩不经济是指企业通过较长时间分散积累起来的知识内容，是不太可能通过不间断集中学习来获得的。

索性创新更有利于在位企业强化知识壁垒保护，但开发性创新很难做到这一点，因为开发性创新更注重现有知识资源的进一步完善和改进，不注重在知识资源中增添新内容。因此，知识性资源越多的企业越倾向于通过知识壁垒保护自身的惯性，因而也就越倾向于探索性创新而避免开发性创新。

资源嵌入组织的程度会影响到资源类别以及企业选择何种创新形式，因为资源嵌入组织的程度决定了企业的资源位置，使企业必须利用这种资源位置去应对不同的环境状态(Miller and Shamsie，1996)，进而做出不同的创新方式的选择。由此可以推测资源嵌入组织的程度将对资源和创新节奏的关系起调节作用。

抛开资源基础理论，企业内很多资源都是相对独立的，可以完全脱离组织而存在，这类资源不存在是否被模仿的问题，只存在谁有途径能获取这些资源的问题，因为它们具有通用性，譬如企业的货币资源就是典型的通用性资源，当然货币资源以产权形式确权后依然隶属于 Barney(1991)所认为的关键资源，它能够影响企业竞争优势的建立。但类似于货币这种能够独立于企业的资源，其嵌入组织的程度几乎为零，企业瞬间就可取得这种资源，无须学习也无须耗费时间。当资源没有嵌入组织或嵌入程度较低时，资源本身是相对独立的，即便组织不存在，作为实体的资源依然存在，只不过更换了资源所有者而已(Black and Boal，1994)。对于这类资源来说，由于没有组织惯性和组织依赖，企业会更倾向于借助这种资源去探索新知识、寻求新客户，其探索性创新的积极性将会表现得更强烈。

而当资源完全嵌入组织时，它就难以独立存在了，也就是说资源随组织的灭亡而消散，这类资源我们称其为互补性资源。资源嵌入组织的程度越低，其通用性越强；资源嵌入组织的程度越高，其与组织的关联性越强，即互补性越强，这种互补意味着与组织相配套。当资源与组织联系在一起时，企业的行为对组织的依赖性也就更强，因为脱离了组织资源也就失去了存在的价值，因此在创新行为上，企业更倾向于以现有知识或客户为基础而实施开发性创新。

所以知识性资源有利于探索性创新，财产性资源有利于开发性创新。我们还发现无论什么类型的资源，只要企业加强互补性就有利于开发性创新；而知识性资源强化了互补性之后会使其对探索性创新产生消极影响。因此在实践中，企业应针对其拥有的资源基础来选择不同的创新形式，或者根据自己的创新战略方向来获取不同形式的资源。

3.2.3 惯例论——组织创新经验塑造企业的创新节奏与创新策略

管理学领域的学者非常关注组织的创新经验如何影响企业随后的创新，即创新经验如何影响企业随后的创新节奏，这里的创新经验主要是指企业先前累计的创新数量。经验影响了一个组织跨时间不断引入创新的能力。首先，我们提出创新的经验创造了实现持续创新的时间一致性的能力(Coen and Maritan, 2011; Lei et al., 1996; Nelson and Winter, 1982)。虽然现存的动力研究强调创新经验为引入一种特定类型的创新创造了惯例，并暗示了随后创新的加速(Baum and Shipilov, 2006)，但这项工作很少考虑创新经验也有助于引入一系列创新的惯例，如持续创新的时间一致性。反过来，这种逻辑意味着先前的创新是如何被引入的，在创新体验的使能效应中起着重要作用。因此，我们进一步认为，组织实现时间一致性的能力是以类似方式引入的先前创新数量的函数（即呈现高时间一致性的先前创新引入），并且不反映以不同方式引入的那些先前创新（即呈现低时间一致性的先前创新引入）。其次，我们考虑组织年龄的作用。经历了老龄化的过程，组织发展越来越僵化。

在常见的研究中，学者有两种截然不同的观点，一种认为先前的创新经验会加速组织后续的创新活动，另一种观点认为创新经验会导致后续创新活动率下降。下面我们将分别进行表述。

在最常见的动力观点中，学者认为创新的经验为加速创新的发展和引进的潜在活动创造了组织惯例(Kelly and Amburgey, 1991; Miller and Friesen, 1982a)，从而会加快创新节奏。在这个研究领域中，先前变化对进一步变化的可能性的影响已经成为一个流行的话题(Dobrev et al., 2001; Kelly and Amburgey, 1991)。与此同时，理论和实证文献都一致认为，变化增加了进一步变化的可能性。从以前的创新中积累经验有助于组织降低执行与创新相关的活动的边际成本(Kelly and Amburgey, 1991; Miller and Friesen, 1982b)，并认为获得特定形式创新的经验会导致组织成员将创新视为更广泛问题的解决方案(Amburgey and Miner, 1992; Prahalad and Bettis, 1986)。加速观点强调组织的创新过程和能力(Greve, 1998)。研究为创新经验的加速效应提供了经验证据，在不同的经验背景下发现了先前变化的积极效应。例子包括加州葡萄酒厂的品牌组合变化(Delacroix and Swaminathan, 1991)、财富 500 强企业之间的合并(Amburgey and Dacin, 1994; Amburgey and Miner, 1992)和美国航空公司的战术竞争行动(Miller and Chen, 1994)。

许多组织学习理论家坚持认为, 组织是由正式和非正式的例行程序管理的。例行程序通过减少个体成员在每种可能的和可重复的情况下做出复杂和耗时的决策的需要来提高组织的合理性。例行程序可以被解释为组织遇到的典型问题的标准化和持久的解决方案(Cyert and March, 1992; Nelson and Winter, 1982; March and Simon, 1958; Simon, 1960)。但是, 组织套路也导致惯性风险:组织成员倾向于坚持众所周知的套路, 而不是寻求其他选择。在提到 Nelson 和 Winter(1982)的另一个考虑时, Amburgey 等(1993)坚持认为, 组织不仅要开发在操作层面控制组织行为的例程, 还要开发管理变更过程的例程。他们认为, 这些改变程序主要是通过反复出现的对某些类型的改变的执行来发展的, "简而言之, 组织通过改变来学习改变。一个组织改变它的操作程序越多, 它就越有可能开发出进一步进行类似改变所需的修改程序"。因此, 随着操作程序的发展而产生的惰性可以被变化程序的发展抵消。

此外, 特定类型变化的经验使新问题更有可能引发进一步的类似变化。这也意味着给定类型的改变似乎可以解决的问题范围将会增加。"正如民间俗语所述, 如果你知道如何使用锤子, 一切看起来都像钉子"(Amburgey et al., 1993)。因此, 尽管与操作程序相关的惯性力导致抗拒变化或忽视变化, 但围绕变化程序发展的惯性力被认为会导致某种类型变化的执行增加。由于这些变化的例行程序是通过重复执行来发展的, 所以变化过程似乎是由重复的动量来控制的(Amburgey and Miner, 1992; Kelly and Amburgey, 1991)。

组织规则变化的研究也涉及自我强化的变化过程。March 等(2000)认为, 负责更新和维护组织规则的员工(规则制定者)在修改特定规则的内容时, 会越来越频繁地更改这些规则。这种经历应该会让规则制定者更愿意再次改变同样的规则。此外, March 等(2000)提供了一个论点, 即先前的改变产生了积极的影响, 偏离了迄今为止提出的一般常规化概念。他们提到了"修修补补"的可能性:旨在解决某些问题的规则修改可能会打开新问题的大门, 因为修改规则的内容也需要将未经检验的新知识纳入现有规则。应用未经测试的知识可能会产生意想不到的后果, 增加失败的风险和再次改变这些规则的需要。如果修订后的规则解决问题的能力强于其产生问题的能力, 这种机制应该特别有效。这样的过程会导致"失败陷阱"的出现,用 Levinthal 和 March(1993)的话说,"失败导致探索,探索导致失败,失败导致更多探索"。有趣的是,修补和失败陷阱的概念并不像改变常规化的论点那样表明成功的改变会加强改变活动。不成功的变更触发了进一步的变更——这种观点也可以应用于其他变更过程(Milliken and Lant,1991)。

但是,也有学者批评了加速结果,并提出了减速效应的论点,认为先前创新的数量将对后续创新的速度产生负面影响,进而会影响创新节奏。根据这种减速的观点,先前的创新累积起来了一套完善的核心产品和服务,从而减少了对后续创新的需求(Beck et al.,2008)。这一论点假设,当组织产生与组织期望相关的令人满意的结果时,组织将维持现有的过程和产品(Cyert and March,1992;Greve,2003),但当结果令人不满意时,组织会参与创新活动来改进和完善结构及产品。

Cyert 和 March(1992)的框架还表明,组织目标(期望水平)的建立基于变革过程中获得的经验。在以前的变更过程中学到的东西应该能够提高对同一领域的未来解决方案建立现实期望的能力。因此,在其他条件相同的情况下,过早满足的风险,以及发展过度要求的愿望的倾向,应该随着在变革过程中获得的经验而减少。

期望水平、搜索和注意力规则的细化通常可以稳定变化的结果。通过实施变革,组织获得了这些要素的额外知识。他们对如何以及在哪里寻找满意的解决方案获得的知识越多,对解决方案必须满足的期望了解得越多,就越有可能在比以前的解决方案更长的时间内实施被认为满意的解决方案。因此,由变更产生的细化过程应该减少进一步变更的可能性。

March 等(2000)也提出了一个相反的论点:组织规则可以通过重复的调整过程来改进。这意味着每次规则制定者更改其内容时,规则解决问题的能力都会提高,因为使用该规则获得的经验会被转移到新规则的内容中。在 Schulz(1998)的研究中可以找到类似的结论。他认为,未解决的组织问题的数量随着现有规则数量的增加而减少,因为这些规则"吸收"了问题。因此,新规则的必要性,也就是规则建立的概率,应该随着形式规则数量的增加而减少——他发现了一个强有力的经验支持的假设。以此类推,可以说,企业不仅通过引入新的规则(增加了规则的数量),而且通过修正或完善现有规则解决了问题,减少了进一步修改的必要性,进而降低了创新节奏。

行为框架认为，先前的变更有助于组织改进其审查环境的能力，因为关注规则适用于先前变更过程中获得的经验。这种改进可能会产生两种不同但相关的结果。首先，也是最重要的一点，先前的改变应该提高一个组织的学习能力，使其能够在现有资源空间中获得满意地生存。此外，在以前的变更过程中改进的搜索流程和目标应该有助于这一结果。其次，可以期望组织提高其考虑相关环境信息的能力。因此，来自先前变更过程的经验帮助组织只对那些对他们重要的市场信号做出反应。尚未建立稳定的市场定位的组织应该更倾向于对任何可能具有重要性的环境变化做出反应，从而进行不必要的改变。那些通过预先调整知道他们想在市场中如何和在哪里出现（他们想提供什么和他们想吸引什么样的客户）的组织应该更明智地选择必要的环境信息。所以，先前的变更会使企业的创新节奏放缓。

3.2.4 网络论——处于网络中心的组织可能更有利于加速创新节奏

随着理论间的交流融合，复杂网络理论成为探究创新网络结构的特征及其演化过程的重要切入点。依照该理论，企业之间的研发创新合作可被视为一个动态发展的网络系统，系统由众多节点组成，节点间相互关联，共同塑造一个庞大的网络体系，并且该合作网络不仅规模日益扩大，在结构上更是呈现出"小世界"与"无标度"的特点(高霞和陈凯华，2015)。在对创新网络的宏观结构进行分析时，顾力刚和张文帝(2015)指出，这样的网络经常表现出特定的星形结构，并在其内部形成了核心区域。转向网络参与者的角度，孙笑明等(2014)对一般研发者与核心研发者进行了区别，并专注于研究创新网络中结构洞、中介中心度及间接连接数与企业创新能力之间的联系。除了关注网络的固有结构，学者也对网络关系的动态变化表现出浓厚兴趣。例如，张琳等(2009)引入了博弈理论的概念，试图阐明创新网络中各类成员的合作条件。

企业在协作创新网络中的位置，通过其中心度得以量化，这反映了企业作为网络枢纽的程度以及获取资源和信息的优势(Badar et al.，2013)。中心度的高低直接关联企业在网络中的影响力和获取知识的效率。中心度高的企业，位于网络的核心，能够更快捷地接触到新知识，从而加速创新进程；而中心度低的企业则处于网络的边缘，不能掌握知识流通的主要渠道。位于网络边缘的企业，由于缺乏足够的知识获取渠道，面临接触外部知识机会少的挑战，这限制了它们获取外部创新资源的能力。尽管这些企业有可能灵活地搭建外部联系,但它们往往受限于自身的资源,难以吸引外部合作者。这种局限性可能导致它们在创新过程中处于不利地位。

相反,随着企业中心度的提升,它们能够迅速增加与其他企业的联结,从而接触到更丰富的信息源。这种丰富的信息源不仅有利于企业的适应性学习,也有助于企业获取异质性的创新资源(Badar et al., 2013)。高中心度还意味着企业在网络中拥有更高的权力地位和更强的资源获取与控制力(党兴华和常红锦,2013)。这不仅使企业占据信息资源的优势地位,而且通过多渠道的信息比较,企业能够避免受到扭曲和不完全信息的误导。高中心度的企业,由于拥有更多的强连接,更有利于隐性知识的转移。它们对网络资源拥有较大的调配能力,这种能力,加之信息传递路径的依赖性和创新路径的锁定,有助于加速企业知识交换与整合,促进对现有技术领域知识的深入理解和挖掘(Kaplan and Tripsas, 2008)。这种深入的知识整合与理解,是推动探索式创新和利用式创新的关键因素。探索式创新依赖于新知识的探索和应用,而利用式创新则侧重于现有知识的深化和完善。

综上所述,企业在协作研发网络中的中心度对其创新节奏和创新能力具有显著影响。中心度高的企业由于其处于网络核心地位,能够更有效地获取和利用知识资源,加速创新过程,而中心度低的企业则需要通过建立更广泛的联系和提升自身吸引力来改善其在网络中的地位。通过优化网络结构和提升企业的中心度,可以为企业带来更广阔的创新空间和更强大的竞争力。

3.3 双元转换:有效链接节奏与二元

本节基于对创新节奏的认识,从时间的角度来研究企业的二元创新行为,从而在创新节奏与双元转换理论之间搭起了桥梁,拓宽了创新节奏研究的理论视角。

3.3.1 二元研究的两大范式及其时间维度

1. 二元性范式

企业二元性被视为组织理论中一个新兴的研究范式(Raisch et al., 2009)。

现有对组织二元性内涵最大的分歧在于，究竟它指的是达成探索和利用间的最佳平衡，还是探索和利用两者都要高。就平衡观而言，March(1991)最早指出，达到与保持探索和利用之间的平衡对于组织生存是非常重要的；相应地，研究者指出，组织二元性最好被描述为两端分别为探索和利用的连续体的中点或者是最优点。那些缺乏内部资源或者缺乏接触到外部资源的企业，更有可能在探索活动和利用活动间达成平衡。就联合观而言，探索和利用被视为是独立的活动，这就意味着探索的水平和利用的水平可以而且应该同时最大化，以获取较高的二元性。

但二元性仅是组织的一种属性，表明组织具备了兼顾利用和探索两类活动的功能或能力，这实际上仍是对企业多种行为现象的归类描述；与此同时，许多学者都致力于探索达成这一属性的实现过程和组织模式。早期的观点秉持分离观，并从两个进路推进这个流派。其中一个进路认为可以通过结构分离，即不同的组织单元分别参与到探索和利用中，同时实现探索和利用；另一个进路关注时间分离，即企业管理者在探索和利用间的转变。也有学者提出情景二元性(contextual ambidexterity)，强调整合利用和探索的行为与社会意义，比如说，社会化、人力资源和团队构建实践能够构筑共同价值观并有助于协调，帮助成员二元性地思考和行动(Gibson and Birkinshaw, 2004)。但无论是结构观、情景观、领导观，都对探索行为和利用行为的时间问题采取了回避的态度，都将时间看成是自然而然的和自我证明的(Lee and Liebenau, 1999)，而后期的并置观(Stettner and Lavie, 2014)虽然开始关注企业不同阶段的二元行为问题，但是，还是将事件独立于时间，这些现象产生的根本原因是这一范式采取了钟表时间观。

2. 间断平衡范式

探索和利用是两类完全不同的活动。企业探索行为包括研究、探索、实验和风险承担(March, 1991)，企业利用行为主要基于一致性、稳定、控制和改进(Levinthal and March, 1993)；探索行为具有高度的不确定性和较远的回报期，利用行为具有较大的确定性和较近的回报期。

事实上，由于组织系统存在路径依赖性，渐进性的变革总是不可能的；组织变革的间断平衡范式已经成为解释企业行为模式中的一个有前景的理论框架，在大多数甚至所有的企业行为领域中，组织变革都是通过快速的、不连续的变革实现的(Romanelli and Tushman, 1994)。发端于组织变革领域的间断平衡理论和二元行为间有着天然的联系。在间断平衡范式中，变革的阶段是相对紧凑的；Romanelli 和 Tushman(1994)显示，大多数企业会在两年内完成根本性的变革。二元行为中囊括两类行为，而其中的探索行为本质上就是一种变革。类似地，二元行为中的间断平衡范式强调，对探索和利用的序列化追求提供了一个二元平衡的替代机制，它能够缓解"同时"策略的资源和管理的限制(Gupta et al., 2006)，这个"替代机制"主张，大量的利用行为间夹杂着少数的，但是重大的探索行为(Mudambi and Swift, 2011)。

进一步地，如果一个企业在执行探索行为和利用行为间相继地来回移动，那么随着时间的推移，我们应该能够观察到一个相对波动的企业二元行为序列轮廓。正如 Cyert 和 March(1992)指出的，在不同的目标间序列性地分配资源在战略和组织的规范研究中很少，但是在现实描述中却很多；Levinthal 和 March(1993)也指出注意力序列分配被认为是目标冲突和有限理性的结果；基于类似的思路，Burgelman(2002)详细分析了 1987~1998 年英特尔公司的案例，发现间断平衡是一种比二元性更可行的机制。

如前所述，二元性理论主张两类行为"同时"展开，这种做法将二元行为间的时间维度背景化了，而间断平衡理论主张两类行为"相继"展开，从而把时间维度从"背景"推至"前台"。但是，可以认为，二元性范式和间断平衡范式仅仅处理了流逝性时间的两个极端，而更普遍的情况是，两类行为的展开可能既不是完全同步的，也不是完全分离的，或者说，两者在时间上的"分离模式"是多元化的。要探索多元化的"时间分离模式"，就首先需要从时间维度出发，比较两大范式的差异性。

3. 两大范式之争：时间视角

时间尺度(Zaheer et al., 1999)的选择是不同理论存在差异的重要源头。事实上，大多数的研究都没有把时间当作一个有疑问的或可研究的现象，所有的组织主体都把时间看成一支直线射出的、速度均匀的箭，并依据这种看法而采取行动。这一论断也适用于企业二元行为的研究。在现有的企业二元行为研究中，二元性理论和间断平衡理论这两大范式均未将时间"问题化"。而正如上文所述，时间问题是探索行为和利用行为的核心，因而我们需要通过组织与管理中的时间透镜，借鉴企业行为序列的研究，从时间的理论视角对企业二元行为问题进行研究。

1) 钟表时间观 vs 事件时间观

时间在组织和团队的运作中扮演着普遍而关键的角色。Schriber 和 Gutek(1987)将时间视为组织构建的基石，而 Bluedorn 与 Denhardt(1988)强调时间和时机是现代管理中的核心议题。历史上的组织与管理理论，包括韦伯的官僚制理论和泰勒的科学管理法，均构建在对时间尺度的特定理解之上。实际上，时间本身也是一个至关重要的分析视角。当前研究通过时间透镜辨识了一系列相关变量，包括时机、速度、周期、节奏、时间视野、时间文化和截止期限等(Ancona et al., 2001)。然而，尽管时间作为一个透镜提供了多维度的观察角度，但多数研究仅仅触及了这些角度的不同维度，未能深入探讨时间透镜本身的系统性特质。换句话说，尽管存在大量涉及时间因素的研究，但深入挖掘时间本质的研究仍然相对匮乏(Lee and Liebenau, 1999)。

以钟表时间为代表的时间外部表征将时间看成一种"资源"。当人们被问到时间是什么时，他们往往会想到手腕上的手表或墙上的挂历，这反映了人们心中根深蒂固的钟表时间概念。所谓的钟表时间观赋予时间一系列属性：它被看作均质的、可分割的、线性流动的、均匀的、客观存在的以及绝对的。这种观念认为时间独立于物质世界和事件之外，并且存在一个普遍认可的"正确"时间标准。

尽管钟表时间存在主导性，但是工业社会中的很多人也依赖其他时间系统来预测未来的事件，如传记式时间(建立一个家庭的时间)、工作时间(工作变动的时间)或农业时间(播种的时间)。事件时间系统类似于 Kairos。Kairos 是以希腊的机会之神的名字命名的，指的是有意向或者目的地活着的时间，不是测量的时间，而是人类活动的时间、机会的时间。事件时间不是固定的或规则的，而是动态的、不规则流动的并包含变动着的权变性的。事件时间结构创造了一种更深层次的时间视角，这样可以让人们看到更远的未来，更多地利用经验，识别出利用一个较短时间跨度所不能识别的模式。

钟表时间关注的是操纵性、主动计划和执行战略行动；而在赞成事件时间管理的人那里，计划是不流行的，因为事件的内在不可预测性往往决定了时间的走向(Brown and Eisenhardt, 1997)，可以说，事件时间关注的是灵活性和即兴。组织研究中的钟表时间观和事件时间观的比较如表 3-1 所示。

表 3-1　组织研究中的钟表时间观和事件时间观

项目	共性	其他称谓	特征	管理蕴涵
钟表时间观	创造出来用于人们给日常生活和组织生活赋予节奏与形式	定量时间、均匀时间、牛顿时间	同质性、结构可分性、流动线性、均匀性、客观性和绝对性	关注操纵、主动计划
事件时间观		定性时间、主观时间、爱因斯坦时间	异质性、不规则流动性、不均匀性、主观性和相对性	关注灵活、即兴

2) 两大范式的比较：时间视角

从根本上来说，正是二元性范式和间断平衡范式对"时间假设"与"行为的时间模式"这两方面存在不同看法，导致了它们在"对'连续或正交'的态度"和"适用分析层次"等多个问题上存在较大分歧。

首先，二元性范式和间断平衡范式的时间假设存在差异，前者以钟表时间为假设，后者以事件时间为假设。正如前文所述，钟表时间认为时间是定量的、客观的、普遍的，和特定事件无关的，因此认为活动具有理性的、精确的顺序(Orlikowski and Yates, 2002)，对钟表时间的关注体现在企业二元性的定义和类型划分中。大多数的学者都认为，所谓的企业二元性指的就是组织能够同时执行探索行为和利用行为的能力，而时间维度抓住了二元性的"同时性"或"相继性"的特征；从本质上来说，二元性的时间特性能够区分同时追求探索和利用的组织能力以及相继追求探索和利用的组织能力。与此相反地，间断平衡则强调二元行为的相继性或者交替性，间断平衡范式认为，由于资源及能力的限制和冲突，企业二元性范式所主张的以结构分离或者领导二元的角度来达成探索和利用间的平衡的做法是不可取的，或者说，同时达成探索和利用的要求是很难达到的，因此只能采取时间分割的方式来达成探索和利用间的平衡。间断平衡认为二元行为的达成不是在一个平滑的时间系统中实现的，而是主要"用学习事件来标识开始和结束"(Dougherty et al., 2013)。间断平衡范式关注特定的市场机会或技术机会的作用，而这些机会的涌现具有时间的不规则性和主观性，因此，体现出了更多的事件时间特征。

二元性范式和间断平衡范式在"时间假设"和"行为的时间模式"上的差异性导致了它们在"正交或连续"以及适用分析层次上的差异性。二元性范式主张的钟表时间观将时间看成线性流动的和结构可分的，在这样的假设之下，行为系统被看成一个平滑的组合，在这个系统中，时间协调的两种基本模式，即时间对称和时间互补(temporal symmetry and temporal complementarity)

(Zerubavel，1981)起到了重要的作用。时间对称性通过同步不同个体的活动来实现协调，而时间互补性则通过在个体之间分配不同的时间段来达成和谐。Zerubavel(1981)进一步阐释了排程在促进这两种时间协调模式中的作用，通过合理的排程以实现团队成员间在时间节奏和合作模式上的相互适应。因此也就不难理解二元性范式认为探索行为和利用行为可以被视为是正交的，且当分析单位为多个松散联系的域或整个系统时，二元性范式被认为是保持探索和利用间平衡的合适的适应机制。

虽然一些研究基于资源观的视角，指出组织在利用和探索间震荡为探索与利用的序列化的追求提供了一个替代性的结合机制，它能够缓解"同时"策略的资源和管理的限制。但是本书认为，时间是一个更根本的视角。如上所述，间断平衡范式将时间看成异质的和不规则流动的，在这样的假设下，行为系统被看成非平滑的组合。在这种非平衡的行为系统中，探索行为和利用行为拥有自身的时间系统和时间轨迹，因此，在间断平衡范式下，这两类行为是连续的。从而，当分析单位是单个域的时候，间断平衡范式被认为是保持探索和利用间平衡的合适的适应机制。基于时间视角对二元行为研究两大范式的比较如表 3-2 所示。

表 3-2 二元行为研究两大范式的比较：时间视角

范式	核心观点	时间假设	行为的时间模式	对"正交或连续"的态度	适用分析层次
企业二元性范式	为了达成效率和效果的平衡，组织需要同时进行探索行为和利用行为	背景化、同质化	同时性	正交	多个、松散联系的域
间断平衡范式	为了达成效率和效果的平衡，组织可以交替地采取探索行为和利用行为	碎片化、非规则化	相继性、交替性	连续	单个域

事实上，随着企业二元行为理论的发展，二元性范式和间断平衡范式产生了融合的趋势，这一趋势逐渐把时间纳入到了二元行为的研究中。研究指出，组织二元必须通过动态的过程达到(Ketchen et al.，1993)、二元创新需要通过探索和利用间的再平衡才能达到(Siggelkow，2002)、企业管理者必须沿着时间做出有意识的资源分配，以保证二元性(Raisch et al.，2009)，甚至周期二元性理论认为二元性不仅能通过结构分割获取，也能通过序列化地将资

源与注意力分配给探索和利用来获取。因此，这种形式的二元性涉及一个时间周期系统，在这个系统中，组织在长时间的利用和短时间的利用之间切换。实证研究也进一步论证了周期性二元性和企业绩效之间的联系。这个趋势其实是更大的研究议程中的一个体现，这一研究议程主张要将时间置于组织理论的核心位置，强调对企业二元行为序列的研究。

3.3.2 双元及双元转换

二元性指的是组织同时开展不同的，而且经常是竞争性的战略行为的能力，这些竞争性的能力包括探索和稳定、灵活和效率、搜索广度和深度、探索式学习和利用式学习、塑造和适应(Gibson and Birkinshaw，2004)、增量创新和不连续创新(Smith and Tushman，2005)、探索式知识共享和利用式知识共享(Im and Rai，2008)以及基于盈利的战略与基于增长的战略(Han，2007)，而最常使用的是(March，1991)的利用和探索的概念。

现有研究普遍认为，作为企业技术知识轨迹转变的创新节奏的转换，是以企业技术知识为基础，那么一个自然而然的问题是，企业的技术知识系统与创新节奏有何关系？本书拟基于双元转换的视角来研究这一问题。

双元转换的思想根植于对不同目标的序列化注意力分配，要求在探索活动和利用活动间来回震荡(Gibson and Birkinshaw，2004)，这样，企业就可以在某一时间内探索而在另一时间内利用。双元转换视角强调企业有效地部署探索和利用行为的序列化步调，可以被视为双元创新研究在时间维度上的拓展，这既避免了过度聚焦于"现有能力"导致的"成功陷阱"，又避免了过度聚焦于"探索未来"导致的"失败陷阱"(Levinthal and March，1993)；正如March(1991)指出，在探索和利用间分配资源的过程体现了跨时期性(inter-temporal)。事实上，双元转换的想法与双元创新节奏研究的思路是一致的，如震荡(Rothaermel and Deeds，2004)、序列化(Gupta et al.，2006)、周期双元(Simsek et al.，2009)等。

3.3.3 双元转换与创新节奏之间的联系

在探讨双元转换与创新节奏的联系时，首先需要明确两者的概念。双元转换涉及企业在探索式创新和利用式创新之间的动态平衡与转换。根据间断均衡模型，在非连续技术的作用下，企业活动兼具长期渐进演变与短期剧变，使企业利用与探索活动相继开展，从而将时间维度显性化，产生双元转换问题（马海燕和朱韵，2020）。创新节奏则描述了企业在时间维度上开展创新活动的规律性和变化性。随着内外环境的变化，企业需要重新配置资源，适时进行利用式和探索式创新的转换，即创新节奏的转换（马海燕等，2023）。本书将重点讨论如何将双元转换的概念融入创新节奏的管理，以及这种融合如何影响企业的创新绩效和长期发展。

创新节奏与双元转换紧密相关。马海燕和朱韵（2020）在不同创新情境下区分出三种双元转换战略类型。在双元转换的视角下，企业不再被看作单纯追求稳定创新的实体，而是需要在探索式创新和利用式创新之间进行有意识的转换。这种转换要求企业在不同时间点上调整其研发重点，以实现资源的最优配置。

技术和创新管理中一个普遍的看法是，稳定的技术创新投资有利于企业绩效（Mudambi and Swift, 2014）。但后期的研究指出，在一些情况下，企业致力于塑造创新轨迹的变动性（Kor and Mahoney, 2005）；甚至，技术创新持续的、相对惯例化的波动与更高的企业成长绩效相关（Mudambi and Swift, 2011）。也就是说，高绩效企业会保持相对长时间稳定的创新活动，但这一过程会被紧凑的、显著的技术变革中断，这种创新轨迹的变动性体现为周期性的"创新跳跃"，即在一段稳定的创新活动后，企业会经历一段集中的技术变革期。那么，创新跳跃的本质是什么？这需要从双元创新及其转换的角度来理解。

一个流行的观点是，绩效最好的企业是同时擅长探索和利用的企业，这种企业被称为双元性的（Tushman and O'Reilly, 1996）；但是，一些学者批评了组织双元性的研究，他们认为，进行探索和利用的能力是不能被兼容的（March, 1991）。这些研究指出，探索和利用在企业中的共存状态最好是间断平衡的，即时间的稳定阶段被极端变革的挑战性阶段打破（Katila and Ahuja, 2002）。在间断平衡范式下，企业的创新过程受到利用和探索模式间相互交替的挑战，即从运用现有能力以创造价值的利用阶段，转换到强调对新资源开发的探索阶段（Gupta et al., 2006；Katila and Ahuja, 2002；Benner and Tushman, 2003）。也就是说，在间断平衡范式下，企业需要在探索式创新和利用式创新之间进行双元转换，从而表现出创新节奏的轨迹。

间断平衡范式将双元创新研究中的时间维度做了显性化处理(岑杰，2017)，或者说，是双元性的序列化形式(Venkatraman et al.，2007)，即本书强调的转换观。有别于双元创新的结构观(Tushman and O'Reilly，1996)、情景观(Gibson and Birkinshaw，2004)、网络观(Gupta et al.，2006)或组合观(Stettner and Lavie，2014)，基于时间维度的转换观反映了探索和利用的动态的、时间序列化的惯例(Venkatraman et al.，2007)。进一步地，为探索和利用的序列化的追求提供了一个替代性机制，它能够缓解"同步"策略带来的资源和管理的限制(Gupta et al.，2006)；而且，时间分割能够使企业更有效地专注于利用或探索行为。双元转换是间断平衡的一种特殊情况，体现为探索和利用序列的时间迟滞，可以被视为时间 $t-1$ 的利用和时间 t 的探索之间的联合效应(Gupta et al.，2006)。作为组织双元性的一种常见形式，双元转换的观点已经体现在了诸多研究中，如 Rothaermel 和 Deeds(2004)刻画了双元化移动的序列形式；Gupta 等(2006)指出探索和利用间的相互作用在双元性与间断平衡中是不同的；Lavie 和 Rosenkopf(2006)认为，在特定领域和特定时间，一个企业只能强调探索或利用；但是通过跨领域或跨时间，平衡就能够实现。

进一步地，双元转换的视角提供了理解创新节奏中的创新跳跃的框架。企业通过在创新活动中实施双元转换，能够在维持日常运营效率的同时，为突破性创新创造条件。这种转换不仅是一种战略选择，也是一种必要的组织能力，要求企业在不同时间点上灵活调整其创新重点和资源配置。

第4章 企业知识宽度和知识深度与创新节奏

4.1 本章研究问题

大量研究证明,企业为了取得成功的创新,需要持续不断地创新投入(Kor and Mahoney,2005);但新近观点则更多关注企业在利用现有能力和发展新能力进行创新之间的转换。转换的过程往往意味着企业在创新过程中紧凑的、剧烈的变化,即创新节奏的转换(Mudambi and Swift,2011,2014)。事实上,企业创新行为需要根据企业内部产品/技术生命周期更替、外部技术环境演进和跳跃进行改变,这样,企业才能研发出符合技术变更轨迹、变动市场需求和自我技术能力基础的技术与产品,以塑造新的竞争优势(吴建祖和肖书锋,2015)。已有学者研究证实,企业的创新节奏波动能够带来更高的企业绩效(Mudambi and Swift,2011;吴建祖和肖书锋,2015,2016);其主流的解释逻辑是"探索-利用"的二元视角。探索和利用是创造企业价值的两条途径(March,1991),利用式创新是企业利用其现有知识库和技术轨道来改进现有组件,而探索式创新是在与企业核心知识库相对较远的知识领域中寻找新知识,涉及的是转向不同的技术轨道(Rosenkop and Nerkar,2001;Benner and Tushman,2003;Eggers and Kaul,2018),在间断平衡的框架下,有能力对创新投入进行深刻调整的企业表现出更高的企业成长性(Mudambi and Swift,2011)。前因研究(etiological research)是一种科学研究方法,旨在识别和解释特定结果或现象的原因,帮助我们理解复杂现象背后的机制。由此可知,探究创新节奏的前因是非常重要的。

然而,现有对创新节奏的研究往往集中于其对企业创新绩效的影响(Mudambi and Swift,2014;贾慧英等,2018),即采取"向后看"的视角,缺乏对其前因的关注。少数几篇关于创新节奏前因的文章将焦点放在高管团队注意力视角(吴建祖和肖书锋,2016),缺乏对创新节奏更深层次的知识基础的关注,而探索的本质是进入新的知识领域、探究新的知识轨迹,利用的本质是扎根原有的知识领域、优化现有知识(Levinthal and March,1993)。创新节奏刻画的是技术轨迹的转变,需要以技术知识为基础。那么一个自然而然的问题是,企业的知识基础与创新节奏有何关系?其中知识基础包括宽度基础和深度基础。知识宽度指的是知识基础的横向覆盖范围(刘洪伟和冯淳,2015),知识宽度越广,企业涉及的技术领域越多,知识异质性越高,这种广泛的知识覆盖有助于企业在面对市场变化和技术革新时,能够快速调整和适应;知识深度是指企业运用知识库中各种知识元素的能力(George et al.,2008),代表对该领域知识运用的专业化和熟练化程度,是企业在某个特定技术领域的"深耕"能力,知识深度的提升有助于企业在某一领域内持续探索,形成竞争优势,通过不断优化和深化知识应用,提高产品和服务的技术含量。

此外,数字化技术的深度嵌入会对创新节奏在知识利用和创新产出过程中产生怎样的影响,这一问题也有待研究。数字化技术作为一种全新生产要素参与了企业创新的各个方面,这一背景下创新节奏的战略决策需要嵌入数字化思维。在数据处理方面,数字平台带来的大数据积累和算法优势,能够帮助企业实时处理大量非结构化技术信息、准确识别技术转换的可能路径并帮助企业做出科学的创新决策(闫俊周等,2021)。在组织运行方面,数字化技术通过对传统管理方式、业务流程与组织结构的颠覆性创新,带来企业内部沟通渠道的畅通和信息的准确传递,很大程度上解决了创新过程的沟通障碍(杨德明和毕建琴,2019)。因此本章将企业数字化作为调节变量,考查数字化背景下创新节奏的知识前因。

综上,本章基于数字化背景,在总结前人有关创新节奏、知识基础等文献的基础上,综合使用文本分析法和专利分析法,运用中国 A 股上市企业中属于生物、节能环保、高端装备制造、新一代信息技术、新材料、新能源、新能源汽车、数字创意产业、相关服务业的九大战略性新兴产业的企业 2009~2018 年面板数据,以创新节奏为研究起点,实证探索以下问题:知识宽度和知识深度如何影响企业的创新节奏,企业数字化水平又在其中发挥怎样的作用?

4.2 理论基础与研究假设

4.2.1 知识宽度与创新节奏

知识宽度指的是企业知识基础的横向覆盖范围(George et al., 2008),企业的知识宽度越广，涉及的技术领域越多，知识就越多样化。个体属性中的知识宽度对创造力有着重要影响（冯涛等，2023）。为了在竞争激烈的环境中取得生存和发展，创新型企业必须能够利用现有的能力，并在现有能力价值下降时探索新的能力（Swift，2016），由于探索和开发所需的技术知识基础存在根本上的区别，企业为了顺利完成创新节奏的转换，需要跨越多个领域的技术知识宽度。知识一直以来被视为企业最有价值的资产（Nagle and Teodoridis，2020），所有的创新都是以某些知识及其重组（Kaplan and Vakili，2015）为基础的。一般认为，企业在相对稳定的时期进行利用式创新，而在外部环境出现剧烈变化时进行探索式创新（Levinthal and March，1993；Mudambi and Swift，2011，2014），这种创新的转变是一种剧烈的变化，要求企业内所有要素改变其做法（March，1991），跨越多领域的知识宽度为创新节奏的转换提供知识基础。

首先，当企业从利用式创新转换到探索式创新以进行创新节奏的转换时，不可能依赖于现有的、熟悉的知识领域，而需要综合不同的知识来源；而企业的内部知识宽度是其进行知识整合和重组的基础（Benner and Tushman，2003）。使用同一组知识元素可以产生创新的数量是有限的，知识宽度越广，那么企业挖掘新的有用组合的可能性就越大（Katila and Ahuja，2002；Schilling and Green，2011；Chai，2017）。进一步地，那些拥有多样化知识的企业，更容易识别前沿技术领域的动态变化，迅速感知到外部环境的变化（Choi and McNamara，2018）。企业所涉及的技术领域越复杂，就越需要企业在动态变化的技术轨迹中进行精准的、有远见的识别和定位，从而充分抓取环境变化给企业技术变革带来的机遇，同时规避相应的风险；而这种"识别、定位和抓取"均需要足够的知识视野和知识宽度作为基础（Yayavaram and Ahuja，2008；Eggers and Kaul，2018）。

其次，知识宽度广的企业代表着其各个知识背景的重合程度小（Diguardo et al.，2014），这为企业进行远距离的知识搜索，进而进行创新节奏的转换提供了新的认知基础。企业进行探索式创新需要跨越现有的认知边界，在相对远离企业核心知识基础的知识领域进行搜索（Katila and Ahuja，2002；Gruber et al.，2013），这为企业避免技术相似性陷阱（Benner and Tushman，2003）、摆脱现有技术范式的路径依赖（Yayavaram and Chen，2015），进而为成功实现从利用式创新到探索式创新的"惊险一跃"提供可能性。因此，知识宽度是企业脱离旧的技术范式，开拓新的技术轨道的必要前提(Kirschbaum，2005)。

最后，尽管探索式创新在企业创新中起着关键作用，能够为企业带来核心竞争优势，但探索式创新天然具有投资周期长、不确定高、风险大等特点(March，1991；Kaplan and Vakili，2015；Kyriakopoulos et al.，2016)，特别是企业在转向探索式创新的创新节奏过程中面临很大的组织失败的风险(Swift，2016)。此时，利用式创新能够将现有的解决方案组合起来产生新的组合(Schumpeter，1934)，创新成本和风险都大大降低，这也为企业创新和创新成果商业化提供了一个缓冲地带。企业的知识宽度越广，那么其能够利用的现有解决方案就越多，企业在短期内现金流和利润驱动下会逐渐将创新重点转向利用现有技术知识，从而促进创新向利用式创新进行节奏变化。

但是，知识宽度对创新节奏转换的积极影响存在一个临界值，超过这个临界值，知识宽度会对其产生负向影响。原因如下。

首先，知识宽度较广的企业，其本身的知识基础已经涉及不同领域，如果企业一味地继续追求探索不同知识领域，就可能导致知识的过度多样化，出现信息超载(Grant，1996)。从有限理性的原则看(Simon，1991)，一旦企业的知识宽度超过组织及个人认知的临界值，决策者很难在众多繁杂的知识领域中准确聚焦有利于企业的创新(Nagle and Teodoridis，2020)，研发人员也难以专注于某类创新进行重点突破，从而不利于企业创新以及创新节奏转换的实现。

其次，企业内部知识宽度过广，异质的知识增加了企业整合新知识的成本，从而损害创新(Katila and Ahuja，2002)。随着知识宽度的增加，新知识融入企业知识库的比例增加，整合技术知识的挑战也随之上升。在技术层面，知识要素之间的整合需要建立共同的接口；在组织层面，知识整合需要改变组织内外的关系网络(Henderson and Clark，1990)。注意力理论指出，企业需要整合的知识宽度越广，耗费的人力资源和时间资源就越多，异质性知识带来的管理和协调问题就越复杂(Cloodt et al.，2006)，也就需要更多的资源投入来保证创新活动正常进行(Tsai et al.，2015)。一旦知识整合成本超过创新带来的收益，企业就不再愿意进行创新探索以及识别切换时机进行创新节奏的转换。

最后，企业的知识宽度过广，知识过度异质化带来的复杂性和理解障碍可能阻碍知识整合及创新节奏的转换。大量研究证实，创新型组织越来越依赖技术研发人员来实现价值创造和形成竞争优势（Agrawal et al., 2017; Nagle and Teodoridis, 2020），而随着企业知识宽度的增大，多样的知识要素涉及不同的认知基础，差异化的认知基础阻碍了研发人员之间的知识交流和相互理解，他们被迫专攻较窄的知识领域（Nagle and Teodoridis, 2020）。这意味着，研发人员越来越可能将其知识的输入和输出集中在他们专业的领域，不太可能识别其他领域的知识（Toh, 2014），企业因此被锁定在特定的技术路径和范围内，创新节奏的转换也随之受到限制。基于此，本章提出如下假设。

H4-1：企业知识宽度与创新节奏呈倒"U"形关系。

4.2.2 知识深度与创新节奏

知识深度指的是企业知识元素掌握的能力和水平，反映其对某领域知识应用的熟练化和专业化程度，是企业在某个特定技术领域的"深耕"能力，这种技术禀赋对企业未来选择创新轨迹产生很大影响（Tzabbar et al., 2008），需要企业长期的技术知识积累、反复的技术知识应用。本章认为企业对某个技术领域的深入挖掘能力会负向影响创新节奏的转换，原因如下。

首先，从组织层面来看，知识深度越深，企业核心能力刚性问题越突出。知识深度深代表着企业在某一专有技术领域有较深入的探索成果和较强的技术支撑，也就是说在该领域具备核心能力（Schilling and Green, 2011），而核心能力刚性理论指出企业具备核心能力是一把双刃剑，过于专注于某一技术领域的深入挖掘会导致企业更倾向于在自己深厚的技术知识范围内进行研发和创新，企业会由于过分专注于和信任现有的技术模式，在技术搜索的过程中只愿意搜寻那些看起来合理的以及和以前技术领域一致的新信息，陷入能力刚性（Leonard-Barton, 1992），降低了企业从某一特定领域或技术轨道向多元化创新转变的意愿，从而抑制创新节奏的转换。此外，知识深度越深，意味着企业从已有技术知识中挖掘新颖组合的难度越大，那么企业必须扩大技术搜索范围、加大搜索力度才能找到更前沿的知识（张晓黎和覃正，2013），这大大增加了企业搜索技术知识的难度，企业进行创新节奏的转换的难度也随之大大增加。

其次，从员工层面来看，知识深度越深，研发人员越不愿意从事技术轨道的转换。对于企业研发人员来说，他们拥有尖端的专业知识与技能，而进行创新轨迹的转换可能会加速自身知识的老化，降低他们所掌握的高度专业化知识的价值(Das and Teng，2000)。此外，对企业来说，在技术换道过程中会不可避免地出现创新失败，而在新技术领域的失败不利于维持研发人员原来权威的地位和形象(潘清泉和唐刘钊，2015)，这些都会导致研发人员不愿意进行技术轨道的转换，从而不利于企业的创新节奏的转换。

最后，从团队层面来看，深耕某一知识领域可能导致研发决策团队形成思维惯性和认知惯性。技术进化理论指出企业是一个逐步进化发展的系统，在发展的过程中会遵循一定的轨道，使企业形成轨道惯性，在技术轨道的惯性作用下，企业可以积累知识发挥学习效应，但更多是让企业陷入"惯性陷阱"(Sankowska and Söderlund，2015)，企业的创新因为路径依赖而被锁定在特定的技术轨道中。随着知识深度越来越深，在当前的知识库上实现技术创新难度进一步加大，在现有技术领域中获得突破的概率也会随之变小。环境不确定性更加明显时，如果企业不注重其他相关领域而是继续专注知识深度，则会降低企业创新的灵活性，在利用式创新和探索式创新之间掌握合适的时机进行创新节奏的转换也就变得越发困难。由此，本章提出如下假设。

H4-2：企业知识深度负向影响企业创新节奏的转换。

4.2.3 数字化的调节作用

1. 数字化在知识宽度和创新节奏间的调节作用

企业数字化水平的提升使知识生产、交流和应用在多方面发生改变。创新的本质是知识要素的全新组合，而在数字化水平高的情境中，能够有助于企业优化知识要素组合方式、提升组合速度以及提高组合效率，从而对创新节奏有重要影响。本章认为数字化使知识宽度与创新节奏的倒"U"形曲线更陡峭，即在曲线上升阶段，数字化强化了知识宽度对创新节奏的正向影响；在曲线下降阶段，数字化也同样加强了过广的知识宽度对创新节奏的负向作用。

一方面，当知识宽度由低等扩大到中等水平时，企业提升数字化水平加强了知识宽度对创新节奏的正向作用。

首先，在数字化程度较高的情境下，企业内部知识宽度对创新节奏的作用被强化。互联网、云平台等数字平台技术突破了空间限制，帮助企业与其他创新主体进行广泛的互动(von Briel et al.，2018)，从而拓宽了识别创新知识和双元转换机会的信息渠道，企业在寻求技术轨道转换时更多依赖数字化发展带来的广泛外部知识，那么企业内部的知识宽度的作用就会被强化。数字技术还促进了企业跨组织、跨行业的合作创新，通过汇聚来自不同领域的知识与技术，为众多分散的企业之间进行创新合作提供了更为广阔的空间（Ding et al.，2010）。此时，企业不再依赖于内部知识基础进行创新路径的识别和转换，适度知识基础对创新节奏的促进作用被数字化情境强化。

其次，数字化程度较高的情境又进一步加剧了外部环境的不确定性。在企业识别外部环境中的变动并做出响应，以达成创新轨迹的转换的过程中，高数字化水平的不确定特性必然会加剧外部创新环境的动荡性（陈剑等，2020）。当前外部环境呈现出高度易变性、模糊性和复杂性特征，如突如其来的全球新冠疫情，对企业适应外部市场和技术环境快速变化的动态能力提出更高要求。数字化技术使创新环境中各主体间原本稳定的、不可渗透的边界变得模糊，企业面临的环境也变得更加复杂、动态性更强，创新机会更加稍纵即逝（郭海和韩佳平，2019）。此时，现有知识基础难以应对愈加复杂的外部环境，企业需要更加准确、动态地进行技术知识的整合和创新路径的识别，从而适度知识宽度对创新节奏的正向影响被加强。

另一方面，当企业的知识宽度超过一个临界点时，数字化情境帮助企业一定程度上解决了信息超载和知识冲突等问题，会让企业形成更加自主的企业知识架构，并以此解读和认知企业内外部创新线索，这使企业对创新节奏更加可控，从而也加强了知识宽度过广对创新节奏的负向影响，即抑制创新节奏。

首先，数字化带来的信息处理优势帮助企业克服知识过度多样化带来的信息超载问题。数字化技术天然拥有大数据技术优势和大规模数据处理优势，企业能够低成本、多维度地快速处理大量知识数据，实时收集、分析跨领域整合过程中的技术知识，同时处理非结构化的大量技术信息（唐松等，2020；Marion et al.，2015）。因此，数字化技术可以有效缓解信息超载问题，降低企业创新过程中面临的技术知识、资源等方面的不确定性，深度挖掘异质性知识之间的内在联系和可能会产生的创新效应，从而帮助企业准确识别技术演替的可能路径并做出科学的创新决策（周文辉等，2018），让企业逐步形成独立自主的创新知识体系。在数字化技术加持下，原本知识宽度过广带来的信息超载问题被很好地解决了，也就是说，从原来凌乱的知识体系转变为更加独立自主且丰富的知识体系，这会加强企业对内外部创新环境的自主性解读和判断，而不会盲目跟随产业创新轨迹或者同行创新轨迹，使研发节奏的波动性降低，从而知识宽度过广对创新节奏的负向影响被加强。

其次，数字化技术有利于弱化过广知识宽度带来的内部知识冲突，将原本凌乱的、从属性的知识体系转变为更加独立自主的知识体系，并以此来指导创新节奏，从而让创新节奏不再盲目跟随行业或者其他企业变化，变得更加缓慢。在企业双元创新转换过程中，决策和行动需要多元主体的广泛参与，而大数据塑造的平台优势使之成为可能。大数据改变了企业创新决策的思维和范式，为综合多方意见提供了更有效的平台和媒介（Mcneely and Hahm，2014），从而塑造和加强了企业自身的技术知识与技术轨迹判断。在数字化平台的带动下，企业与各创新主体能及时了解和反馈创新发展动态，为促进和支撑创新节奏的方向与时机的决策提供了广泛多元的技术及商业信息。研发人员在开放的环境下和多维度的沟通中，对其他领域的技术知识接受起来更容易，企业自主知识体系不断加强；此时，广泛的知识宽度在数字化技术的塑造下，从零散知识变成了系统知识，从跟随知识体系变成了自主知识体系，这就可以削弱创新节奏的波动性，也即加剧了知识宽度与创新节奏的倒"U"形曲线右侧的下降幅度。综上，本章提出如下假设。

H4-3：企业数字化使知识宽度与创新节奏的倒"U"形曲线更陡峭。

2. 数字化在知识深度和创新节奏间的调节作用

企业在深耕某一特定的技术领域过程中可能会带来核心能力刚性和认知惯性等问题，而高数字化水平可以减弱这些负面影响，从而弱化知识深度对创新节奏的负向作用。

首先，过于专注某一技术领域可能会导致企业陷入核心能力刚性，而数字化带来的平台优势能够降低这一负向影响。数字技术广泛应用条件下异质性资源的交流与共享能够避免企业陷入核心能力刚性和能力陷阱，有助于组织突破既有业务模式和成长路径，为企业创新节奏转换提供了新的可能（陈庆江等，2021）。企业的数字化平台是技术创新重要的沟通和交流媒介，能够降低知识扩散的成本，即使企业在某一阶段进行探索式创新的深度探索，也能够及时补充外部技术信息，让企业的一味"埋头"深耕变得不再可能。同时数字化也在促进管理模式和商业模式的变革，促使企业和研发人员能够越来越多地进行有效的跨领域、跨组织协同工作(Yoo et al.，2010)。

其次，较高的数字化水平能有效解决专注特定技术领域带来的认知惯性问题。技术创新涉及各个方面的知识，而不同的研发人员所擅长的领域、思维方式都是不同的，互联网平台为企业研发人员之间进行知识和技术的交流提供了一个良好的平台，研发人员不同的观点、思维在此交汇碰撞，摩擦出创新的火花，从而有效解决了专注特定技术领域带来的认知惯性问题。换句话说，数字化能促进企业内不同维度、不同深度的技术领域的交汇融合，在此过程中，无论是从多个利用式创新中寻求突破，还是从探索式创新中进行多个角度的商业成果的转换都成为可能。因此，在数字化背景下，知识深度对企业创新节奏的负向影响被减弱。据此，本章提出如下假设。

H4-4：企业数字化负向调节知识深度与创新节奏的负向关系。

4.3　本章研究设计

4.3.1　样本选择和数据来源

战略性新兴产业指的是处于成长初期，以重大技术突破和发展需求为基础，对经济有重大贡献的产业，这类产业代表着未来科技和产业发展方向(张越等，2021)。我国"十四五"规划中明确提出"加强关键数字技术创新应用""加快推动数字产业化""推进产业数字化转型"。对于战略性新兴产业的企业来说，如何准确抓住创新机会窗口，以进行创新节奏时机和方向的选择尤为重要。因此，本章选取九大战略性新兴产业中的我国 A 股上市企业作为研究样本，探讨数字化背景下知识基础与创新节奏的关系问题，这九大战略性新兴产业具体为生物、节能环保、高端装备制造、新一代信息技术、新材料、新能源、新能源汽车、数字创意产业、相关服务业。

为保证样本数据的可靠性，本章首先对初始样本做了一系列筛选：①剔除了 ST(special treatment，特别处理)、*ST 以及 PT(particular transfer，特别转让)样本企业；②结合 SooPAT 和德温特专利数据库的专利信息，剔除了至 2017 年未出现专利申请或引用的企业，最终得到 312 家企业的 2009~2018 年平衡面板数据作为研究样本。

研究数据来源主要包括四部分：①战略性新兴企业初始样本名单来自

Wind(万得)金融数据库平安证券行业分类中的"战略性新兴产业"的上市企业；②专利数据来源于 SooPAT，考虑到外观设计几乎不涉及技术变化，本章选取仅包括发明专利与实用新型专利的专利数据，外观设计专利不包括在内(Benner and Tushman，2003)；③调节变量"数字化"的数据来源于企业年报，用 Python 抓取；④控制变量的相关财务数据来自 CSMAR 数据库，经过手工整理和计算。样本观测年份选取 2009~2018 年。

4.3.2 变量测量

1）因变量：创新节奏（LEAP）

对比研发投入的财务数据，企业申请专利的数据更能刻画创新变化的趋势，因此本章对创新节奏的测量借鉴 Mudambi 和 Swift(2014)的做法，同时结合吴建祖和肖书锋(2015)的做法。将企业 2009~2018 年的专利数据进一步划分为每年 4 个季度，采用 GARCH 模型的"学生化"残差来测量。具体测量步骤如下。

第一，对每个企业专利申请年份中每个季度的专利，利用 GARCH 模型估计企业专利数量的时间趋势，GARCH 模型可以得出企业专利申请数量脱离历史趋势意想不到的变化，围绕趋势变动的模型残差即是对创新节奏的测量，由此得到残差 e_{itn} 与杠杆化残差 h_{itn}。

第二，计算了第 i 个企业第 t 年第 n 个季度的专利数量并利用 GARCH 模型进行标准化处理，经如下公式计算得到该"学生化"残差 $e_{itn}(\text{stud})$。

$$e_{itn}(\text{stud}) = \frac{e_{itn}}{s_i\sqrt{(1-h_{itn})}} \quad (4-1)$$

其中，s_i 为 e_{itn} 的标准差；杠杆化残差 h_{itn} 为调整 s_i 所产生的杠杆效应，用来衡量去留该样本的差异。

第三，通过对各企业每年各季度的"学生化"残差进行比较，找到最大值 $e_{it(\max)}$ 即为第 i 个企业第 t 年的创新节奏。$e_{it(\max)}$ 衡量的是企业某年研发投入非预期波动的最大程度，如果研发投入基本平稳则 $e_{it(\max)}$ 的取值相对较小，研发投入剧烈增加或降低会导致 $e_{it(\max)}$ 的值较大。

2）自变量

（1）知识宽度（KB）。知识宽度是企业所覆盖技术领域的范围，由于专利分类号往往被用于度量研发人员的知识特征，借鉴刘洪伟和冯淳(2015)的做法，根据 IPC(international patent classification，国际专利分类)标准，用企业申请成功的专利分类数量来衡量知识宽度。本章提取 IPC 标准的前三位以及前四位，进一步用"分类号(大类)"以及"分类号(小类)"来衡量知识宽度。该值越大，表示知识宽度越广。本章将"分类号(小类)"作为知识宽度的主要衡量方式，"分类号(大类)"用于稳健性检验。

(2)知识深度(KD)。借鉴 George 等(2008)关于知识深度的测量：

$$KD=\sum (P_i)^2 \tag{4-2}$$

其中，P_i 为企业某类技术领域的专利数占所有专利数的比值。该指标取值介于 0~1，取值越高，则表示知识深度越深。

3)调节变量

本章对于企业"数字化"(DIG)的测量主要借鉴杨德明和毕建琴(2019)的研究，运用文本分析法，通过企业年报搜集。一般来说，企业管理者会在每年的年报中对企业在"数字化"方面的参与和实施情况进行详细的披露。具体变量搜集过程如下。

(1)划定文本分析的检索词源。本章以党的十九大报告、"十四五"规划等政策中关于"数字化"的阐述，以及《工业互联网发展行动计划(2018—2020)》、《国务院关于深化"互联网+先进制造业"发展工业互联网的指导意见》和《互联网+：国家战略行动路线图》等数字化相关政策文件为基准，提取与"数字化"相关的词源，创建本章文本检索的关键词词典。最终，本章提取到的关键词主要包括：数字化、智能化、5G(fifth generation mobile communication technology，第五代移动通信技术)商用、区块链、人工智能、数字城市、大数据、云计算、物联网、IT 服务、智联网、智能+、云边协同、智慧能源、智慧城市、智能、智能交通等。

(2)运用 Python 进行文本分析，抓取出企业年报中含有"数字化"相关关键词的语句。

(3)逐条阅读"数字化"的关键词相关语句，进行数据清洗。剔除与企业"数字化"无关的表述，包括剔除客户、供应商等信息中含有"数字化"关键词，但与企业业务无直接关系的表述；剔除关键词前存在"没""不""无"等否定词语的表述。

(4)统计经过数据清洗后的企业"数字化"关键词的披露次数，获得数字化变量数据。

4)控制变量

基于已有的研究，为了减弱其他变量对本章研究模型的影响，本章控制了以下变量。

(1)创新强度(RD)，用研发投入与总资产的比值表示。

(2)企业托宾Q值(TQ)，用以衡量企业价值。

(3)资产负债率(ROI)，用企业总负债与总资产的比值表示。

(4)资产收益率(ROA)，用企业总收益与总资产的比值表示。

(5)每股收益率(EPS)，用企业税后利润与普通股股数的比值表示，衡量了企业每股普通股代表的企业价值。

(6)企业规模(SIZE)，用总资产的自然对数和企业员工人数的自然对数来衡量，其中，后者用于稳健性分析的指标替换。

(7)企业年龄(AGE)，用观测年份减去企业成立年份计算。

(8)固定资产比例(CI)，用固定资产占总资产的比值表示。

(9)财务杠杆(FL)，用净利润、所得税费用、财务费用的总和表示。

(10)股权集中度(TOP)，用第一大股东持股比例表示。

(11)资产增长率(TAGR)，用企业期内总资产增长额与期初资产总额的比值表示。

另外考虑到企业技术创新绩效可能会随着时间推移而变化，以及各企业所处产业的分类不同，本章还设置年份虚拟变量、行业虚拟变量作为控制变量。

4.4 分析与结果

4.4.1 描述性统计分析

样本主要变量的描述性统计结果如表4-1所示，主要展示了样本数据的均值(*M*)、标准差(SD)和Pearson相关系数及显著性水平。

(1)各变量均值与标准差。①均值：创新节奏的均值为14.130，知识宽度的均值为7.302，知识深度的均值为1.561，数字化的均值为25.830。②标准差：创新节奏的标准差为81.690，知识宽度的标准差为9.283，知识深度的标准差为49.140，数字化的标准差为44.230。

第 4 章　企业知识宽度和知识深度与创新节奏

表 4-1　描述性统计与相关系数矩阵

变量	M	SD	LEAP	KB	KD	DIG	RD	TQ	ROI	ROA	EPS	SIZE	AGE	CI	FL	TOP	TAGR	VIF
LEAP	14.130	81.690	1.000															1.040
KB	7.302	9.283	−0.033*	1.000														1.610
KD	1.561	49.140	−0.003	−0.016	1.000													1.010
DIG	25.830	44.230	−0.015	−0.011	0.002	1.000												1.220
RD	16.280	5.891	0.007	0.139***	0.013	0.278***	1.000											1.690
TQ	2.423	1.877	−0.011	−0.153***	−0.007	0.129***	0.398***	1.000										2.160
ROI	0.350	0.221	0.048***	0.233***	0.027	0.117***	0.573***	−0.032*	1.000									2.990
ROA	0.040	0.068	0.001	−0.012	0.005	0.021	0.216***	0.367***	−0.204***	1.000								3.560
EPS	0.361	0.569	−0.013	0.090***	0.017	0.035*	0.272***	0.225***	0.004	0.689***	1.000							2.420
SIZE	19.210	6.729	0.005	0.124***	0.012	0.235***	0.575***	0.383***	0.612***	0.211***	0.273***	1.000						6.570
AGE	8.595	6.439	0.057***	0.146***	0.055***	0.134***	0.513***	0.003	0.533***	0.010	0.153***	0.539***	1.000					1.980
CI	2.038	2.255	−0.015	0.064***	−0.013	0.081***	0.259***	0.119***	0.136***	−0.096***	−0.115***	0.256***	0.121***	1.000				1.940
FL	1.277	1.855	−0.016	0.091***	−0.004	0.005	0.217***	−0.006	0.366***	−0.110***	−0.077***	0.253***	0.201***	0.176***	1.000			1.230
TOP	0.285	0.167	−0.032*	0.156***	0.023	0.011	0.595***	0.243***	0.379***	0.184***	0.287***	0.623***	0.262***	0.118***	0.108***	1.000		2.110
TAGR	0.198	0.553	−0.004	−0.043***	−0.004	0.028	0.102***	0.204***	−0.025	0.139***	0.174***	0.102***	−0.129***	0.200***	−0.014	0.093***	1.000	1.220

*表示 $P<0.1$；**表示 $P<0.05$；***表示 $P<0.01$

(2)多重共线性。各自变量间的相关系数均小于 0.5，直观上不存在多重共线性。进一步检验，得到各主要变量的方差膨胀因子(variance inflation factor，VIF)的值均小于 10，均值为 2.14，因此判定不存在多重共线性。

(3)相关系数水平。知识宽度与创新节奏负相关(r=–0.033，P<0.10)，初步验证了知识宽度越广，可能对创新节奏产生越大的负向影响；知识深度与创新节奏负相关(r=–0.003，P>0.10)，这在一定程度上证明了本章研究思路具备可行性，但还须进一步通过回归验证。

4.4.2 假设检验

本章使用的样本数据是 2009~2018 年平衡面板数据，在回归之前，首先对数据作如下处理：①为避免极端数值对实证结果的影响，对所有连续变量在 1%的水平上做了缩尾处理；②为了降低潜在的反向因果问题，参考常用的内生性处理方法(Chen and Miller，2007)，将所有解释变量滞后一期(t–1)后对被解释变量(t 期)回归；③为了避免模型中的不可观测变量对回归结果的扰动作用，采用固定效应的面板回归模型降低潜在的遗漏变量偏误，同时控制年份、行业固定效应；④考虑到本章所用的面板数据可能存在异方差、序列相关以及截面相关等问题，采用 Driscoll-Kraay 标准误来估计(Driscoll and Kraay，1998)；⑤豪斯曼(Hausman)检验结果显示拒绝原假设，故采用固定效应模型(fixed effects model，FEM)。本章使用的统计分析软件是 Stata16.0。

企业知识基础与创新节奏之间关系的回归结果如表 4-2 所示，因变量是创新节奏。模型(1)显示的是只包含控制变量的基础模型，模型(2)将知识宽度及其二次项引入到对创新节奏的回归中，发现知识宽度的系数显著为正(r=0.222，P<0.01)，回归二次项的系数显著为负(r=–0.011，P<0.01)，说明知识宽度与企业创新节奏间呈倒"U"形关系，适度的知识基础能够促进创新节奏，但一旦超过一定值，过度知识基础带来的信息超载和知识冲突会不利于企业进行创新节奏时机与方向的选择，从而抑制创新节奏，H4-1 得到支持。模型(3)进一步将知识深度引入到对创新节奏的回归中，发现知识深度的系数显著为负(r=–0.004，P<0.01)，说明知识深度负向影响企业创新节奏，企业扎根在某一特定知识领域将不利于创新路径的转换与跳跃的发生，因此 H4-2 亦得到支持。

表 4-2　回归结果

项目	模型(1)	模型(2)	模型(3)	模型(4)	模型(5)
KB		0.222*** (−7.34)	0.222*** (−7.31)	0.194*** (−10.59)	0.158*** (−5.90)
KB^2		−0.011*** (−3.58)	−0.001*** (−3.58)	−0.002*** (−5.12)	
KD			−0.004*** (−4.97)	−0.002*** (−2.84)	0.341* (−0.74)
DIG				0.001* (−1.94)	−0.016** (−2.01)
KB×DIG				0.003*** (−2.92)	
KB^2×DIG				−0.007*** (−3.34)	
KD×DIG					−0.014** (−2.23)
RD	7.427 (−1.34)	0.733 (−0.27)	0.760 (−0.28)	−1.331 (−0.45)	−1.221 (−1.21)
TQ	−0.357*** (−4.58)	−0.233*** (−3.07)	−0.233*** (−3.07)	−0.184*** (−3.54)	−0.154*** (−2.67)
ROI	−2.184*** (−2.63)	0.489 (−0.79)	0.495 (−0.79)	0.847 (−0.66)	1.643 (−0.97)
EPS	0.047 (−0.25)	0.130 (−0.59)	0.132 (−0.59)	0.358* (−1.87)	−0.421 (−0.65)
SIZE	0.286*** (−7.50)	0.060* (−1.94)	0.059* (−1.92)	0.082 (−1.40)	0.011 (−0.13)
AGE	−0.048 (−0.93)	−0.045 (−1.19)	−0.045 (−1.19)	−0.073 (−1.32)	−0.105** (−2.03)
CI	−0.774*** (−4.65)	−0.090 (−0.87)	−0.090 (−0.87)	−0.194** (−1.98)	0.132 (−0.40)
FL	−0.067 (−1.06)	−0.008 (−0.22)	−0.008 (−0.21)	0.022 (−0.50)	0.031 (−0.004)
TOP	−7.791*** (−5.08)	−0.545 (−0.59)	−0.529 (−0.58)	−1.378 (−1.19)	−0.736 (−0.85)
TAGR	0.699*** (−3.49)	0.108 (−1.06)	0.108 (−1.06)	0.099 (−0.47)	0.195 (−1.14)
常数	13.386*** (−62.10)	13.278*** (−58.24)	13.283*** (−58.34)	14.043*** (−96.89)	15.796*** (−20.55)
N	312	312	312	312	312
R^2	0.0315	0.0435	0.0436	0.0292	0.0223
F	460.9	176.8	173.8	167.5	121.6

*表示 $P<0.10$；**表示 $P<0.05$；***表示 $P<0.01$。

在验证企业数字化水平对知识宽度与创新节奏的调节作用时，由于变量之间单位不同可能会造成各种统计量偏误问题，本章对数字化、知识宽度和知识深度变量先进行了中心化的处理，再生成交互项检验调节效应。

模型(4)检验数字化对知识宽度与创新节奏关系的调节作用。模型(4)将知识宽度一次项和数字化交互项(KB×DIG)、知识宽度二次项和数字化交互项(KB²×DIG)引入到回归模型中，结果表明知识宽度与数字化的交互项以及知识宽度二次项与数字化的交互项的回归系数均显著($r=0.003$，$P<0.01$；$r=-0.007$，$P<0.01$)，因此得出数字化使知识宽度与创新节奏的倒"U"形曲线更陡峭，H4-3得到支持。模型(5)检验数字化对知识深度与创新节奏关系的调节作用。模型(5)将知识深度一次项和数字化交互项(KD×DIG)引入到回归模型中，结果表明知识深度与数字化的交互项的回归系数显著($r=-0.014$，$P<0.05$)，表明数字化负向调节知识深度与创新节奏的负向关系，结论验证了H4-4。

4.4.3 稳健性检验

为验证以上模型主效应及调节效应结论的可靠性，本章采取多种方式进行稳健性检验，具体内容如下。

1)更换参数估计方法

采用普通最小二乘法对本章样本数据再次进行回归分析，回归采用双向固定效应模型以及稳健的标准误。结果显示：知识宽度与创新节奏呈倒"U"形关系($r=0.222$，$P<0.01$；$r=-0.001$，$P<0.01$)；知识深度与创新节奏有显著的负向关系($r=-0.314$，$P<0.1$)；数字化使知识宽度与创新节奏的倒"U"形曲线更陡峭($r=0.001$，$P<0.05$；$r=-0.002$，$P<0.05$)；数字化负向调节知识深度与创新节奏的负向关系($r=-0.014$，$P<0.1$)。回归结果与原有回归的方向和显著性一致，稳健性检验通过。

2)更换自变量测量方式

将自变量测量方式由原来的分类号(小类)替换为分类号(大类)，重新回归。结果显示：知识宽度与创新节奏呈倒"U"形关系($r=0.126$，$P<0.01$；$r=-0.001$，$P<0.01$)；知识深度与创新跳跃有显著的负向关系($r=-0.012$，$P<0.01$)；数字化使知识宽度与创新节奏的倒"U"形曲线更陡峭($r=0.001$，$P<0.01$；$r=-0.001$，

$P<0.01$);数字化负向调节知识深度与创新节奏的负向关系($r=-0.013$,$P<0.05$)。回归结果与原有回归的方向和显著性一致,稳健性检验通过。

3)更换控制变量企业规模的测量方式

企业规模的测量方式用企业员工人数的自然对数替换,重新回归。结果显示:知识宽度与创新节奏呈倒"U"形关系($r=0.220$,$P<0.01$;$r=-0.001$,$P<0.01$);知识深度与创新节奏有显著的负向关系($r=-0.001$,$P<0.01$);数字化使知识宽度与创新节奏的倒"U"形曲线更陡峭($r=0.001$,$P<0.05$;$r=-0.001$,$P<0.01$);数字化负向调节知识深度与创新节奏的负向关系($r=-0.014$,$P<0.05$)。回归结果与原有回归的方向和显著性一致,稳健性检验通过。

4)更换样本滞后期数

由原来的滞后一期更换为滞后两期,即将所有解释变量滞后两期($t-2$)后对被解释变量(t期)回归。结果显示:知识宽度与创新节奏呈倒"U"形关系($r=0.201$,$P<0.01$;$r=-0.001$,$P<0.01$);知识深度与创新节奏有显著的负向关系($r=-0.001$,$P<0.01$);数字化使知识宽度与创新节奏的倒"U"形曲线更陡峭($r=0.001$,$P<0.1$;$r=-0.001$,$P<0.1$);数字化负向调节知识深度与创新节奏的负向关系($r=-0.01$,$P<0.1$)。

回归结果与原有回归的方向和显著性一致,稳健性检验通过(由于篇幅限制,不在此逐一列出稳健性检验结果)。

4.5 结论、贡献与展望

4.5.1 研究结论

本章基于间断平衡理论、双元创新理论和知识基础理论的最新研究成果,运用我国312家战略性新兴企业2009~2018年申请专利的平衡面板数据对创新节奏的知识前因进行了实证检验,主要得到以下四个结论。

(1)知识宽度与企业创新节奏呈倒"U"形关系。知识宽度增大,能促进创新节奏,但这种积极影响存在一个临界值,超过这个临界值,就会对创新节奏产生负向影响。

(2)知识深度与企业创新节奏呈负向关系。当企业深耕于某一技术领域,会带来核心能力刚性与认知惯性等问题，企业技术创新被锁定在特定技术领域，从而不利于创新跳跃的发生。

（3）企业数字化使知识宽度与创新节奏的倒"U"形曲线更陡峭。在倒"U"形曲线上升部分，企业数字化一方面加强了内部知识对创新跳跃的促进作用，另一方面让原本适度的知识基础不足以应对数字化带来的动荡外部环境，从而适度知识基础对创新节奏转换的正向作用被加强；然而，在倒"U"形曲线下降部分，数字化技术的加入帮助企业有效解决了过于多样化的技术知识带来的信息超载和知识冲突问题，从而也进一步加强了知识宽度过广对创新节奏的负向影响。

（4）企业数字化水平同时也负向调节知识深度与创新节奏的负向关系。在数字技术广泛应用条件下，异质性资源的交流与共享能够避免企业陷入核心能力刚性和能力陷阱，从而减弱了知识深度对创新节奏转换的负向作用。

4.5.2 理论贡献

本章的理论贡献体现在如下三个方面。

（1）基于知识基础观，考查创新节奏的知识基础前因，从而弥补了现有的关于创新节奏的研究在"向前看"方面的不足。现有研究往往采取"向后看"，即考查创新节奏对企业绩效的影响（Mudambi and Swift，2011，2014；吴建祖和肖书锋，2015，2016；贾慧英等，2018），缺乏对创新节奏的知识前因的关注。本章则从知识基础视角切入，将创新节奏转换的本质看作企业技术轨迹的切换，而切换时机的识别和把握从根本上有赖于企业的知识基础，包括知识宽度和知识深度。本章一方面响应了 Kang 和 Kim（2020）与 Swift（2016）对创新节奏前因研究的呼吁，另一方面也扩展了知识基础和二元创新相关理论的研究范围。

（2）本章从静态双元视角拓展到双元转换视角来探索企业创新行为。本章对技术创新的探索和利用行为的研究，从静态双元视角拓展到双元转换视角，更加契合战略性新兴产业创新发展的内部机理要求。从双元转换的视角出发，知识基础与创新节奏转换之间存在内在的逻辑一致性，企业创新知识基础的本质是技术知识的非线性累积，创新层面的创新节奏的转换的本质是双元技术的转换和次序安排。

(3)考查数字化对知识宽度和知识深度与创新节奏关系的调节作用。本章进一步对数字化背景下企业的创新特征和发展机制进行深入探讨与分析。在数字化时代背景下,企业深入嵌入数字化技术对创新过程和机制产生了深刻的影响,因此对企业创新问题的研究需要超越传统创新理论研究的边界,本章对数字化背景下的动态创新管理研究具有突破范式意义。

4.5.3 现实贡献

1) 为企业未来融入数字化发展的快车道提供启示和建议

企业要深入认知数字化影响企业创新研发模式的底层逻辑,以制定合理的数字化战略,通过数字技术激发企业创新研发潜力。根据实证结论可知,数字化影响知识基础与创新节奏间的转换关系,强化了知识宽度对创新节奏的倒"U"形影响,也强化了知识深度对创新节奏的负向作用。因此,应充分重视数字化的技术优势,以及在数字化时代下,政府和市场创造的有利条件,确保企业数字化在创新产业链当中的优势位置,增强数字经济与企业创新的融合程度。数字化有助于企业加快突破关键核心技术和前沿技术,优化技术底层架构能力,推动核心技术演进,强化创新能力,明确主攻技术突破方向,避免重复建设和资源浪费,根据自身知识基础进行创新轨迹的转换,提升企业创新能力和质量。当然,企业也应该时刻关注数字化给企业带来的一些负面影响,防止过度依赖数字化而不注重企业本身的创新,避免落入过度依赖数字化技术的陷阱。

2) 有助于企业合理分配知识基础,实现创新效率最大化

本章发现,知识宽度与企业创新节奏呈倒"U"形关系,异质性知识能帮助企业识别双元创新转换的时机和方向,但企业不能一味地追求进入异质性知识领域,否则,过于繁杂的技术知识会降低新旧知识的整合效率。因此,管理人员应该准确识别内外部环境变化机遇,适当拓展知识多样性,让企业在业务相关的多领域进行搜寻和探索,确立核心竞争优势,找准转换时机,降低转换成本,提高创新转换成功率。此外,企业的知识深度越深,越不利于创新跳跃的发生,管理者应该时刻警醒,防止过于局限在某个特定技术领域带来的技术锁定效应,难以把握外部环境变化多端的技术机会,错失良好的发展机会。在企业数字化建设过程中,企业需要建立动态的知识管理制度

和流程，在利用外部知识驱动创新的过程中克服和超越组织技术惯性，动态地调整创新策略以适应激烈的外部竞争。本章有利于从动态视角解决技术知识获取和整合问题，更好地实现知识驱动创新，将内部创新策略与外部环境变化有机联系。

4.5.4 研究不足与展望

首先，知识基础具有诸多属性，如知识的宽度和深度、知识的替代性和互补性、知识转移与知识距离等，本章只考查了知识宽度、知识深度这一组最为基本的知识属性，后续研究可以从其他属性探讨其对创新节奏转换的影响，丰富研究结论。其次，本章选取的研究样本是战略性新兴企业，且为保证数据的完整性和可靠性，得到的最终样本只有 312 家，无论是样本选择的范围还是数量，均存在一定局限性，后续研究可以进行更为全面的考查。最后，本章基于前人的研究，把创新跳跃看作企业创新行为偏离轨迹出现的最显著变化，但在企业实际运行过程中，创新跳跃可能出现次数、次序以及频率的不同变化，这些方向都值得未来进一步探究。我们希望可以抛砖引玉，引起更多学者基于创新跳跃行为探索不同前因后果，进行更为丰富的研究和论证。

4.6 本章小结

探索式创新是企业切换技术轨道、拓展新技术领域，为开发新产品和新模式而学习新知识，从而进行的创新活动；而利用式创新是企业充分挖掘现有知识，在已有技术和服务基础上，为适应市场需求的渐进变化对原有技术不断优化的过程(March，1991)。在间断平衡的框架下，企业创新行为在探索和利用之间进行时间维度上的序列化双元转换，从而形成创新节奏。创新节奏刻画的是技术轨迹的转变，需要以技术知识为基础。知识基础是企业拥有的各领域的知识元素集合，以知识库的形式呈现，包括隐性知识和显性知识，如关键技术、专利、组织结构等无形资产，都构成了企业创新活动的起点。知识具有不同的载体，并且呈现出多种形式，知识基础的不同特性对创新产生异质性影响(Jaffe，1989)。知识宽度指的是知识的横向覆盖维度，衡量企业拥有的知识元素的种类与数量。知识宽度广代表了企业涉及知识领域广，对环境把握能力强，拥有更强的知识吸收和整合能力。知识深度是知识的纵向垂直维度，指的是企业在某一特定技术领域的"深耕"能力，反映其应用特定技术领域内的知识要素的熟练度和专业性。因此，本章从知识宽度和知识深度两个方面分别探索其与创新节奏的关系。

遵循"知识基础—创新节奏—企业绩效"的研究逻辑，本章以创新节奏为起点，立足"向前看"，进行了创新节奏的知识前因探索，肯定了知识基础对创新节奏的影响。本书将在后续章节中继续深入探讨创新节奏的前因研究，这些探讨将在第 5 章和第 6 章中详细展开。此外，本书也将从结果导向的视角，即"向后看"，分析创新节奏如何影响企业绩效，相关内容将在第 7 章和第 8 章中进行阐述。通过这种综合的分析框架，本书旨在全面理解创新节奏的形成机制及其对企业绩效的贡献。

第 5 章　企业技术知识系统与创新节奏

5.1　本章研究问题

在前文的研究中，我们已对创新过程中所必需的知识基础进行了分析，特别关注了知识宽度和知识深度这两个知识基础维度与创新节奏之间的关系。然而，创新所需的知识并非孤立无援、碎片化地存在，而是应当构建成一个紧密相连、具有内在关联性和系统性的技术知识体系。因此，本章旨在探究企业技术知识系统与创新节奏之间的相互作用及其内在联系，以期揭示其对创新过程的影响机制，进一步探讨创新节奏的知识前因。这构成了本章的核心议题，也是本章要集中阐述和解答的关键问题。

第 4 章中，我们已经通过对企业的知识基础进行分类研究了其与创新节奏之间的关系。但是从完整的技术知识系统角度，通过技术知识系统的多样性和技术知识系统的独特性这两个视角，研究完整的知识系统与创新节奏的关系还有待加强。

据此，本章基于双元转换视角，从技术知识系统的角度入手，进一步探索创新节奏的知识基础前因，并使用我国 489 家战略性新兴产业上市企业 2007~2015 年的数据进行实证研究。

5.2　理论基础与研究假设

5.2.1　双元转换与创新节奏

技术和创新管理中一个普遍的看法是，稳定的技术创新投资有利于企业绩效(Mudambi and Swift, 2014)。但后期的研究指出，在一些情况下，企业致力于塑造创新轨迹的变动性；甚至，技术创新持续的、相对惯例化的波动与更高的企业成长绩效相关(吴建祖和肖书锋, 2016)。也就是说，高绩效企业会保持相对长时间稳定的创新活动，但这一过程会被紧凑的、显著的技术变革中断，从而表现出一定的创新节奏的转换。那么，创新节奏的本质是什么？这需要从双元创新及其转换的角度来理解。

一种流行的观点认为，那些在探索和利用方面都表现出色的企业往往拥有最佳的绩效，这种现象被称为双元性(Tushman and O'Reilly，1996)。然而，这种观点并非没有争议。一些学者对组织双元性的研究提出了批评，他们认为探索和利用的能力本质上是相互排斥的(March，1991)。这些批评者主张，组织应该追求一种间断平衡的模式，其中创新过程在稳定和变革之间交替进行，以应对利用现有资源和探索新资源之间的挑战(Katila and Ahuja，2002)。在这种间断平衡的模式下，企业在不同阶段会专注于不同类型的创新活动。在利用阶段，企业侧重于利用现有能力来创造价值；而在探索阶段，则强调对新资源的开发和利用。这种转换要求企业在探索式创新和利用式创新之间进行有策略的双元转换，从而在创新节奏上表现出跳跃性的变化。

间断平衡范式对双元创新研究的贡献在于，它将时间作为一个显性维度纳入考量(岑杰，2017)，并强调了探索和利用活动在时间序列上的动态变化(Venkatraman et al.，2007)。这种基于时间维度的转换观与结构观、情景观、网络观或组合观等其他双元创新观点不同，它突出了探索和利用活动在时间上的序列化与交替性。此外，双元转换提供了一种机制，通过时间上的分割来克服同时进行探索和利用活动时所面临的资源与管理限制。这种时间上的分割使企业能够在不同阶段集中精力探索或利用，从而更有效地实现双元性。双元转换在时间 $t–1$ 的利用和时间 t 的探索之间形成了一种联合效应，这种效应是组织在不同时间点上实现双元性的关键。在学术界，关于双元转换的观点已经得到了广泛的关注和研究。例如，Rothaermel 和 Deeds(2004)描述了企业如何在不同时间点上进行双元转换；Gupta 等(2006)指出，在双元性和间断平衡中，探索和利用之间的相互作用存在显著差异；Lavie 和 Rosenkopf(2006)提出，在特定领域和时间点上，企业可能需要在探索和利用之间做出选择，但通过跨领域或时间的策略，可以实现两者的平衡。总之，双元转换作为一种组织双元性的表现形式，强调了企业在不同时间点上对探索和利用活动的战略性调整，这不仅丰富了我们对双元创新理论的理解，也为企业提供了一个灵活应对快速变化环境的有效机制。

5.2.2 技术知识系统的多样性与企业创新节奏

技术知识系统的多样性为企业的创新节奏提供了良好的知识基础。知识的多样性作为一种促进创新和适应多元化发展的重要手段，在许多科技领域已经得到广泛应用(杨靓等，2021)。当企业从利用式创新转换到探索式创新以进行创新节奏的转换时，他们不可能依赖现有的、熟悉的知识，而需要综合不同的知识来源，用于跨界、实验。此时，如果企业内部具有多样化的知识，那么，就为企业进行多种形式的知识整合提供了机会(Benner and Tushman, 2003)，而这些新知识补充了技术机会的集合，为探索式创新提供了新的可能性，也就能够促进企业的创新节奏。

进一步地，技术知识系统的多样性也为企业进行远距离的知识搜索，进而促成创新节奏的转换提供了认知基础。新的创新项目扎根于企业现有的技术知识、能力和启示(Dosi, 1982)，问题定义过程也受到个体和团队先前 R&D 经验的影响。因此，对于技术知识系统多样性程度较高的企业而言，相对稳定的信念和技术搜索惯例简化了决策过程(Gruber et al., 2013)，能让企业拓展技术搜索空间，在组织界限或技术领域外部进行新技术的搜索，从而有利于利用式创新向探索式创新的双元转换，推动企业的创新节奏的转换。综上，本章提出如下假设。

H5-1：企业技术知识系统的多样性对企业创新节奏有显著的正向影响。

技术知识系统的多样性可被区分为相关多样性和不相关多样性，前者指的是围绕着核心技术领域的技术知识多样化程度，不同技术之间的科学原理相似但又不完全相同；后者指的是在不同技术领域的技术知识多样化程度，不同技术之间的基本科学原理具有显著的差异性(Chen and Chang, 2012)。与相关多样性的知识系统相比，不相关多样性的技术知识系统会对利用式创新到探索式创新的双元转换产生阻碍，进而阻碍企业的创新节奏转换。理由如下。

从利益相关者的角度来看。利用式创新和探索式创新之间的往复转换是有挑战性的，因为 CEO 和项目经理之间存在高度的信息不对称，表现为对于 CEO 来说，有价值的创新的探索是一个推测的过程，很难预测它们何时被发现，特别是，过于偏离原有知识基础的创新跳跃会挑战管理层的决策习惯，发生的概率较低。进一步地，对较远技术机会的追求可能会和企业的身份要素相冲突，并受到内外部利益相关者的抵制（Benner and Tripsas，2012）。

从吸收能力的角度来看。吸收能力是企业间学习的必要条件（Fredrich et al.，2019）。当新技术领域和企业现有技术知识系统较接近时，企业的学习能力和吸收能力会增加（Cohen and Levinthal，1990），但是，当企业的技术知识系统具有较高的不相关多样性时，技术领域内的探索需要更多多样性的、不相关的知识，从而对企业的吸收能力提出了挑战，进而对创新节奏的变换产生影响。综上，本章提出如下假设。

H5-2：与技术知识系统不相关多样性对企业创新节奏的正向影响相比，相关多样性的正向影响更大。

5.2.3 技术知识系统的独特性与企业创新节奏的转换

创新节奏的转换对于企业来说是一个重大决策，企业管理者应当知道何时进行这种跳跃（Mudambi and Swift，2011）。随着时间的推移，市场竞争者侵袭企业的创新，此时，企业现有创新的价值开始逐渐消失；利用过程的优势开始下降，而探索过程的优势开始增加，最终，探索的价值超过了继续利用现有能力的价值。一旦这个节点出现，企业就需要从利用模式转变到探索模式，此时，创新节奏的转换就产生了。对于该时间节点的把握在很大程度上有赖于管理者对外部环境线索的解读（Mudambi and Swift，2011），特别是需要重视技术知识系统独特性对创新节奏的作用。这可以从跨界搜索和技术知识壁垒两个角度来分析。

从跨界搜索的角度来看，在产业边界日益模糊化和融合化的背景下，对于新兴企业来说，跨越组织边界甚至产业边界，以补充内部知识基础，并将不同学科的知识都融入其中变得越来越重要（Gassmann et al.，2010）。在此过程中，企业需要考查自身的知识系统和外部知识系统之间的关系，特别是两者的异质性程度。具有独特技术知识系统的企业，更有可能碰到有潜在价值的外部伙伴，这些外部伙伴能够为新的技术和创新提供多样化的知识，从而增加了交换知识的新颖性和价值；而当企业发现了新颖的、有潜力的技术机会时，它们就希望增加创新支出，特别是探索式创新的支出，从而激发企业进行创新节奏的转换。

从技术知识壁垒的角度来看，在位企业会使用不同的策略来提高进入壁垒，并降低进入这个技术领域的吸引力；提高进入壁垒的主要策略是构建独特的技术知识系统，并进行专利的抢占(Grimpe and Hussinger，2014)。当在位企业基于不同技术领域申请专利并扩展其专利组合范围时，专利的抢先占有就发生了；专利的抢占能够创造"专利壁垒"或"专利墙"(Schneider，2008)。这一过程要求企业进行较为剧烈的创新节奏的转换，从而在较短的时间内，实现对探索式创新的突破和保护。

但是，技术知识系统独特性对创新节奏的积极影响存在一个临界值，超过这个临界值，就会产生反向的作用。

企业的特定知识使其能够筛选、分析和利用来自外部的知识与技术(Rothaermel and Deeds，2004)；在这个过程中，吸收能力有助于企业评估外部的新知识，然后将其与企业现有的内部知识相结合。随着知识系统独特性的上升，吸收能力的限制使企业不能够将新知识快速解读，连接到一个或多个现有技术和产品中，并分析其对现有产品市场的影响。Teece等(1997)指出，企业期望发展出最接近其核心技术的创新轨迹，结果却往往被锁定在一个特定的技术路径中，其对新能力的开发也常常受到限制。技术距离的逻辑支撑了这一观点；在一个特定的临界点，技术距离变得很大，会阻碍企业间的相互理解，并降低对知识分享的激励，从而减少企业进行创新节奏转换的可能性。综上，本章提出如下假设。

H5-3：企业技术知识系统的独特性与企业创新节奏的转换间呈倒"U"形关系。

5.3　本章研究设计

5.3.1　样本选择和数据来源

本章研究的是创新节奏问题，涉及不确定环境下技术领域的挖掘和探索，因此一个恰当的样本是我国的战略性新兴产业企业。本章的数据来源包括三部分。第一，专利数据来自 SooPAT；结合中国新兴企业专利实际情况，由于外观设计仅是外观改进，几乎不涉及技术变化，因此本章使用的专利数据仅包括发明专利与实用新型专利，不包括外观设计专利。第二，财务数据来自 CSMAR 数据库。第三，部分数据(如企业研发投入)利用上市企业的年报，进行手工收集。考虑到 2007 年后新会计准则的实施以及年报财务数据的完整性,样本的观测范围定为 2007~2015 年。其中,专利数据的观测范围是 2007~2015 年,自变量和控制变量的观测范围为 2008~2014 年,因变量的观测范围为 2009~2015 年。对样本企业的甄选标准还包括:企业在 2007~2015 年平均每年成功申请专利的数量不少于 1 个。

5.3.2 变量测量

1) 因变量:创新节奏(LEAP)

对于创新节奏的测量,已经在第 4 章已有详细的介绍,本章不再赘述。

2) 自变量

(1) 技术知识系统多样性(TD)。参考 Chen 和 Chang(2012)等的做法,将技术知识系统多样性区分为相关多样性和不相关多样性,并将其定义为企业在不相关技术领域(一级专利类)或相关技术领域(二级专利类)上技术知识的分布程度。公式如下:

$$TD = \sum_{i=1}^{N} p_i \ln\left(\frac{1}{p_i}\right) \tag{5-1}$$

其中,p_i 为对具有 N 种不同二级专利类别的企业而言,在二级专利类别中 i 技术所占的比例。

UTD 表示企业涉及非相关技术领域的程度,即技术知识系统的不相关多样性,根据 IPC 的前三位数分类号(大类)进行划分,公式如下:

$$UTD = \sum_{j=1}^{M} p_j \ln\left(\frac{1}{p_j}\right) \tag{5-2}$$

其中,p_j 为企业在第 j 个大类中的专利数量占专利总量的比例;M 为企业专利分属的不同大类的个数。

RTD 表示企业涉及相关技术领域的程度,即技术知识系统的相关多样性,公式如下:

$$RTD = TD - UTD \tag{5-3}$$

(2) 技术知识系统独特性(TDT)。本章对技术知识系统独特性的测量借鉴技术距离的测量方法。但是在Jaffe(1986)以及刘志迎和单洁含(2013)等研究的基础上,不是考虑两个或多个主体间的技术距离,而是考查企业-行业间跨层次的技术空间的差异化程度,从而更为全面地刻画技术知识系统的独特性。公式如下:

$$\text{TDT} = \frac{\sum_{k=1}^{129} f_{ik} f_{jk}}{\sqrt{\sum_{k=1}^{129} f_{ik}^2 \sum_{k=1}^{129} f_{jk}^2}} \quad (5-4)$$

其中,TDT为主体i和主体j之间的技术空间异质性,1~129是指以IPC为标准,把专利划分为129大类;f_{ik}为在特定时间内企业i在第k类专利中所拥有的专利申请量;f_{jk}为在特定时间内企业i所在的行业j在第k类专利中所拥有的专利平均申请量。$0<\text{TDT}_{ijk}<1$,该指标衡量了企业i与所在行业j平均水平的技术知识系统的相似性程度。该指标越接近于0,该企业的技术知识系统的独特性越低;越接近于1,该企业的技术知识系统的独特性越高。

3)控制变量

(1)技术能力(TC)。企业在由利用式创新转换到探索式创新的创新节奏转换的过程中,受制于其一般技术能力。因此,本章将技术能力作为控制变量。诸多研究表明,专利数量可以表征企业的创新能力。据此,以该企业的专利总数来代表其技术能力。

(2)企业年龄(AGE)。企业年龄与企业生命周期紧密联系,对企业文化、企业创新、企业规模、企业绩效等有着显著影响,因此本章将之作为控制变量。本章采用最普遍的年龄算法,以观察期年份减去企业成立年份来表示。

(3)环境不确定性(EU)。环境不确定性本身就会影响企业的创新节奏决策,因此,本章也将其作为重要的控制变量。依据袁建国等(2015)的做法,将数据进行行业调整,消除部分偏差,对环境不确定性进行了相对完整的测量。

(4)资本密集度(CI)。资本密集度与技术创新密切相关,因此,本章将其作为控制变量。选用固定资产与总资产的比值来反映资本密集度。

(5)前期绩效(EP)。企业技术创新受到过去绩效的影响,因此也需要将其作为控制变量。用提前一期的资产收益率进行测度。

(6)Z值(Z)。Z值是财务比率分析中的重要内容,是通过多变模式来预测企业财务危机的分析方法，选取五个最能预测企业破产的变量，分别赋予其不同权重，计算得到 Z 值。

(7) 规模(SIZE)。大量研究都指出，企业规模会影响其技术创新，企业规模一般是以企业员工数、资产总额和营业收入等指标来度量。本章用营业收入来测量企业规模，并用 SIZE1 来表示。进一步地，用年末总资产作为稳健性检验指标来衡量企业规模，并对两者均做取对数处理。

(8) 企业性质(NATURE)。企业的所有制类型对企业的技术创新活动存在影响。故本章控制了企业性质对研究模型的影响。编码形式如下：

1=国企；2=民营；3=外资；4=其他

(9) 研发强度(INT)。研发强度以企业研发投入与销售收入的比值表示，是根据企业的市场地位与自身规模衡量其研发投入状况的指标。

5.4 分析与结果

5.4.1 描述性统计分析

样本主要变量的均值、标准差和 Pearson 相关系数如表 5-1 所示，创新节奏、技术知识系统多样性、技术知识系统独特性的均值分别为 1.161、1.091 和 0.307，各个自变量之间的相关系数均小于 0.5，直观上不存在多重共线性；另外，各主要变量方差膨胀因子的值均小于 2，可以判定为不存在多重共线性。特别要说明的是，创新节奏和技术能力这两个变量的计算虽然均来自专利数据，但是，由于前者的计算是基于 GARCH 模型估计的残差，因此，相对独立于技术能力这一变量；而两者的相关系数也支持了这一点($r=-0.010$，$P>0.10$)。此外，从表 5-1 可以看出，知识系统多样性和创新节奏显著正相关($r=0.047$，$P<0.01$)，知识系统独特性和创新节奏之间的相关系数不显著。

5.4.2 假设检验

本章选择可行广义最小二乘法(feasible generalized least squares，FGLS)作为参数估计的主要方法。选择此方法的原因在于，用固定效应模型进行初步估计，经过 Wald(瓦尔德)检验的 LR 统计量和 F 统计量检验，发现存在异

表 5-1 描述性统计与相关分析

变量	M	SD	LEAP	TD	TDT	EU	TC	AGE	CI	EP	Z	SIZEI	NATURE	INT	VIF
LEAP	1.161	2.563	1.000												1.050
TD	1.091	1.044	0.047***	1.000											1.140
TDT	0.307	0.300	−0.015	0.067***	1.000										1.020
EU	1.161	1.594	0.061***	0.062***	0.058***	1.000									1.160
TC	64.011	407.390	−0.010	0.222***	0.027	0.044***	1.000								1.060
AGE	13.536	5.540	0.000	0.021	−0.005	−0.006	−0.022	1.000							1.030
CI	1.950	1.670	0.002	−0.037**	0.037*	0.082***	−0.024	−0.010	1.000						1.540
EP	0.040	0.067	0.055***	0.076***	0.266	0.127***	−0.013	−0.027	0.071***	1.000					1.170
Z	0.083	0.172	−0.005	−0.033*	−0.015	−0.030*	−0.038	−0.033*	0.241	0.268***	1.000				1.220
SIZE1	18.460	7.860	0.027	0.181***	0.132***	0.336***	0.074	−0.036**	0.483***	0.250***	0.111***	1.000			1.680
NATURE	1.300	0.784	0.041*	−0.060***	−0.022	−0.036**	−0.037**	0.167***	−0.001	−0.015	0.038*	−0.070***	1.000		1.040
INT	0.042	0.054	−0.029*	0.100***	−0.030*	−0.116***	−0.001	−0.028	0.274***	0.108***	0.300***	0.029*	0.016	1.000	1.220

*表示 $P<0.10$；**表示 $P<0.05$；***表示 $P<0.01$

第5章 企业技术知识系统与创新节奏

方差和自相关问题,而可行广义最小二乘法能够修正上述两个问题,并进行有效估计。

回归结果如表 5-2 所示,因变量是创新节奏。首先,模型 1 是包含控制变量的基本模型,在此基础上,模型 2 将技术知识系统多样性引入到对创新节奏的回归中,发现技术知识系统多样性的系数为正(β=0.861,P<0.01),说明技术知识系统多样性越高,创新节奏就越大,H5-1 得到支持。其次,模型 3 将技术知识系统的相关多样性、不相关多样性同时引入到对创新节奏的回归中,发现相关多样性和不相关多样性的系数均为正,且前者的系数大于后者的系数(β=1.165,P<0.01;β=0.704,P<0.01),说明与不相关多样性对企业创新节奏的影响相比,相关多样性的正向作用更大,H5-2 得到支持。最后,模型 4 将技术知识系统独特性及其二次项引入到对创新节奏的回归中,发现技术知识系统独特性二次项的系数为负(β=−5.270,P<0.01),说明技术知识系统的独特性与企业创新节奏间呈倒 "U" 形关系,H5-3 得到支持;进一步地,在模型 4 中,相关多样性和不相关多样性的系数均为正,且前者的系数大于后者的系数(β=3.590,P<0.01;β=1.790,P<0.01),说明与不相关多样性对企业创新节奏的影响相比,相关多样性的正向作用更大,这进一步支持了H5-2。需要特别说明的是,按照 "5.3.2 变量测量",相关多样性和不相关多样性的加总为 "技术知识系统多样性" 这一变量(即 TD=RTD+UTD),因此,为了避免高多重共线性,在模型 4 中,未引入 TD 变量。

表 5-2　回归结果

项目	模型 1	模型 2	模型 3	模型 4
EU	0.147	−0.103***	−0.113***	−0.086
TC	−0.000	−0.000	−0.000	−0.001***
AGE	0.020	0.028***	0.029***	0.001
CI	0.387*	−0.233***	−0.278***	−1.140***
EP	7.840	2.086	2.688**	5.013
Z	−4.331***	0.029	−0.028	12.813*
SIZE1	0.100**	0.035***	0.040***	−0.731
NATURE	−0.621*	0.033	−0.001	−1.200***
INT	−23.833***	6.453***	6.838***	17.510**
TD		0.861***		

续表

项目	模型 1	模型 2	模型 3	模型 4
RTD			1.165***	3.590***
UTD			0.704***	1.790***
TDT		−0.537	−0.368	4.320*
TDT^2				−5.270***
常数	9.619***	4.917***	4.908***	21.760***
样本数量	489	489	489	489
自由度	10	12	13	14
Wald Chi^2	52.17***	171.72***	199.42***	237.21***

*表示 $P<0.1$；**表示 $P<0.05$；***表示 $P<0.01$

5.4.3 稳健性检验

为验证以上研究结论的可靠性，本章采用以下方法进行稳健性检验。

(1)更换参数估计方法，即采用普通最小二乘法对本章数据进行处理，重新回归。

(2)更换测量方法，如使用年末总资产的自然对数替换营业收入的自然对数来测量企业规模，删除研发强度而保留技术能力对本章数据重新回归。

(3)删除敏感年份，对于宏观经济环境因素，我们考虑到2008年金融危机给新兴企业研发带来的影响以及这种因素的延续性；对于宏观政策环境因素，我们考虑到2012年《"十二五"国家战略性新兴产业发展规划》对样本企业研发带来的影响，在以下四种情况下：①删除2008年样本；②删除2008年和2009年样本；③删除2012年样本；④删除2008年和2012年样本，对数据重新回归。结果发现，回归结果的方向和显著性水平没有明显差别(由于篇幅限制，不在此逐一列出稳健性检验结果)。因此，本章的结论具有较好的稳定性。

5.5 结论、贡献与展望

5.5.1 研究结论

本章基于双元转换视角，从技术知识系统的角度入手，探索创新节奏的知识系统前因。利用我国489家战略性新兴产业上市企业2009～2015年的数据发现，技术知识系统的多样性对创新节奏有显著的正向影响，且相关多样性比不相关多样性的正向作用更大；技术知识系统的独特性与创新节奏间呈倒"U"形关系。本章拓展了对创新节奏的研究，也为企业构建合理的技术知识系统以探索未来的技术机会，提供了一定的启示。

5.5.2 理论贡献

本章的理论贡献体现在如下两个方面。

(1)基于双元转换视角，进一步考查创新节奏的知识系统前因，从而进一步弥补了现有创新节奏的转换研究在"向前看"方面的不足。

现有研究往往考查创新节奏的绩效，但尚未回答"创新节奏是如何产生的"这一问题。本章基于第4章知识基础的研究，进一步将创新节奏的转换的本质刻画为"对技术知识领域不同挖掘方式的转换"，一方面进一步响应了Mudambi和Swift(2014)"将系统知识观纳入到创新节奏研究中"的呼吁；另一方面，也将双元创新研究中的时间维度做了显性化处理(岑杰，2017)，既和双元创新研究中的"震荡"(Rothaermel and Deeds，2004)"序列化"(Gupta et al.，2006)"周期双元"(Simsek et al.，2009)等观点相契合，也在双元创新的结构观(Tushman and O'Reilly，1996)、情景观(Gibson and Birkinshaw，2004)和组合观(Stettner and Lavie，2014)之外考查了新的视角。

(2)考查技术知识系统的多样性及独特性与创新节奏之间的关系，拓展了对企业技术知识系统的研究。

本章认为创新节奏转换或双元转换的内核是知识，而在技术创新过程越来越表现出不确定性、模糊性以及边界模糊化和融合化的背景下，需要特别关注企业技术知识系统的多样性和独特性，及其与企业双元转换及创新节奏之间的关系。本章基于知识系统的内部和外部两个视角，考查了企业技术知识系统的属性，这一方面拓展了对技术多样性(Chen and Chang，2012)和技术距离(Jaffe，1986；刘志迎和单洁含，2013)的研究，也进一步拓宽了创新节奏研究的知识基础前因。

5.5.3 现实贡献

(1)企业须通过构建多样化和独特的技术知识系统，平衡探索式与利用式创新，并把握创新节奏，以保持竞争优势并实现可持续发展。

在当今快速变化的市场和技术环境中，企业必须灵活调整其创新战略以维持竞争优势。根据本书的研究，企业应重视构建一个既多样化又具有独特性的技术知识系统，这有助于整合不同来源的技术知识，增强企业的创新能力。同时，企业需要在探索式创新和利用式创新之间找到平衡，通过培养双元转换能力，保持现有技术优势，同时积极探索新技术领域，以实现创新的持续性和突破性。此外，企业还需把握创新节奏，识别并把握从现有技术向未来技术转变的时机，这要求企业具备前瞻性的市场和技术洞察力以及有效的资源配置能力。通过这些策略的实施，企业将不仅能适应当前的挑战，而且为未来的可持续发展奠定坚实的基础。

(2)企业应将技术知识系统的构建作为核心战略，不断增加多样性和独特性，以提高对新技术机会的识别和把握能力，促进创新跳跃和市场适应性。

在创新管理的实践中，企业必须将技术知识系统的构建和优化作为战略重点。这意味着企业需要不断地增加技术知识的多样性，通过整合不同学科、不同领域的知识，提高对新技术机会的敏感度和识别能力。同时，企业还应强化技术知识的独特性，形成难以复制的竞争优势。通过这些措施，企业能够更有效地把握市场和技术发展的脉搏，实现创新的跳跃式发展。此外，企业应根据自身的业务特点和市场需求，定制和优化技术知识系统，使其既能够支撑当前的业务运营，又能够适应未来的技术变革。企业还应密切关注技术知识系统的内外部特征，包括内部的知识结构、创新机制，以及外部的行业趋势、技术标准等，以促进双元转换的能力，即在维持现有业务的同时，积极探索新的增长点。通过这样的系统构建和优化，企业能够灵活地调整创新节奏，实现持续的技术创新和市场竞争力的提升。

5.5.4 研究不足与展望

本章虽然为理解企业如何通过技术知识系统的构建和优化来促进创新节奏跳跃提供了新的视角与实证证据，但仍存在一些局限性，这些局限性也为未来的研究指明了方向。

首先，本章的样本限定在战略性新兴产业的企业，有一定的局限性，无法从整体上说明企业技术知识系统及创新节奏之间的关系。未来的研究可以扩大样本范围，包括不同行业、不同规模、不同所有制的企业，以验证本章结论的普适性和适用条件。其次,技术知识系统的属性远不止多样性和独特性,还包括知识的深度、广度、动态性等多个维度。未来的研究可以进一步探讨这些属性如何影响企业的创新节奏跳跃和其他创新绩效。最后,本章主要从企业内部视角探讨了技术知识系统对创新节奏跳跃的影响,而企业创新是一个复杂的系统工程,受到内外部多种因素的影响。未来的研究可以考虑将宏观环境、产业政策、市场需求、竞争对手等外部因素纳入分析框架,构建更为全面的影响机制模型。

5.6 本章小结

本章深入剖析了企业技术知识系统与创新节奏之间的复杂关系,揭示了技术知识系统多样性和独特性如何影响企业在创新过程中的节奏转换。通过实证分析,本章不仅验证了技术知识系统多样性对创新节奏的正向作用,还区分了相关多样性与不相关多样性的不同影响力度,同时发现了技术知识系统独特性与创新节奏之间的非线性关系。这些发现为企业如何通过构建和优化技术知识系统来把握创新节奏提供了新的视角与策略。此外,本章还指出了研究的局限性,并对未来的研究方向提出了展望,为后续研究奠定了基础。整体而言,本章为理解企业在动态竞争环境中如何通过知识管理来驱动创新提供了理论和实践上的洞见。

与第 4 章的研究相辅相成,本章进一步丰富了我们对创新节奏前因的理解。第 4 章着重分析了知识宽度和知识深度对创新节奏的影响,强调了企业在探索新知识和利用现有知识之间的平衡。本章则从技术知识系统的角度出发,不仅考虑了知识宽度和知识深度,还考虑了技术知识系统的多样性和独特性,为理解企业如何在不同技术领域间进行有效转换提供了新的视角。通过本章和第 4 章的分析,我们可以得出结论,企业要想在激烈的市场竞争中保持领先地位,就必须不断优化其知识基础,构建一个既具有广度又有深度,既多样又独特的技术知识系统。同时,企业还应关注数字化技术的发展,利用其带来的机遇,克服挑战,实现知识的有效管理和创新的持续发展。未来的研究可以在此基础上,进一步探讨不同行业、不同规模企业在构建技术知识系统和调整创新节奏时的特定需求与策略。在第 6 章中,我们将企业人工智能能力纳入到创新节奏的前因中,探讨企业人工智能能力与创新节奏的关系。

第6章 企业人工智能能力与创新节奏

6.1 本章研究问题

在第 4 章和第 5 章中，我们以创新行为的基础——知识为出发点，探讨了知识基础与技术知识系统对创新节奏的作用。但是，企业的创新还要跟外部环境相适应，才能提高其创新效率。因此，本章将创新节奏置于人工智能(artificial intelligence，AI)时代背景之下，从企业人工智能的角度出发，探讨企业人工智能能力对创新节奏的作用，这是本章主要研究的主题。

人工智能一词最早由约翰·麦卡锡于 1956 年在达特茅斯学院(Dartmouth College)的会议上正式提出，并将其定义为制造智能机器的科学与工程。但是，仅仅了解人工智能是什么，并不能很好探讨创新节奏的前因。随着人工智能研究的不断成熟与深入，有关企业人工智能能力的研究逐渐被学者注意。在不断的发展和演变的基础上，人工智能能力被划分为人工智能资源能力(artificial intelligence resource capabilities，AIRC)、人工智能分析能力(artificial intelligence analysis capabilities，AIAC)、人工智能管理能力(artificial intelligence management capabilities，AIMC)三个维度。其中，人工智能资源能力是指企业实施人工智能所需要的基础资源，包括资金、设备等，强调了人工智能的规划价值；人工智能分析能力是指企业利用相关技术进行数据挖掘、分析和利用的能力，强调了人工智能的分析价值；人工智能管理能力是指企业对人工智能价值的应用能力，强调了人工智能的认知价值。因此，本章从上述三个维度出发，对创新节奏的前因进行研究。

随着智能技术的广泛运用以及商业智能与分析和企业的深度融合，人工智能已经运用到企业各个层面，研究在不同的内外环境中，企业人工智能的运行机制具有较强的现实意义。因此，本章在探讨企业人工智能能力与创新节奏之间的关系的基础上，从企业所处的内外部环境出发，探讨了环境动态性以及高管的过度自信对企业人工智能能力与创新节奏间关系的调节作用。一方面，环境动态性既包括技术发展、市场需求的动态变化，也包括企业的行为或需求、技术创新、行业发展趋势以及产品服务类型的改变程度。因为环境动态变化时刻影响着企业的生存发展，所以环境动态变化也会对企业的创新节奏产生重大影响。在数字化和智能化的背景下，数字技术参与企业生存的各个环节，因此，只有清楚地知道不同环境变化对企业发展的影响，才能精准把握外部需求变化，更好地实现企业的创新。另一方面，自信是认知心理学中的一种概念，是一种对自己的认知和判断盲目地相信，从而误判了自己的能力和知识的准确度，过高地估计事情的成功概率，过分低估了事件失败可能性的心理偏差。通常认为，由于高管对企业掌控力较大更容易产生自信偏好。在相关研究中，学者研究了自信的高管会如何影响企业的绩效与创新(Gervais and Odean，2001；Quigley and Hambrick，2015；易靖韬等，2015)。少数学者探讨了高管自信在信息技术投资中的作用(王铁男等，2017)，但同样几乎没有文献表明企业高管的自信认知是否会影响人工智能技术参与企业创新活动。综上，通过研究环境动态性和高管自信的调节作用，可以更全面地对创新节奏的前因机制进行研究。

6.2 理论基础与研究假设

6.2.1 人工智能能力与创新节奏

组织二元性产生于探索和利用间冲突化的知识生成过程。二元性组织擅长利用现有知识和经验实现渐进式创新，并善于探索新知识以促进根本性创新(Andriopoulos and Lewis，2009)。从范围广泛的外部资源中促进了利用性创新，而从广泛的外部资源中获得的新外部知识则促进了探索性创新(Limaj and Bernroider，2019)。人工智能的运用提高了组织的数据洞察能力和创新效率，组织人员基于人工智能搜寻和分析的数据使知识更容易理解和传播，充分发挥人与人工智能的协同作用，帮助企业在探索性创新和利用性创新间灵活切换(Tempelaar and Rosenkranz，2019)。具体分析如下。

从基础规划层面来看，人工智能可以提高企业资源配置，优化运营过程，使企业流程更加自动化，创新节奏的跳跃行为更容易进行。一方面，人工智能基础建设越全面，技术人员能力越强，企业对资源的规划越强，进而提高企业的运营效率。现有研究表明，组织内部采用信息技术将增强推动市场资本化的动态能力,提高重新设计业务运营和流程的灵活性,提高资源灵活性,应对不确定和不断变化的市场需求,缓解组织内部的张力(Mikalef and Pateli,2017)。所有这些驱动因素都将减少企业创新瓶颈,提高整体运营效率,从而提高业务生产率。另一方面,人工智能可以实现管理流程的自动化升级。随着企业生产经营过程中各个环节的数据的不断更新和累积,人工智能技术能够将核心算法、模型、商业数据整合到云端,使企业的业务知识在云端汇集、共享,并利用算法模型诊断出管理流程问题和障碍,动态调整各个环节核心设备的安全系数(姜李丹等,2022)。同时,人工智能可以自动检测数据中的模式,在没有明确编程的情况下采取行动,使企业流程更加自动化,进而降低创新成本。

从分析执行层面来看,人工智能可以推动数据洞察,提高企业的数据搜寻和数据分析能力,提升企业的知识生成速度和质量,进而促进创新节奏的跳跃。一方面,人工智能可以扩大企业数据搜索边界,进行广泛、复杂、远距离的数据搜索。由于技术的发展和不断增强的计算能力,人工智能已经从解决"狭窄的"任务和明确的目标转向了"更广泛的"任务和更模糊的目标(Amabile,2020)。例如,企业管理层基于自身经验确定想要进入或了解的新场景区域,技术人员通过人工智能系统设置搜索方向和范围,不仅使企业的知识范围更加广泛,也进一步拓展了管理层的经验。同时,随着人工智能的感知、获取和转化能力提升,可以识别更为复杂的数据关系,突破人的分析和认知局限,发挥组织人员与人工智能的协同价值(Seeber et al.,2020),进一步识别新知识。另一方面,人工智能可以提高企业数据分析能力,有助于企业更准确地判断技术变化。良好的人工智能能力不仅能够帮助企业实时处理大量非结构化技术信息,也更容易动态地识别产业内正在发展的前沿技术领域,迅速感知到外部环境的变化(Choi and McNamara,2018),让企业更善于发现和抢占利基市场,建立敏锐的创新机会识别能力,准确识别技术转换的可能路径并帮助管理者预知潜在的技术发展机会(张光宇等,2021)。

从管理层面看,人工智能可以提升企业的创新效率,使知识更容易理解和传播,增强组织人员间的协作效率来促进创新节奏的跳跃。一方面,人工智能改善了企业内外部的沟通,加速了对新知识的理解与传播。人工智能资源使企业能够为其经理和员工提供准确的实时信息,从而学习和试验新产品概念或业务流程改进(Kim et al., 2011; Gao et al., 2015)，这些会促进员工之间的协作，改善对隐藏知识的获取，进而推动建立组织成员之间的创造性思维(Schoenherr and Swink, 2015)。通过人工智能资源，员工有机会提出、建议或澄清观点，然后进行试验和产生新的创新行为。同时，人工智能提升了企业的技术优势，不仅为企业带来了独特的资源，吸引了更多的合作机会，也使管理者对合作企业更加了解，从而缩小了研发合作企业之间的物理距离，大大增强了企业之间的创新合作，提高了研发和创新活动的效率。另一方面，人工智能可以动态感知市场环境，有助于企业快速响应，提升企业灵活性。利用人工智能使企业能够从业务环境中捕获和共享实时信息(如客户数据)，不仅使企业能够及时感知用户需求，更好地了解用户，也促使管理层经验更新，及时调整认知策略进行适应，减少管理者的经验陷阱和认知偏差，并通过改变战略来感知新的机会，同时，对竞争行动(如开发新产品、进入新市场、结成联盟)做出反应，从而提高了企业的战略灵活性(Benitez et al., 2018b)。人工智能与管理层的充分协同增强了组织检测市场机会和威胁的能力，使企业对技术变革和竞争对手的行动快速做出反应(College et al., 2017)，既提高了企业的创新效率，又可以充分抓住机遇，规避风险。

综上可知，人工智能可以在很多应用场景中发挥主体作用，与人实现有效协同(吴小龙等，2022)，发挥各自优势来促进创新节奏的跳跃。但是由于人工智能缺乏通用和整合能力，难以完成跨场景工作(Reichstein et al., 2019)，而人工智能能力越大，人工智能与人的协同难度越大，一旦人的认知与人工智能不匹配或冲突，在一定程度上会抑制创新节奏的跳跃。例如，使管理者面临认知冲突问题以及组织文化无法及时更新，导致人与人工智能无法及时协同而错过创新节奏跳跃的时机，从而给创新节奏的跳跃带来负向影响。

首先，当企业人工智能能力越来越强，达到一定值时，管理者因本身的认知局限而与人工智能产生认知冲突问题，对企业创新节奏的跳跃产生负向影响。人工智能善于分析数据，进行算法化、程序化的认知，当人工智能能力越强，其认知更新越快，而管理者善于进行多维度认知，其经验获得与更新相对较慢。当人工智能能力处于高水平时，人工智能可以自己从数据中提取模式(LeCun et al., 2015)，但人类很难理解和解释结果(Davenport, 2018)，导致管理者的认知无法跟上人工智能的认知。例如，管理者和人工智能产生创新决策分歧，从而错过创新节奏跳跃的时机。当人工智能能力由低到中等水平时，管理层能够使用人工智能对碎片化和非结构化数据进行分析，并结合自身经验认知和人工智能的分析结果进行多维度协同来选择进行创新节奏跳跃的时机(Jarrahi，2018；Kaplan and Haenlein，2019)。但当人工智能能力在高水平时，企业可能有意实现创新成果最大化，但由于管理者认知能力有限(Simon，1959)，无法做出最佳反应，因为他们的偏好或目标模糊且不一致(March，1981)，在做出战略决策时，管理层可能会过度依赖基于人工智能的咨询系统的数据分析和预测，从而陷入这种模式中，无法捕捉到创新节奏跳跃的时机。

其次，由于管理者学习模式的自我强化，组织产生认知惯性，从而抑制创新节奏的跳跃。当企业人工智能能力在高水平时，管理者在与人工智能不断协同过程中积累了丰富的经验，通过知识吸收将人工智能产生的知识转化为自身经验(吴小龙等，2022)，但随着经验的不断增加，管理者的学习模式不断强化，最终可能固定在这种模式里，无法与人工智能达到协同而抑制创新节奏的跳跃。例如，AlphaGo(阿尔法围棋)有可能在五场比赛中击败世界冠军，原因就包括专家从自我游戏中学习和不断强化自身能力(Silver et al.，2017)，从而产生认知惯性，使棋路局限在既有的招数内从而导致了游戏的失败，而AlphaGo没有规则，也不包含人类计划的动作，导致搜索空间巨大，阻碍了与AlphaGo下棋的对手对AlphaGo棋路和动作的评估，从而无法像国际象棋那样预测可能性。相反，它利用创造力，能够识别和分享关于游戏的新见解(Borges et al.，2021)。

最后，企业流程、文化无法及时更新，导致组织文化与人工智能不匹配。人工智能发挥作用不是单纯的技术问题，也需要企业流程以及文化来匹配。Liu等(2019)发现组织文化对知识管理产生了重大影响，并且不同的组织文化会影响对人工智能决策的接受程度(Duan et al.，2019)。相关学者和实践者也已经讨论过，采用人工智能的主要挑战不是技术本身的问题，而是文化障碍、过程和人(Bean，2018；Duan et al.，2019)。当企业的人工智能发展较快到达高水平时，因组织文化的更新是一个缓慢的过程，组织文化不足以匹配人工智能的快速发展，换句话说，高水平的人工智能应用没有相匹配的组织流程和文化来推动。例如，企业没有适时营造对人工智能开放的氛围，鼓励人与人工智能之间的协作(Wilson and Daugherty，2018)，导致组织人员对人工智能的排斥。人工智能能力越高，一些员工越担心人工智能会取代人力资源，从而影响个人的未来,从而对人工智能产生排斥心理以及对人工智能发展持有保守态度。这种保守的态度阻碍了企业的凝聚与沟通,给创新节奏带来负面影响。

综上所述,我们提出如下假设。

H6-1a:企业的人工智能资源能力与创新节奏呈倒"U"形关系。

H6-1b:企业的人工智能分析能力与创新节奏呈倒"U"形关系。

H6-1c:企业的人工智能管理能力与创新节奏呈倒"U"形关系。

6.2.2 环境动态性的调节作用

环境动态性是指企业外部环境发生的变化及其不可预测的程度,它包括各利益相关方的需求和行为的改变,如合作伙伴、客户、政府、竞争对手,以及行业的发展趋势、技术创新、服务和产品的改变(陈国权和刘薇,2017)。外部环境的动态变化往往会不同程度地影响企业资源的获取方式、利用和整合等行为。

根据演化适应性的理论,在高度不确定的情况下,人工智能的能力具有更大的价值,可以帮助企业在不断改变的环境中进行自我调整(Mikalef et al., 2019)。在高不确定、动态的环境中,企业对内外部数据会更加敏感,从而促使人工智能的数据处理能力会更高,从而导致其创新节奏的波动性更低。在高动态环境中,企业可以更容易利用人工智能技术获取企业内外部新知识,进而利用相应知识配置资源,提高运营效率。动态环境扩大了企业的资源选择范围,驱动新技术、新知识的产生,也实现多主体需求的有效衔接(张秀娥等,2023),使企业内部业务流程及运营活动更加灵活、敏捷,提高企业资源配置和服务的效率(张振刚等,2021)。

另外,人工智能可以在高度不确定的动态环境下帮助企业更加敏捷地识别外部环境中的变动,提高企业应变能力,使其保持更多的创新定力和创新稳定性。企业所处的外部环境高度不确定,即行业趋势、技术、竞争对手行为以及顾客需求变化迅速,这些都会驱动企业利用人工智能判断外部动态形势,把握客户偏好(孟凡生和赵刚,2018)。同时,企业对政府政策的关注度会更高,更容易把握相关趋势,拥有比对手更灵活的行动体系,从而更快速识别转瞬即逝的创新机会。正如 Miller 和 Friesen(1982a)指出的,企业超过半数的创新来源于应对外部市场和环境的变化。当外部环境、市场趋势频繁变动时，企业进行创新的动力较强，企业更能够借助人工智能能力应对外部环境。

也就是说，高动态性环境促使企业凭借人工智能能力在整合资源、提高应变能力等方面发挥更大的效用，并将其高效转化为灵活的创新节奏的跳跃。

然而，高环境动态性在为组织运用人工智能能力，提供更多市场机会的同时也带来更多风险(Wamba-Taguimdje et al.，2020)。在高动态性环境中，人工智能能力越大，企业面临的认知冲突越大，以及对外部资源的要求越高，其依赖传统渠道获取的信息、特定技术解决方案等可能会大幅贬值。因为，企业所处的环境越动态，人工智能参与创新的模式更加复杂，导致管理者很难理解和解释人工智能获得的结果，所以动态的环境加剧了管理者与人工智能的不协同问题，使创新节奏跳跃的下降部分更加陡峭。因此，我们提出如下假设。

H6-2a：环境动态性使企业人工智能资源能力与创新节奏的倒"U"形曲线更陡峭。

H6-2b：环境动态性使企业人工智能分析能力与创新节奏的倒"U"形曲线更陡峭。

H6-2c：环境动态性使企业人工智能管理能力与创新节奏的倒"U"形曲线更陡峭。

6.2.3 高管自信的调节作用

高层梯队理论认为，企业是否进行创新及选择什么创新方式在很大程度上取决于管理者对企业内部和外部环境的感知与评估(Hambrick，2007)。自信是个体的一种心理偏差，在高管中往往表现为高估自己的成功概率而轻视失败的概率(周路路等，2017)。自信的高管通常表现为在能力方面会高估自身能力，在风险方面高估收益、低估风险，在信息方面高估自身掌握信息的精确度(海本禄等，2020)。

首先，自信会增加决策者推动企业进入新市场的可能性，因为尽管新进入的市场可能已经不存在利基空间，但自信的决策者仍倾向于认为自己具备的能力将使企业获得成功(陈伟宏等，2021)。因此，管理者自信会使企业进一步扩大人工智能的数据搜索边界，增强人工智能的数据洞察力，从而增强了人工智能对创新节奏的促进作用。

其次，自信的高管对人工智能参与创新抱有乐观的和可控的态度。高管支持有助于更为全面的技术价值挖掘（王铁男等，2017），掌控人工智能的有效使用。这是因为自信在高不确定性和高复杂性的情景中更为有利，人工智能参与企业创新本身就是一个高度复杂和不确定的过程，企业利用人工智能等信息技术在组织结构变革、工作方式创新以及业务流程重组上的改变都代表着企业对信息技术采纳的过程，这些不仅涉及信息技术本身，还包括信息技术与组织之间、信息技术与人之间的协调及融合（王铁男等，2017）。因此自信的高管会更为稳健地利用人工智能技术探索新的技术轨道，使创新节奏和动态市场趋势保持一致，也即随着高管自信的增强，会增强人工智能能力对创新节奏的推动作用。

但是，随着高管自信的进一步上升，会逐步审视人工智能的作用、管理人机冲突、增强自身的知识管理能力，从而更好地管理创新节奏，使其波动性降低。

首先，人机冲突问题很大程度上是由管理者的认知与人工智能不匹配所产生的，当管理者在制定创新决策自信倾向比较突出时，其会以自我为中心，高估潜在创新的成功概率和回报（Galasso and Simcoe，2011；Hirshleifer et al.，2012）。因此，我们认为高管自信的持续增强会增加人机冲突问题，使人工智能能力对企业创新节奏的影响更加显著。自信的高管会高估探索式创新带来的收益，而低估探索式创新转换带来的风险。翟淑萍和毕晓方（2016）认为自信的高管倾向于相信自己不会失败，同时善于探索自身所处的环境，在创新模式选择上会偏向于探索式创新。但是人工智能会分析内外情景的所有数据，同时结合管理者的决策安排，灵活地在探索和利用中转换。但是由于过度自信的高管低估转换过程中的风险，即使人工智能能力处于高水平时，管理者和人工智能的建议也没有处于协同匹配状态，因为他们更看重风险性行动的积极收益。

其次，自信的高管认为自己掌握着更多的知识和信息，从而低估环境的不确定性。人工智能水平越高，管理者认为自身经验越丰富，知识和信息的增多，使管理者对自己的学习模式不断强化，更加容易导致认知惯性。在做出战略决策时，管理层会倾向于相信自己的直觉，没有基于人工智能的咨询系统的数据分析和预测与自身经验的协同做出判断，此时，高管自信增强了人工智能对创新节奏的负向影响。因此，我们提出如下假设。

H6-3a：高管自信使企业人工智能资源能力与创新节奏的倒"U"形曲线更陡峭。

H6-3b：高管自信使企业人工智能分析能力与创新节奏的倒"U"形曲线更陡峭。

H6-3c：高管自信使企业人工智能管理能力与创新节奏的倒"U"形曲线更陡峭。

6.3 本章研究设计

6.3.1 样本选择和数据来源

对于我国来说，制造业历来是推动国家发展与文明进步的关键产业，近年来，由于信息技术的发展，数字经济的到来给我国制造业带来了许多不确定性，催生了大量新产业、新产品、新需求以及新趋势。面对这种情况，制造业企业如何把这种不确定性转化为企业的机会，智能化是制造业转型升级的重要方向，企业把握人工智能能力至关重要。因此本章以制造业企业中的上市企业为研究对象，来研究我国制造业企业人工智能能力对企业二元创新轨迹的影响。

本章研究的数据来源于三方面。第一，文本分析的数据来自巨潮资讯网中下载的企业年报，用 Python 抓取。第二，专利数据来自 incoPat（合享）和 SooPAT，由于外观设计仅仅是对外观进行了变化，与技术变化无关，因此本章使用的专利数据只包括发明专利和实用新型专利（Benner and Tushman, 2003）。第三，调节变量以及控制变量的财务数据来自 CSMAR 数据库，经过手工处理与计算。样本观测年份选取 2011～2020 年，由于部分企业专利数据没有披露或缺失，在剔除了*ST、ST 类企业以及数据缺失类企业后，最终样本企业为 895 家。

6.3.2 变量测量

1) 自变量：人工智能（AI）

目前，关于人工智能的测量方式主要有问卷调研法、代理变量法、文本分析法等。本章对人工智能能力的测度借鉴 Benitez 等(2018a)的做法，并在此基础上结合本章研究做了一些改变，采用的同样是文本分析法。其中，问卷调研法是研究中运用最普遍的方法，但其花费时间较长且主观性较强(Božič and Dimovski, 2019a, 2019b)。一些学者也会利用企业智能化设备的数量(如机器人的数量)或人工智能软件的应用情况作为代理变量来测量人工智能(Liu et al., 2020)，但这种测度方式不能准确表现出人工智能的能力大小。文本分析法是最近几年在信息技术研究中运用较多的方式，能够客观地表现出人工智能能力的大小，但在准确度方面也存在一定的缺陷，因此本章把机器学习应用到文本分析中，更加细致地测度企业人工智能能力。初始数据基于企业年报提取，具体处理过程分为以下几步。

第一步，进行准备与整理工作。首先，把下载的年报转化为文本格式，并进行相应的编码，将其统一为固定格式。其次，定义母词，母词的作用是作为定位的标的，定位到哪些文本内容是与人工智能相关度较高的，然后通过 Python 程序将这些内容提取出来重新组成文本。母词满足三个重要的标准：人工智能关联度高、使用频率与广度高以及去中心化。本章采用TF-IDF(term frequency-inverse document frequency, 词频-逆文档频率)算法生成母词，该算法作为一种基于词频进行开发的 BOW 模型(bag of words model, 词袋模型)，仅关注某词在文本中出现的频率以及如何将频率指标科学化以满足充当文本主题的目的。本章通过 TF-IDF 算法对 600 份人工智能相关性较高的年报进行文本分析，在分析中被判断为有效(TF-IDF 值>0)的词汇为7142词，从中本章筛选出 174 个与人工智能相关的母词。通过调参的方式，本章比较了词选择从 10 个到150 个(步长为10)的 15 个分组，确认了母词在 100 个及以上时可以较好地消除方法本身带来的中心性。

第二步，进行文本摘取工作。母词确定后就可以展开摘取工作，但是还需要决定文本摘取的窗口，这个概念在情报科学中代表着做文本摘取时以母词为中心摘取字数为多少的文本片段，多大的情报量既可以保证句子的完整性又不至于过大而失去摘取的意义。Aljaber 等(2010)在他们针对专利印证网络的研究中比较了前后 10 词、30 词、50 词分别带有的代表性，认为在定位词前后 50 词所组成的 101 词窗口为最优，而这样的发现与前人的研究是一致的(Bradshaw, 2003)。同时，这种大窗口也可以缓解母词带来的中心性，将文本分析内容围绕母词展开的情况减弱。因此，文本所涉及的文本摘取程序秉承以下的基础逻辑：在分词结束的文本中首先定位到属于母词词袋的词汇，从该词汇出发，程序先向前移动，移动的单位为单句(simple sentence)，每移动一个单句则将该单句所包含的词汇数从最初的50词中扣除直至数量被扣至0，在向前的移动工作结束后，程序会自动回到定位词并从该词出发，向后做出了方向完全相反的工作。通过这样的工作流程将我们期望的文本窗口提出。具体过程为使用Python将整理好的关键词对现有的2011~2020年制造业相关的895家企业的年报进行检索，对关键词前后各50词(总共101词)的窗口进行提取，将这些内容放入一个文件形成我们的待分析文本库，本步骤的目的是提取年报中集中论述人工智能的部分，但为了防止在后续分析中过度中心化或者围绕特定的词汇进行展开，我们拓展了母词的个数以避免上述情况。

第三步，共现分析。使用TextRank(一种基于共现率数学概念开发的马尔可夫链算法，是一种半监督化的机器学习算法，广泛应用于文本分析)算法对待分析文本库进行共现率分析(两个词如果在出现位置上接近也就是共现，则被考虑为互相推荐，每共现一次被视作双方互投对方一票，在最后对所有的票数进行统计并归一化处理形成共现率)，这样可以形成文本中所有词汇之间的两两共现关系(术语为词向量关系)，并依照这种关系画出网络图。最终得到每一个母词在总文本中的权重，也就是该词的重要程度，以及通过词汇之间的两两共现关系得出词汇之间的距离矩阵。

第四步，聚类分析与结果计算。使用上述共现网络进行聚类分析，在网格图的基础上，本章希望对这些网格图中的元素进行维度的划分。由于唯一可用的数据是词向量矩阵，本章选择了唯一可以处理距离矩阵的聚类方法——层次聚类(hierarchy clustering)对存在的数据进行聚类。根据聚类分析(图6-1)和关键词共现，我们把人工智能能力分为了三个维度，即人工智能资源能力、人工智能分析能力以及人工智能管理能力，如表6-1所示。最后，通过上一步生成的权重结合每一年各企业相关人工智能词汇在年报中的词频计算各制造业企业每一年相应的人工智能能力。

2)因变量：创新节奏(LEAP)

对于创新节奏的测量，已经在第4章有了详细的介绍，本章不再赘述。

3)调节变量

(1)环境动态性(EU)。本章关于环境动态性的测量参考曾德明等(2004)

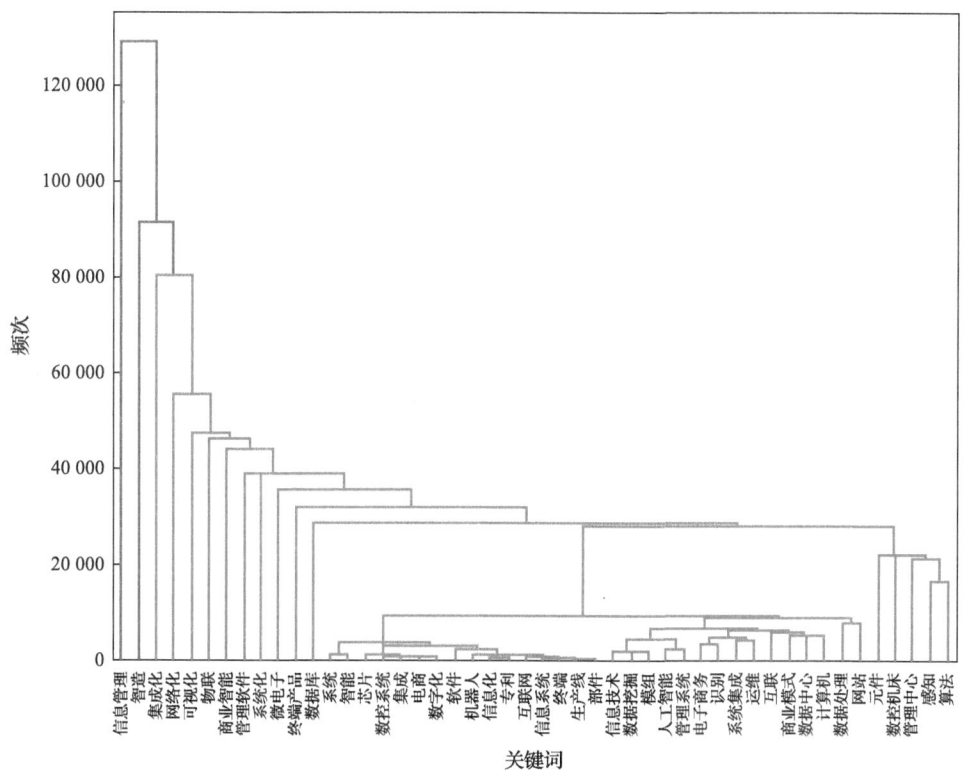

图 6-1 聚类分析

表 6-1 企业人工智能能力维度划分与关键词

维度	关键词
人工智能资源能力	管理系统、部件、数字化、集成、芯片、电商、系统、智能、终端、生产线、互联网、信息化、软件、专利、机器人、信息系统
人工智能分析能力	数据中心、运维、互联、数据处理、物联、数控系统、电子商务、模组、信息技术、计算机、系统集成、人工智能、商业模式、识别、数据挖掘、网站、商务、模块化
人工智能管理能力	智造、办公自动化、商业智能、数据管理、管理软件、微电子、感知、元件、终端产品、系统化、数据库、算法、集成化、可视化、信息管理、网络化、物联、数控机床

以及傅皓天等(2018)的方法,使用企业非正常销售收入波动测度环境动态性,以样本企业 5 年以上营业收入的变异系数测量环境动态性,本章计算样本企业过去 5 年主营业务收入标准差与均值的比值,并取对数表示。

(2)高管自信(OC)。国内学者提出了多种测量指标衡量高管自信,其中较为常用的测量方法主要有以下四种:管理者持股变动法、相对薪酬法、盈利预测法、行业景气指数法。首先,由于中国政府对国有企业高管全面实施"限薪令",薪酬数据欠缺准确性;其次,业绩预测与实际业绩的相似性会带来测量偏差;最后,考虑到行业景气指数相对宏观,与管理者本身的预期存在较大的差距,在反映管理者个体差异方面存在一定的欠缺。因此,本章借鉴葛菲等(2020)的做法选用上市企业高管持股占企业总股本的比重进行衡量。

4)控制变量

为了降低其他可能的变量对研究模型的影响,本章结合其他相关研究控制了以下变量。①净资产收益率(ROE),用净利润与净资产的比值表示;②研发强度(RDI),用企业研发创新投入金额与总资产的比值表示;③托宾Q值(TQ),用以衡量企业的价值;④企业规模(SIZE),用企业总资产的自然对数和主营业务收入的自然对数来衡量企业规模,其中,后者用于稳健性分析的指标替换;⑤股权集中度(TOP),用第一大股东持股比例表示;⑥资产负债率(ALR),用企业总负债与总资产比值表示;⑦专利数量(NP),用企业每年申请的专利数量来表示。另外,考虑到企业双元创新轨迹可能会随着时间的推移发生变化,本章把年份(YEAR)也作为控制变量。综上所述,本章所有变量如表6-2所示。

表6-2 变量测量

变量类别	变量名称	变量代码	变量测量
因变量	创新节奏	LEAP	用GARCH模型的"学生化"残差来测量
自变量	人工智能	AI	运用Python进行文本分析,抓取企业年报中含有"人工智能"关键词的语句,并进行数据清洗
调节变量	环境动态性	EU	使用企业非正常销售收入波动测度环境动态性
	高管自信	OC	使用上市企业高管持股占企业总股本的比重进行衡量
控制变量	净资产收益率	ROE	净资产收益率=净利润/净资产
	研发强度	RDI	研发强度=研发创新投入金额/总资产
	托宾Q值	TQ	托宾Q值=市场价值/资产重置成本
	企业规模	SIZE	企业规模=ln(总资产)
	股权集中度	TOP	股权集中度=第一大股东持股比例
	资产负债率	ALR	资产负债率=总负债/总资产
	专利数量	NP	企业每年申请的专利数量
	年份	YEAR	年份虚拟变量,事件发生年份

6.4 数据分析与结果

6.4.1 描述性统计分析

样本相关变量的描述性统计结果如表6-3所示,主要展示了样本数据的均值、标准差等。由表可得到各变量均值:创新节奏的均值为11.95,人工智能资源能力的均值为6.32,人工智能分析能力的均值为0.87,人工智能管理能力的均值为0.18,环境动态性的均值为0.26,高管自信的均值为0.65;标准差:创新节奏的标准差为25.72,人工智能资源能力的标准差为3.65,人工智能分析能力的标准差为0.62,人工智能管理能力的标准差为0.19,环境动态性的标准差为0.18,高管自信的标准差为1.02;各自变量间的方差膨胀因子的值均小于3.3,均值为1.50,因此判定不存在多重共线性。变量间的相关系数矩阵如表6-4所示。人工智能资源能力与创新节奏负相关($r=-0.026$,$P<0.05$);人工智能分析能力与创新节奏负相关($r=-0.044$,$P<0.01$);人工智能管理能力与创新节奏负相关($r=-0.036$,$P<0.01$);这在一定程度上证明了本章研究思路具备可行性,但由于未对其他变量的影响进行控制,因此其具体关系有待进一步回归探究。

表6-3 相关变量描述性统计

变量	VIF	观测数	算术平均值	标准差	最小值	最大值
LEAP		8055	11.95	25.72	0.21	185.52
AIRC	2.46	8055	6.32	3.65	0	35.28
AIAC	2.13	8055	0.87	0.62	0	3.29
AIMC	1.53	8055	0.18	0.19	0	0.97
EU	1.06	8055	0.26	0.18	0.03	1.00
OC	1.20	8055	0.65	1.02	0	2.46
ROE	1.19	8040	0.06	0.12	−0.60	0.31
ALR	1.60	8055	0.41	0.20	0.05	0.90
TOP	1.09	8055	33.09	13.90	8.77	71.44
TQ	1.22	8055	1.93	1.16	0	7.04
SIZE	1.99	8055	22.26	1.18	20.13	25.73
RDI	1.23	8055	0.02	0.01	0	0.07
NP	1.28	8055	15.39	42.37	0	316.00

表 6-4 相关系数矩阵

变量	LEAP	AIRC	AIAC	AIMC	EU	OC	ROE	ALR	TOP	TQ	SIZE	RDI	NP
LEAP	1.000												
AIRC	-0.026**	1.000											
AIAC	-0.044***	0.709***	1.000										
AIMC	-0.036***	0.580***	0.505***	1.000									
EU	-0.012	0.111***	0.112***	0.095***	1.000								
OC	0.041***	0.174***	0.074***	0.094***	0.053***	1.000							
ROE	-0.008	0.001	-0.028***	-0.006	0.113***	0.035***	1.000						
ALR	-0.011	0.005	0.058***	-0.019*	0.064***	-0.257***	-0.214***	1.000					
TOP	-0.066***	-0.131***	-0.136***	-0.130***	0.021*	-0.168***	0.121***	0.047***	1.000				
TQ	-0.026**	-0.018*	-0.002	0.038***	0.032***	0.038***	0.158***	-0.292***	-0.026**	1.000			
SIZE	-0.043***	0.121***	0.190***	0.030***	0.084***	-0.260***	0.108***	0.501***	0.178***	-0.313***	1.000		
RDI	0.030***	0.332***	0.245***	0.230***	0.000	0.162***	0.102***	-0.140***	-0.060***	0.136***	-0.069***	1.000	
NP	-0.003	0.191***	0.169***	0.142***	-0.014	-0.002	0.083***	0.151***	0.044***	-0.065***	0.391***	0.204***	1.000

*表示 $P<0.1$；**表示 $P<0.05$；***表示 $P<0.01$

6.4.2 假设检验

本章使用的样本数据是2011～2020年平衡面板数据，为了避免数据本身的原因对研究结果带来影响，在进行回归之前首先对数据进行了处理。第一，为避免极端数值对实证结果的影响，对所有连续变量在1%的水平上做了缩尾处理。为了降低变量间可能存在的互为因果问题，参考Chen和Miller(2007)对于内生性的处理方法，将所有解释变量滞后一期(t–1)后对被解释变量(t期)进行回归。第二，考虑到本章所用的面板数据可能存在异方差、序列相关和横截面相关等问题，运用一般的估计方式会使结果有偏差，因此，使用Stata16.0统计分析软件并且采用 Driscoll-Kraay 标准误差对模型进行估计(Driscoll and Kraay, 1998)。第三，在豪斯曼检验中的检验结果拒绝原假设，故采用固定效应模型，并为了避免模型中的不可观测变量对回归结果的扰动作用，对年份也进行了控制。

企业人工智能能力的三个维度与创新节奏之间关系的回归结果如表 6-5 所示，因变量是创新节奏。模型 1 显示的是只包含控制变量的基础模型；模型 2 表示人工智能资源能力与创新节奏的关系，发现人工智能资源能力的系数显著为正($r=0.158$，$P<0.01$)，回归二次项的系数显著为负($r=-0.005$，$P<0.05$)，说明人工智能资源能力与企业创新节奏跳跃间呈倒"U"形关系；模型 3 中人工智能分析能力的回归系数显著为正($r=0.535$，$P<0.1$)，回归二次项的系数显著为负($r=-0.136$，$P<0.1$)，说明人工智能分析能力与企业创新节奏跳跃间呈倒"U"形关系；由模型 4 可知，人工智能管理能力的系数显著为正($r=1.113$，$P<0.01$)，回归二次项的系数显著为负($r=-1.119$，$P<0.01$)，说明人工智能管理能力与企业创新节奏跳跃间也呈倒"U"形关系。结果表明人工智能能力越高，越能够促进企业创新节奏的跳跃，但一旦超过一定值，组织人员与人工智能间的协同难度加大，从而错过创新节奏跳跃的时机，因此，H6-1a、H6-1b、H6-1c 得到支持。同时相比于其他两类人工智能能力，人工智能管理能力是提升企业创新节奏跳跃最直接、最明显的方面，在人工智能管理能力较强时由管理者本身的认知惯性和认知局限引起的人机冲突也较多。

在验证企业环境动态性和高管自信对人工智能能力与创新节奏关系的调节作用时，由于变量之间单位不同可能会造成各种统计量偏误问题，本章对

表 6-5 企业人工智能能力与创新节奏回归结果

项目	模型 1	模型 2	模型 3	模型 4
AIRC		0.158*** (−2.75)		
AIRC²		−0.005** (−2.03)		
AIAC			0.535* (−1.82)	
AIAC²			−0.136* (−1.75)	
AIMC				1.113*** (−3.39)
AIMC²				−1.119*** (−2.96)
ROE	1.044*** (−4.32)	1.039*** (−4.62)	1.031*** (−4.58)	1.036*** (−4.26)
RDI	15.200** (−2.00)	14.458* (−1.89)	15.189** (−2.00)	15.071** (−1.96)
TQ	−0.023 (−0.99)	−0.021 (−1.07)	−0.023 (−1.03)	−0.024 (−1.02)
SIZE	0.507** (−2.40)	0.449** (−2.08)	0.493** (−2.32)	0.493** (−2.26)
TOP	0.003 (−0.68)	0.002 (−0.65)	0.002 (−0.61)	0.002 (−0.54)
ALR	0.556 (−1.23)	0.640 (−1.37)	0.577 (−1.26)	0.575 (−1.27)
NP	0.016*** (−9.73)	0.016*** (−10.65)	0.016*** (−10.42)	0.016*** (−9.95)
截距	−0.089 (−0.02)	0.535 (−0.11)	−0.016 (0.00)	0.126 (−0.03)
观测值	8037	8037	8037	8037
样本数量	895	895	895	895
R^2	0.0293	0.0306	0.0297	0.0296
F	693.76***	1396.17***	1256.00***	299.70***

*表示 $P<0.1$；**表示 $P<0.05$；***表示 $P<0.01$

环境动态性、高管自信以及人工智能资源能力、分析能力、管理能力先进行了中心化的处理，再生成交互项检验调节效应。

环境动态性与高管自信对人工智能能力三个维度和创新节奏的调节作用如表 6-6 所示。首先，模型 5～模型 7 检验环境动态性对人工智能能力与创新节奏关系的调节作用。模型 5 将人工智能资源能力一次项和环境动态性交互项（AIRC×EU）、人工智能资源能力二次项和环境动态性交互项（AIRC²×EU）

引入到回归模型中,结果表明人工智能资源能力与环境动态性的交互项、人工智能资源能力二次项与环境动态性的交互项的回归系数均显著($r = 0.203$,$P<0.01$;$r = -0.008$,$P<0.1$),假设 H6-2a 得到支持。模型 6 中结果表明人工智能分析能力与环境动态性的交互项(AIAC×EU)、人工智能分析能力二次项与环境动态性的交互项(AIAC^2×EU)的回归系数均显著($r = 3.633$,$P<0.01$;$r = -1.118$,$P<0.01$),因此可以得出环境动态性使人工智能分析能力与创新节奏的倒"U"形曲线更陡峭,假设 H6-2b 得到支持。模型 7 中人工智能管理能力与环境动态性的交互项(AIMC×EU)、人工智能管理能力二次项与环境动态性的交互项(AIMC^2×EU)的回归系数均显著($r = 3.133$,$P<0.01$;$r = -4.509$,$P<0.01$),可以看出环境动态性使人工智能管理能力与创新节奏的倒"U"形曲线更陡峭,假设 H6-2c 得到支持。

表 6-6 环境动态性与高管自信的调节效应回归结果

项目	模型 5	模型 6	模型 7	模型 8	模型 9	模型 10
AIRC	0.149*** (2.84)			0.147** (2.30)		
AIRC^2	−0.005** (−2.05)			−0.005* (−1.66)		
AIAC		0.436* (1.74)			0.508 (1.59)	
AIAC^2		−0.098 (−1.50)			−0.128* (−1.73)	
AIMC			1.017*** (2.96)			1.179*** (2.69)
AIMC^2			−0.885** (−2.11)			−1.079** (−2.28)
EU	0.679** (1.98)	0.747** (2.30)	0.665* (1.79)			
AIRC×EU	0.203*** (2.73)					
AIRC^2×EU	−0.008* (−1.89)					
AIAC×EU		3.633*** (3.91)				
AIAC^2×EU		−1.118*** (−4.02)				
AIMC×EU			3.133*** (4.57)			

续表

项目	模型5	模型6	模型7	模型8	模型9	模型10
AIMC^2×EU			−4.509*** (−4.21)			
OC				0.087** (2.17)	0.125** (2.30)	0.106** (2.27)
AIRC×OC				0.167** (2.34)		
AIRC^2×OC				−0.008*** (−2.64)		
AIAC×OC					0.499 (1.27)	
AIAC^2×OC					−0.122 (−1.16)	
AIMC×OC						1.400*** (2.63)
AIMC^2×OC						−1.316*** (−2.70)
控制变量	控制	控制	控制	控制	控制	控制
常数	2.740 (0.63)	3.121 (0.76)	1.835 (0.43)	0.335 (0.08)	0.283 (0.07)	0.116 (0.03)
观测值	8037	8037	8037	8037	8037	8037
样本数量	895	895	895	895	895	895
R^2	0.0315	0.0318	0.0305	0.0315	0.0297	0.0295
F	304.00***	27.95***	100.60***	49.19***	412.40***	246.00***

*表示$P<0.1$；**表示$P<0.05$；***表示$P<0.01$。

其次，模型8～模型10检验高管自信对人工智能能力与创新节奏关系的调节作用。模型8将人工智能资源能力一次项和高管自信交互项（AIRC×OC）、人工智能资源能力二次项和高管自信交互项（AIRC^2×OC）引入到回归模型中，结果表明人工智能资源能力与高管自信的交互项、人工智能资源能力二次项与高管自信的交互项的回归系数均显著（$r=0.167$，$P<0.05$；$r=-0.008$，$P<0.01$），可以看出高管自信使人工智能资源能力与创新节奏的倒"U"形曲线更陡峭，H6-3a得到支持。模型9中结果表明人工智能分析能力与高管自信的交互项（AIAC×OC）、人工智能分析能力二次项与高管自信的交互项（AIAC^2×OC）的回归系数均不显著（$r=0.499$，$P>0.1$；$r=-0.122$，$P>0.1$），H6-3b没有得到支持。模型10中人工智能管理能力与高管自信的交互项（AIMC×OC）、人工智能管理二次项与高管自信的交互项（AIMC^2×OC）的回归系数均显著（$r=1.400$，$P<0.01$；$r=-1.316$，$P<0.01$），可以看出高管自信使人工智能管理能力与创新节奏的倒"U"形曲线更陡峭，H6-3c 得到支持。

6.4.3 稳健性检验

为验证以上整体模型结论的可靠性，本章也采取多种方式进行稳健性检验，具体包括：①更换控制变量企业规模的测量方式，企业规模的测量方式用企业主营业务收入的自然对数替换，重新回归；②更换调节变量测量方式，调节变量中环境动态性的测量使用企业过去5年的主营业务收入与年份虚拟变量进行最小二乘法回归；③删除敏感年份，由于2016年12月7日工信部发布了《中国智能制造"十三五"发展规划》（以下简称《规划》），明确了中国工业智能化五年发展的两大关键时期和十项重点工作，此次政策红利为智能制造行业注入"强心剂"，能够推动机器人与自动化、智能物流装备等相关智能装备产业概念股中长期受益，本章的研究样本为制造业企业，该《规划》与本章研究非常相关，因此我们删除 2017 年样本重新进行回归。结果发现，回归结果的方向和显著性水平没有明显差别（由于篇幅限制，不在此逐一列出稳健性检验结果）。因此，本章的结论具有较好的稳定性。

6.5 结论与启示

6.5.1 研究结论

本章通过对2011～2020年895家制造业上市企业数据进行实证分析，得出以下主要结论。

从企业人工智能资源能力、分析能力和管理能力三个方面入手，企业可以有效地开发人工智能能力，并且我们通过实证发现人工智能能力的三个维度与创新节奏的跳跃行为间均存在倒"U"形关系。当企业人工智能能力逐渐提高，企业的数据处理能力不断加强，同时管理者不断丰富自身经验，集体智慧得到最大化发挥。随着人工智能能力越来越高，达到某一水平后，企业利用人工智能进行数据处理的能力依旧在不断提高，但人工智能能力过高导致管理者认知局限使人机冲突不断加大，企业难以捕捉创新节奏跳跃的方向和时机，从而使创新节奏跳跃的轨迹下降。

环境动态性和高管自信，强化了企业人工智能能力与创新节奏之间的关系，但高管自信对人工智能分析能力与企业创新节奏跳跃的关系的影响并不显著。我们发现，外部环境和内部管理都会影响人工智能能力与创新节奏跳跃之间的关系。具体而言，一方面，外部的环境动态性越高，在人工智能能力处于低水平时越容易刺激企业实现资源有效配置以及提高自身应变能力进而增强人工智能能力与创新节奏跳跃之间的关系；而当企业人工智能能力处于高水平时，环境不确定性较高，创新的模式更加复杂，管理者和人工智能的认知冲突加大使人工智能能力与创新节奏跳跃的下降部分更加陡峭。另一方面，企业内部高管自信高估了自身能力、环境的不确定性以及创新的收益性加大了与人工智能的冲突，强化了人工智能资源能力以及人工智能管理能力与创新节奏的关系，但对人工智能分析能力与企业创新节奏之间的关系的影响并不显著，可能是因为企业的管理者会直接参与利用人工智能进行资源规划与管理，而不直接参与人工智能的分析阶段。

6.5.2 理论贡献

本章的理论贡献主要体现在以下几个方面。

(1) 基于人机协同的视角，考查创新节奏的人工智能能力前因，从而弥补了现有创新节奏研究在"向前看"方面的不足。

本章从人机协同这样一个新的视角出发，考查企业人工智能能力与创新节奏间的关系，拓展了人工智能和双元创新的研究。尽管文献中对人工智能如何促进技术创新的关注在逐渐增加，也有少数学者探究了信息技术、大数据、商业智能等技术对双元创新的影响(Tempelaar and Rosenkranz, 2019; Benitez et al., 2018a; 彭新敏和张帆, 2019)，但基于人机协同视角挖掘数字时代创新节奏跳跃的内在机理的研究似乎是空白的，因此本章的研究进一步拓宽了人工智能的研究，并理清其对企业创新节奏的跳跃行为的影响。

(2) 基于动态能力理论和知识基础观的视角，考查环境动态性和高管自信的调节作用。

此外，基于动态能力理论和知识基础观的视角研究人工智能能力对企业技术机会的识别和技术轨迹的转化作用，以及环境动态性、高管自信的调节作用，丰富了该视角下的研究，也为数字化背景下企业使用人工智能的实践提供一定的理论指导，使人工智能能力通过帮助企业在信息爆炸的数字时代捕捉高价值信息来支持企业战略决策，帮助企业凝聚优势创造价值。

6.5.3 现实贡献

1) 重视智能技术与人力资源的协同

首先，企业应重视人工智能资源能力与分析能力的构建与发展，建立完善的基础资源体系与人才培养体制。一方面，管理者要在战略层面确定智能化发展计划，搭建智能化基础设施，更新原有发展模式，如制造业企业在产品销售服务中设立智能机器人，企业内部建立可视化的云端平台。这些措施可以在一定程度上逐步取代人力，提高生产率，降低成本，使企业能够有效地增加研发和人才的投入。另一方面，员工是任何组织最大的资产，对员工的培养可以为企业带来不可估量的价值。但是在此过程中也要注意人工智能发展规划与企业流程和企业文化的匹配性，管理者必须发展能够从人工智能投资中创造价值的结构和文化。这就需要组织内不同部门之间有一种协调、相互理解与合作的文化。换句话说，在企业内部开发人工智能是成功部署的必要先决条件。

其次，企业要特别关注人工智能管理能力的发展。人工智能能力中最重要的就是管理能力，管理者不仅应关注与人工智能相关的纯技术技能，还应关注自身管理能力。虽然人工智能技术可以为成功实现创新提供基础，但仅仅在数字基础设施、技术和数据上花钱是不够的。例如，许多企业已经发现，人工智能算法不会产生明确的答案，但会提供试探性的解决方案(如基于概率的预测)，这需要人类的解释、论证和行动来创造具体、有价值的结果(Tarafdar et al., 2019; von Krogh, 2018)。因此，在提升企业人工智能能力的同时，管理者也需要提升自身管理能力，将人工智能和人类智能结合起来，避免认知局限或掉入认知陷阱，最大化发挥人工智能管理能力。

2) 重视环境动态性和高管自信在企业智能化发展过程中的作用

我们发现外部的环境动态性主要通过增强人工智能对数据的洞察能力进而强化了人工智能能力与企业创新节奏的关系。在外部环境发生剧烈变动的情况下，管理者可以适当提高人工智能在企业整体发展战略中的地位，并将其与组织管理相结合，进而提高企业的资源利用效率与适应性，以应对环境动态性带来的机遇和挑战进而促进创新节奏跳跃。另外，我们也发现高管自信通过增加人机冲突强化了人工智能与企业创新节奏的关系。这一发现启示企业应建立科学的管理人才选拔机制，将管理者自信等个体心理特征纳入到高管聘任和管理过程中，从而优化企业决策机制，全面有效地监督和规范决策流程，要充分发挥高管自信对企业的创新经营与研发管理的积极促进作用，同时也要防止过于自信的管理者做出不合理的决定，从而对企业的利益造成不利影响。另外，为防止由自信导致的盲目决策，高层管理人员应该主动与有经验、有知识的人进行协作，并在做出重要决定之前向外部专业机构咨询。

6.5.4 研究不足与展望

本章的研究也存在一些不足，主要如下。首先，样本选择上，我们仅基于制造业的上市企业进行了研究，未来可以拓宽样本范围，考虑其他行业人工智能能力的发展情况。其次，在样本数据上，本章采用机器学习的方法基于母词对上市企业年报摘取关键词进行共现网络分析得出数据，虽然也比较有效地测度出制造业企业人工智能能力，但未来可以使用机器学习法基于段落语句对年报进行分析，可以更加精准地对人工智能能力进行维度划分，避免可能存在的语义不匹配问题。再次，本章在对创新节奏跳跃进行研究时并没有对其跳跃的方向进行区分，一般来说，企业从利用式创新转向探索式创新则发生了正向跳跃，而从探索式创新转向利用式创新则视为发生了负向跳跃，未来在研究创新节奏跳跃时可以进行更细致的区分。最后，本章在高管自信变量设定上也存在一定的局限性，采用上市企业高管持股比例来衡量的方法虽然已得到相关文献的支持，但未来可以使用多种变量来进行替代测量进而提高模型的稳健性。本章希望可以抛砖引玉，引起更多学者基于人工智能能力对企业价值的探索，进行更为丰富的研究和论证。

6.6 本章小结

本章从人工智能的角度出发，探讨了人工智能能力与创新节奏之间的复杂关系，揭示了人工智能资源能力、分析能力和管理能力如何影响企业在创新过程中的节奏转换。通过实证分析，本章不仅验证了人工智能能力与创新节奏的跳跃行为之间存在的倒"U"形关系，还研究了环境动态性与高管自信是如何调节人工智能能力与创新节奏之间的关系的。这些发现为企业在智能化时代如何利用人工智能能力来把握创新节奏提供了新的策略。此外，本章还指出了研究的局限性，并对未来的研究方向提出了展望，为后续研究奠定了基础。整体而言，本章为理解企业在智能化时代如何通过人工智能能力来驱动创新提供了理论和实践上的借鉴。

与第4章和第5章的研究相辅相成，本章进一步完善了我们对创新节奏前因的理解。第4章着重分析了创新节奏的知识基础前因，第5章重点分析了创新节奏的技术知识系统前因。通过本章和第4章与第5章的分析，我们可以得出结论，企业要想在激烈的市场竞争中保持领先地位，除了在知识基础和技术知识系统方面下功夫，还要加强企业的数据处理能力。同时，管理者也要不断丰富自身的经验，避免过度自信。未来的研究可以在此基础上，进一步探讨其他行业在发展人工智能和调整创新节奏时的特定需求与方法。在第7章中，我们要将研究的视角转向创新节奏的绩效机制上，探讨创新节奏与企业绩效的关系。

第 7 章 创新节奏、协时与企业绩效

7.1 本章研究问题

在第 4 章～第 6 章中，我们探索了企业创新节奏的前因。为进一步构建创新节奏论理论体系，也需要将创新节奏置于企业行为体系的框架中，并指向企业绩效。

第一，我们需要研究二元创新节奏与企业绩效之间的关系。目前，对企业创新的研究逐渐从静态化、片段化的行为观点转变为动态化、序列化的行为观点。在这一转变中，可以观察到多样化的企业创新过程实践。在创新管理的实践中，主要表现为有些企业创新过程模式具有波动性的特征。企业在这一创新过程模式中体现出来的时间要素可以用节奏的概念来刻画，指的是创新轨迹的规则化程度，即为创新节奏。现有研究开始关注创新节奏这一议题 (Turner et al., 2013; Dougherty et al., 2013; Mudambi and Swift, 2014)，但是，往往忽视了二元创新的节奏问题，二元创新节奏指的是探索式创新和利用式创新在二元创新行为轨迹展开时的规则化程度。事实上，二元创新节奏的研究不同于一般意义上的创新节奏研究。探索和利用是完全不同的两类创新活动，它们存在内在的不一致和冲突。因此，这两类活动会争夺企业有限的资源，从而造成两者间可能存在此消彼长的互斥关系 (Lavie et al., 2011)，因此企业需要对这两种创新节奏做出不同的安排，这最终会影响创新过程和创新结果。

第二，我们需要研究二元创新的内部协时与企业绩效之间的关系。二元创新节奏对组织绩效的影响不仅体现在探索式创新或利用式创新本身的节奏安排和节奏轨迹上，事实上，任何两个相关的行为轨迹，都会存在一定的协时效应 (Ancona and Chong, 1996; Pérez-Nordtvedt et al., 2008)，而对内部协时的忽视容易给企业创新带来极大的风险。以盛大对"盒子"的研发为例，盛大在从大型网络游戏商转型为家庭娱乐计划提供者的过程中，过于超前地进入新的技术轨道中进行探索式创新，但是忽略了一系列利用式创新的铺垫

和辅佐，缺少必要的内部协时，最终导致 10 亿美元研发活动的失败。这就要求我们以"协时观"这一对于二元创新领域而言全新的理论视角来看待这一问题，从内部的视角回答"到底如何安排探索式创新节奏和利用式创新节奏间的关系？"这一实践问题。

将节奏观和协时观纳入到对企业创新节奏和企业二元创新过程的研究中，能更细致地刻画企业二元创新展开的内在时间机理，并考查探索式创新和利用式创新间复杂的时间关系模式。本章利用电子通信行业 89 个上市企业 2006～2015 年的面板数据，考查了企业探索式创新节奏、利用式创新节奏及两者的协时对企业绩效的影响。

7.2　理论基础与研究假设

7.2.1　组织理论研究中的节奏观与协时观

变革节奏和企业绩效间的关系得到了很多关注（Ancona et al., 2001）。Brown 和 Eisenhardt（1997）强调，一个有节奏的变革模式让人们能够调整自己的努力程度，创造可预见性以让他们觉得可控，并给予他们更多的自信。Turner 等（2013）用软件公司的大样本研究支持了这个案例研究的结论。他们指出，设定时间来引入产品能够建立一种时间一致性，这能提高效率并减少协调的困难。新近的对变革节奏的研究关注多个不同变革的顺序，而不是单个变革事件。例如，Klarner 和 Raisch（2013）对 1995～2004 年的 67 家欧洲保险公司进行了一个探索性分析，结果发现公司要么显示出一个规则节奏的变革，要么显示出聚焦、准时和临时三类不规则节奏的变革之一。

在创新管理研究中，节奏已经成了一个核心部件（Brown and Eisenhardt, 1997）。Dougherty 等（2013）研究了复杂创新过程中的钟表时间和事件时间节奏。他们指出，两类时间节奏之间存在张力，不同行为轨迹的节奏差异性引向了两者间的协时问题。协时指的是一个系统内两个或者多个活动节奏多个活动的同步性（Ancona and Chong, 1996; Standifer and Bluedorn, 2006）。

协时视角为"静态 VS 动态"匹配的争论提供了一个替代性的视角。协时和相关概念如战略匹配、适应关系类似，但是也有区别。战略匹配研究主要关注"匹配什么"以及"如何匹配"，而协时视角主要关注"时间匹配"或"何时匹配"或"以何种频率匹配"和"以何种节奏模式匹配"。正如 Pérez-Nordtvedt 等(2008)所言,"协时是组织适应的一种形式"。协时观从两方面给有关"匹配"的争论提供了清晰的答案:第一,关注时间变化,从而能够理解在不同的重复性活动下,结果为何以及如何发生的变化的动态性;第二,匹配的决定因素在于企业举措和其内在或外在的影响因素之间的动态匹配。正如 McGrath 等(1984)指出的,社会协时模型为描述不同节奏过程的展开、它们之间的相互同步化以及可能和外部信号的同步化提供了一个整合的框架。

本章在前人研究的基础上区分了内部协时和外部协时。其中,内部协时指的是探索式创新和利用式创新间的节奏匹配性或一致性;外部协时指的是焦点企业的二元创新节奏和行业主导企业的二元创新节奏间的匹配性或一致性。本章仅关注前者。

7.2.2 二元创新节奏与企业绩效

现有大部分的观点认为,节奏的规则性代表了创新过程治理的一个目标(Gersick, 1994),也就是说,规则化创新轨迹会导致较高的绩效。早期的研究往往秉持这一观点,比如说,Brown 和 Eisenhardt(1997)以及 Turner 等(2013)指出,以固定的时间间隔发展和引入创新能够帮助组织获取协调效率与资源分配效率,并减少协调的困难;Klarner 和 Raisch(2013)也认为,与不规则的变革节奏相比,一个规则的变革轨迹和高长期绩效相关。

尽管以"规则化节奏-绩效"关系为代表的"单一节奏论"在现有文献中居于主导地位,也有学者指出,需要在创新过程中对规则化和不规则节奏两种节奏模式进行"调和",从而扬长避短,发挥两种节奏模式的协同效应。但是,本章认为,对两种模式进行"调和"的努力可能会失败,其主要原因是,不规则节奏本身也蕴含着企业竞争力的来源。

本章认为,就不规则节奏与绩效的关系而言,存在如下几种一致的解释逻辑。首先,从机会观的角度来看,不规则节奏体现了企业对市场机会和知识领域的一种把握,体现了对非线性涌现的市场机会的抓取能力,使管理者可以据此来应对市场等环境不确定变化带来的冲击(袁建国等,2015)。因此,从一定意义上来说,不规则节奏体现了企业对市场机会把控的动态能力。事实上,这也是为什么很多学者强调事件时间而非钟表时间的重要性的原因

(Pina e Cùnha，2004)；事件时间暗含的意思是企业的行为是为了对外部出现的不规则的变化做出反应。这也就是 Sachs 等(2006)指出"如果组织要有效地适应，就要不规则震荡"的原因，特别是在动态性和不确定的环境下，这尤其重要。其次，从战略观的角度来看，不规则节奏无法被企业外部观察、计算和估计，也就是说，即使某一个企业的创新战略方向和投入被竞争对手获知，但是，只要保持创新节奏的不规则性，这个企业还是能够形成难以模仿、具有社会复杂性和因果关系模糊性的创新战略(Barney，1991)，从而构成了企业的核心竞争力，也能够减少竞争对手对企业战略的模仿，以形成较好的模仿壁垒。最后，从战略观的角度来看，一些学者指出，不规则节奏能够让企业跳出原有的创新思维框架和模式，以一种全新的方式组合创新要素和创新过程，这可以帮助组织克服惰性(Hannan and Freeman，1977；Burgelman and Grove，2007)，并建立起变革惯例(King and Tucci，2002)，从而避免创新过程中的路径依赖。

总之，本章的观点补充了单一节奏论或节奏调和论，指出，极端规则化或者非规则化的探索式创新节奏都是企业绩效的来源，前者熨平了创新活动的协调障碍、信息过载和吸收不足的困难，后者把握了市场机会、打破了组织惰性、塑造了因果模糊性、构建了特殊的竞争壁垒，所以，无论是哪一种极端的创新节奏模式，都能够获得较好的企业绩效。但这两类绩效机制间存在互斥性，因此，当企业的探索式创新节奏被"卡在中间"时，就会丧失两种极端节奏模式带来的好处，造成较差的绩效。我们可以将这种观点命名为极端节奏论。综上，本章提出如下假设。

H7-1a：探索式创新节奏和企业绩效间呈"U"形关系。

H7-1b：利用式创新节奏和企业绩效间呈"U"形关系。

二元创新节奏和企业绩效之间的关系受到企业规模的影响，即，无论是规则化创新节奏还是不规则创新节奏，都需要企业规模的支撑。

就规则化创新节奏来看。对于大企业来说，往往具有创新项目多、创新规模大、多个创新项目齐头并进的特点，因此，当大企业采用规则化的创新节奏时，更能够增加创新项目间的协同效应，更能够避免多项目重叠和交叉导致的信息过载，也更能够对创新项目中挖掘出来的知识进行全面的吸收。相反，对于小企业而言，上述特点往往表现不明显，因此，小企业在规则化创新节奏中获取的收益较少，也意味着，在降低规则化的过程中，损失也较少。但事实上，越是大企业，就越容易在产业链中扮演"授时因子"的角色，他们不仅需要适应技术环境，更需要重构技术环境，而对创新节奏的设定正是其技术环境重构的一个重要方面。

当然，在大企业的"创新节奏工具箱"中，还有另外一个截然不同的创新战略选择，那就是波动的、不规则的创新节奏安排。首先，大企业更有能力，也更有动力去搜索和挖掘市场不规则的、不连续的机会（Kuhn，1962）。具体而言，小企业受制于资源、认知和能力因素，不能充分地挖掘技术轨迹中涌现出来的机会，而大企业具有较多的冗余资源，能够利用一些额外的资源参与冗余搜索，从而把握技术机会（Lubatkin et al.，2006）。其次，与小企业相比，大企业更需要构建一定的竞争壁垒，来避免其他竞争者的模仿，而正如上文所述，不规则的创新节奏造成的社会复杂性和因果关系模糊性是很好的壁垒。最后，大企业更容易受到"惯例化"的威胁，患上所谓的"大企业病"，也就是说，陷入某一个具体的行为模式或技术轨迹中，而组织惯例如果不被使用就会萎缩，组织如果有段时间没有创新，那么它就不太可能再创新了（Argote，1999），因此，大企业更需要利用不规则的创新节奏摆脱某一类创新活动带来的路径依赖效应，从而获取更好的组织绩效。

总之，无论是从动机上来看，还是从能力上来看，大企业都较之小企业更会采用极端化的创新节奏策略，也更容易从极端化的创新节奏策略中获利。综上，本章提出如下假设。

H7-2：企业规模在二元创新节奏与企业绩效间起正向的调节作用。

7.2.3 二元创新节奏的内部协时与企业绩效

企业行为的动态性是多种"时间力量"塑造的结果，既包括外部授时因子的塑造，也包括关联行为的时间特性间的相互塑造（Nadkarni et al.，2016）。其中，内部协时关注后者。企业二元创新行为节奏的内部协时体现了探索式创新行为和利用式创新行为在时间轨迹上的某种契合，它既决定了企业二元创新行为展开的最终节奏模式，也是企业二元创新行为轨迹达成动态平衡的一种时间行为表征。

但是，"探索式创新-利用式创新节奏"间的内部协时并不是越高越好，在这两者内部协时的连续谱中，两个顶端都有其缺陷。当内部协时程度过低时，探索式创新和利用式创新的节奏处于分离的状态，也就是说，其中一个轨迹较为规则化而另外一个的轨迹较为波动，或者相反。此时，这两类行为就成为完全独立和剥离的关系，两者均无法享受到来自对方的知识积累和知识溢出(Garud et al.，2011)；相反地，当内部协时程度过高时，探索式创新节奏和利用式创新节奏，两者的协同效应很难发挥出来，因为过"短"的时隔不能够将创新行为的经验转化为有意地学习(Lubatkin et al.，2006)，同时，也缺乏一定的时隔保证学习沉淀和减少惯例负荷(Klarner and Raisch，2013；Liguori，2012)。

换而言之，适度的内部协时是非常必要的，这可以从行为层面和组织层面两个角度加以说明。从行为层面来看，McGrath 等(1984)指出，内部协时导致行为的动态平衡。当探索式创新和利用式创新是内部协时的时候，各自活动的共性创造了一种信息交换的基础(Standifer and Bluedorn，2006)。在这种信息交换过程中，内部协时通过"在合适的时间将稀缺资源分配给合适的活动"，优化了资源配置过程，并获得互补性的资源。进一步地，来自一类创新行为(如探索式创新)的知识可以杂交、溢出或者增加另外的价值，以激发另一类创新行为(如利用式创新)，而两者间基于内部协时的良性动态平衡，会不断创造重复的势头，最终推动绩效的提升。

从组织的层面来看。不同行为之间的内部协时加强了他们的累积效应(Albert，1995)，它给组织成员创造了一种何时开始和何时结束的强烈的意识，这让团队成员共享了对环境的感知，并发展了一种共同的身份感(Bluedorn and Denhardt，1988)，也就是说，内部协时在两类创新间创造了一种有关资源计划、排程、沟通、资源共享和活动顺序的共享心智模型(Standifer and Bluedorn，2006)。探索式创新和利用式创新之间的联合工作不是附加式的，而是以一个系统化的顺序共同编织的，这也为竞争者的理解创造了复杂性。此外，企业内二元创新间的内部协时是一种极度个性化的战略安排，体现了企业的战略选择，并构成了独特的企业行为系统。这种行为系统具有很高的社会复杂性和因果关系模糊性(Sachs et al.，2006)，能够形成持久的模仿壁垒，并构成企业竞争优势的重要来源。

综上，本章认为，鉴于探索式创新和利用式创新间具有复杂的互动、转化、竞争和协同关系(Mudambi and Swift，2014)，片面地认为探索式创新节奏和利用式创新节奏间完全地分割或完全地一致都会损害企业绩效；而更加理想的情况是，两者间既能保持一定的同步性，又能保持一定的独立性，也就是说，两者间适当的内部协时是最佳的。据此，我们提出如下假设。

H7-3：二元创新节奏的内部协时与企业绩效间呈倒"U"形关系。

7.3 本章研究设计

7.3.1 样本选择和数据来源

本章的样本来自中国证券监督管理委员会《上市公司行业分类指引》中的"计算机、通信和其他电子设备制造业"的上市企业（以下简称电子通信业）。我们选择电子通信业是因为该行业在中国的竞争比较激烈，并且行业技术更新快、专利申请多，能够较充分地刻画出二元创新的节奏。

观测年限的选择是一个多方面权衡的结果，考虑如下：①我国2007年实施新的《企业会计准则第 6 号——无形资产》要求企业对研发支出信息进行修订与披露，因此，2007 年以后的上市企业年报中的研发支出数据信息会更充分；②本章用峰度来测量二元创新节奏，这需要在观测年的基础上至少回溯 4 年（包括本年）（Vermeulen and Barkema，2002；Shi and Prescott，2012），而二元创新的测量需要利用专利库，回溯 5 年的专利数据（Katila and Ahuja，2002；林明等，2015），需要考虑专利数据的可得性。基于以上两点考虑，本章的观测年定为 2009~2014 年。其中，自变量和控制变量的观测年为 2009~2014 年，专利数据的观测年为 2002~2009 年，峰度的观测年为 2006~2014 年，因变量的观测年为 2010~2015 年。本章要求样本企业在 2002~2009 年平均每年成功申请专利的数量不少于 1 个。样本中剔除了*ST、ST 及 PT 类企业和缺失值，得到 89 个样本企业。

本章财务数据和其他企业数据主要来源于同花顺数据库及企业年报，专利数据来自专利数据库 SooPAT，并经过手工收集和整理，最终得到电子通信业 89 个上市企业的 534 个年数据。

7.3.2 变量测量

1）自变量：二元创新节奏

(1)探索式创新节奏。对于探索式创新节奏的测度，可以采用每年申请成功的属于新技术领域的专利数量(Ahuja and Morris Lampert,2001)。具体步骤如下。

首先,确定企业名称。根据"7.3.1 样本选择和数据来源",选择电子通信业作为本章的样本来源,并确定89个企业样本。

其次,确定专利类型。结合中国企业专利实际情况,由于外观设计仅是外观改进,几乎不涉及技术变化,因此专利仅包括发明与实用新型,不包括外观设计(林明等,2015;Ahuja and Morris Lampert,2001)。

最后,界定新技术领域。对于探索式创新的测度,可以采用每年申请成功的属于新技术领域的专利数量(Katila and Ahuja,2002;林明等,2015)。在IPC中,专利主分类号的前4位代表着某一类技术领域。考虑到一般专利影响的时间至少为5年(Katila and Ahuja,2002;林明等,2015),因此,通过观察专利所在的技术领域是否与该企业近5年来已进入的技术领域不同,来判断企业某年某个专利是否属于新技术领域。

需要说明的是,我们在确定"IPC的专利主分类号前4位代表着某一类技术领域"时(即按照"小类",如A61K),也比较了采用"部"(如A),或采用"大类"(如A61),但发现在后两种的情况下,较难识别出探索式创新,因此,最后采用IPC前4位,即小类的口径。

(2)利用式创新节奏。采用与探索式创新测度相反的方法,把利用式创新节奏看作企业某年进入已有技术领域(同样以追溯5年为限)的专利数量。

借鉴Vermeulen和Barkema(2002)、Shi和Prescott(2012)以及Klarner和Raisch(2013)的方法,把节奏操作化为一段时间内探索式创新(或利用式创新)数量的一阶导数的峰态。这种方法被用在国际化管理、兼并和联盟以及组织变革的研究中。

这种分布的峰态是

$$\text{kurtosis} = \left[\frac{n(n+1)}{(n-1)(n-2)(n-3)}\sum\left(\frac{x_i-\bar{x}}{s}\right)^4\right] - \frac{3(n-1)^2}{(n-2)(n-3)} \quad (7\text{-}1)$$

其中,n为观测值的数量;x_i为在i这一年中探索式创新(或利用式创新)的数量;s为探索式创新(或利用式创新)的数量的标准差;$\bar{x}$是所有年份探索式创新(或利用式创新)数量的均值。一个规则化的创新过程导致较少的节奏变动,因而导致较低的值;一个不规则的创新过程导致较多的节奏变动,因而导致较高的值。

(3)二元创新节奏内部协时。从方法论的角度来看，内部协时的概念类似于"匹配"，两个内部过程（也就是探索式创新和利用式创新）节奏的变异性可以从"一致性"的角度来解释。协时的概念意味着不同的过程采取了相似的变异性。借鉴及 Shi 和 Prescott（2012）对内部协时的操作化为

$$Y = a_0 + a_1 X + a_2 Z + a_3(|X - Z|) + \varepsilon \tag{7-2}$$

其中，X 为探索式创新节奏；Z 为利用式创新节奏；Y 为企业绩效。

2）因变量

使用资产收益率作为企业短期绩效的代理变量进行测量。

3）控制变量

本章包含以下 5 个控制变量。

(1)企业年限。计算公式为：企业年龄＝样本年份－企业成立年份。

(2)企业规模。研究表明，小型企业不太可能同时开展探索和利用两项活动（Beckman，2006）。因此，用营业收入来作为企业规模的代理变量。

(3)研发强度。用年研发支出/销售收入来测量。

(4)资产增长率。

(5)企业财务健康状况。用 Z 值进行测量。变量测量如表 7-1 所示。

表 7-1 变量测量

变量类型	变量名称（缩写）	变量测量方式
自变量	探索式创新节奏（Explor）	峰度
	利用式创新节奏（Exploi）	峰度
	二元创新节奏内部协时（IEAI）	|探索式创新节奏－利用式创新节奏|
因变量	企业绩效（ROA）	资产收益率
控制变量	企业年限（AGE）	样本年份－企业成立年份
	企业规模（REVENUE）	营业收入
	研发强度（RD_per）	研发支出/销售收入
	资产增长率（TAGR）	（当期资产－上期资产）/上期资产
	企业财务健康状况（Z）	$Z=1.2X_1+1.4X_2+3.3X_3+0.6X_4+0.99X_5$，其中，$X_1$=营运资金/资产总额；$X_2$=留存收益/资产总额；$X_3$=息税前利润/资产总额；$X_4$=权益市值/负债账面价值；$X_5$=销售额/资产总额

7.3.3 模型与方法

为了检验本章的假设，我们将待检验的三个计量方程设定如下：

$$\begin{aligned}
\text{ROA}_{i,t+1} = {} & \beta_0 + \beta_1 \text{Explor}_{i,t} + \beta_2 \text{Explor}_{i,t}^2 + \beta_3 \text{Exploi}_{i,t} \\
& + \beta_4 \text{REVENUE}_{i,t} + \beta_5 \text{REVENUE}_{i,t} \times \text{Explor}_{i,t} \\
& + \beta_6 \text{REVENUE}_{i,t} \times \text{Explor}_{i,t}^2 + \beta_7 \text{AGE}_{i,t} \\
& + \beta_8 \text{RD\_per}_{i,t} + \beta_9 \text{TAGR}_{i,t} + \beta_{10} Z + e_{i,t}
\end{aligned} \quad (7\text{-}3)$$

$$\begin{aligned}
\text{ROA}_{i,t+1} = {} & \beta_0 + \beta_1 \text{Explor}_{i,t} + \beta_2 \text{Exploi}_{i,t} + \beta_3 \text{Exploi}_{i,t}^2 \\
& + \beta_4 \text{REVENUE}_{i,t} + \beta_5 \text{REVENUE}_{i,t} \times \text{Exploi}_{i,t} \\
& + \beta_6 \text{REVENUE}_{i,t} \times \text{Exploi}_{i,t}^2 + \beta_7 \text{AGE}_{i,t} \\
& + \beta_8 \text{RD\_per}_{i,t} + \beta_9 \text{TAGR}_{i,t} + \beta_{10} Z + e_{i,t}
\end{aligned} \quad (7\text{-}4)$$

$$\begin{aligned}
\text{ROA}_{i,t+1} = {} & \beta_0 + \beta_1 \text{Explor}_{i,t} + \beta_2 \text{Exploi}_{i,t} + \beta_3 \text{IEAI}_{i,t} \\
& + \beta_4 \text{IEAI}_{i,t}^2 + \beta_5 \text{AGE}_{i,t} + \beta_6 \text{REVENUE}_{i,t} \\
& + \beta_7 \text{RD\_per}_{i,t} + \beta_8 \text{TAGR}_{i,t} + \beta_9 Z + e_{i,t}
\end{aligned} \quad (7\text{-}5)$$

其中，β_0 为截距项；e 为误差项；下标为 t 的指标是当期的样本值，下标为 $t+1$ 是下一期的样本值。

本章对平衡面板数据进行估计，可能存在异方差问题和自相关问题。我们采用 Stata 中的 Xtserial 和 Xttest3 命令对数据进行检验，发现存在异方差问题和自相关问题，这会导致最小二乘法估计不能一致和无偏地估计参数。因此，本章选择可行广义最小二乘法来纠正这两个问题并进行统计分析。另外，为防止多重共线性，式(7-3)和式(7-4)中的乘积项均为中心化之后变量的乘积；式(7-5)中变量 IEAI 也进行了中心化。本章使用的统计分析软件是 Stata12.0。

7.4 研究模型与假设检验

7.4.1 描述性统计分析

各主要变量的描述性统计及 Pearson 相关系数如表 7-2 所示。自变量探索式创新节奏和利用式创新节奏的均值分别为 1.151 和 0.754，表明探索式创新节奏的波动性要大于利用式创新节奏的波动性，表明考查二元创新节奏及其内部关系是有必要的。另外还可以发现，在我们的样本中，电子通信业的平均研发强度是 6.254%，体现出了较多的研发投入，也表明这一样本较适合本章主题。另外，从表 7-2 中可以看出，各主要变量的相关系数大多显著，且均小于 0.5，表明变量间的多重共线性较弱。

表 7-2 描述性统计与相关系数（N=534）

变量	算术平均数	标准差	AGE	REVENUE	RD_per	TAGR	Z	Explor	Exploi	IEAI	ROA
AGE	13.230	5.166	1.000								
REVENUE	262.000	618.000	0.206***	1.000							
RD_per	6.254	5.204	−0.122***	−0.166***	1.000						
TAGR	33.322	82.052	−0.087**	−0.040	−0.013	1.000					
Z	70.630	30.220	0.155***	0.325***	−0.284***	−0.035	1.000				
Explor	1.151	2.931	0.109**	−0.004	0.028	0.075*	−0.104**	1.000			
Exploi	0.754	2.754	0.056	−0.109**	−0.057	−0.019	0.040	0.076*	1.000		
IEAI	2.995	2.473	−0.043	−0.056	−0.035	0.056	−0.036	0.220***	−0.052**	1.000	
ROA	6.039	6.808	−0.034	0.011	−0.067	0.030	0.238***	−0.053*	−0.086**	−0.016	1.000

*表示 $P<0.1$；**表示 $P<0.05$；***表示 $P<0.01$

7.4.2 假设检验

回归模型如表 7-3 所示，模型 1 是包含控制变量的基本模型，模型 2、模型 4 和模型 5 是对式(7-3)～式(7-5)进行验证的主效应模型，模型 3 是调节效应模型。在表 7-2 中可以看出各模型的 Wald Chi^2 值都显著。此外，本章采用方差膨胀系数法进行了多重共线性的检验，方差膨胀因子值均小于 10，说明变量之间不存在明显的共线性问题。

表 7-3 回归模型

项目	模型 1	模型 2	模型 3	模型 4	模型 5
常数项	20.146*	6.810	0.000	10.620**	16.580
AGE	−0.824*	−0.700	−0.362	−0.326	−1.010*

续表

项目	模型1	模型2	模型3	模型4	模型5
REVENUE	−134.000	−11.700**	−20.700	−387.000	−249.000
RD_per	0.216	0.676*	1.018**	0.008	0.678*
TAGR	−0.023**	−0.023	−0.007	−0.0001	0.0009
Z	0.048	0.111**	0.146**	0.030	0.042
Explor		−2.143**	−1.623*	0.037	−0.452
Explor^2		0.552**	0.728**		
REVENUE×Explor			−13.100*		
REVENUE×Explor^2			16.700**		
Exploi		0.339	0.853	−0.050	0.469
Exploi^2				0.020	
IEAI					3.451**
IEAI^2					−0.508***
样本数量	534	534	534	534	534
自由度	8	11	13	15	12
Wald Chi^2	16.29**	22.60**	155.82***	39.93***	23.70**

*表示 $P<0.1$；**表示 $P<0.05$；***表示 $P<0.01$

模型 2 显示，在控制变量的基础上，将探索式创新节奏、探索式创新节奏二次项以及利用式创新节奏引入到对 ROA 的回归中，发现，探索式创新节奏的系数为负（$\beta=-2.143$，$P<0.05$）、探索式创新节奏二次项的系数为正（$\beta=0.552$，$P<0.05$），因此，探索式创新节奏和企业绩效呈"U"形关系，H7-1a 得到支持。进一步地分析可知，在其他条件不变的情况下，探索式创新节奏对企业绩效的边际效应为 $\beta_1+2\beta_2$Explor= −2.143+2×0.552Explor= −2.143+1.104Explor，拐点出现在探索式创新节奏为 1.9411 的时候。拐点之前，随着探索式创新节奏波动性增大，企业绩效是下降的；而在拐点之后，随着探索式创新节奏波动增大，企业绩效是增加的。从另外一个角度来说，企业要想取得高绩效，需要在两种探索式创新节奏策略中选其一，换言之，要么保持一种平稳的、规则的节奏，要么采用一种波动的、不规则的节奏。如果采用节奏的"中庸之道"，那么就会造成较低的绩效。"U"形调节关系示意如图 7-1 所示。

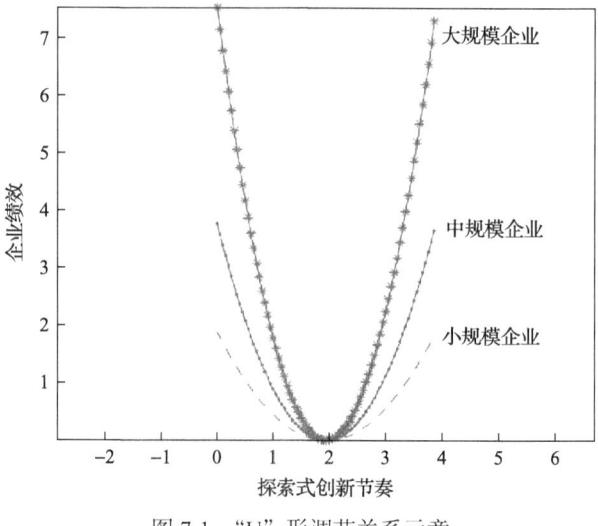

图 7-1 "U"形调节关系示意

模型 3 检验企业规模对探索式创新节奏和企业绩效间关系的调节作用。可以发现，企业规模和探索式创新节奏的交互项系数为负（β=-13.100，$P<0.1$），企业规模和探索式创新节奏二次项的交互项系数为正（β=16.700，$P<0.05$），因此，H7-2 得到部分支持，即企业规模正向调节探索式创新节奏和企业绩效之间的关系。这种调节关系的示意图如图 7-1 所示。可以看出，随着企业规模的增大，企业二元创新节奏与企业绩效的关系得到加强，即开口越来越小。进一步分析可知，当企业的规模较大时，在拐点之前，随着探索式创新节奏波动性增大，企业绩效的下降是非常剧烈的，而拐点之后，随着探索式创新节奏波动性增大，企业绩效的上升也是非常剧烈的。也就是说，企业的规模越大，越应该采取极端性的探索式创新节奏模式——要么极端稳定、规则，要么极端波动、不规则。

模型 4 显示，在控制变量的基础上，将探索式创新节奏、利用式创新节奏以及利用式创新节奏二次项引入到对企业绩效的回归中，结果发现，利用式创新节奏和利用式创新节奏二次项的系数均不显著，因此，H7-1b 未得到支持。这与我们之前的假设是相悖的,可能的原因如下。其一，电子通信业是一个 R&D 投入与专利申请较多和较充分的行业，在这样的行业中，利用式创新较之探索式创新的作用会降低；其二，很多时候，利用式创新的作用无法单独凸显出来，其作用往往体现在与探索式创新的互动和配合方面，此时，利用式创新就变成了一种"从属"的创新策略。另外，由于利用式创新节奏的主效应不显著，因此，其调节效应不再进行检验。

模型5显示，在控制变量的基础上，将二元创新节奏内部协时、二元创新节奏内部协时二次项引入到对企业绩效的回归中，结果发现，二元创新节奏内部协时的系数为正（β=3.451，P<0.05）、二元创新节奏内部协时二次项的系数为负（β=−0.508，P<0.01），因此，二元创新节奏内部协时和企业绩效呈倒"U"形关系，H7-3得到支持。进一步分析，探索式创新和利用式创新存在复杂的资源与节奏互动关系，在其他条件不变的情况下，二元创新节奏内部协时对企业绩效的边际效应为 $\beta_1+2\beta_2\text{IEAI}=3.451-2\times0.508\text{IEAI}=3.451-1.016\text{IEAI}$，拐点出现在二元创新节奏内部协时为3.3967的时候。拐点之前，随着探索式创新节奏和利用式创新节奏内部协时增大，企业绩效是增加的；而在拐点之后，随着探索式创新节奏和利用式创新节奏内部协时增大，企业绩效是下降的。从另外一个角度来说，企业要想取得高绩效，需要在探索式创新节奏和利用式创新节奏间寻找一个最优点，二元创新节奏间的间隔过大或者过小都会损害绩效。

7.4.3 稳健性检验

为了保证研究结果的稳健性，本章从以下几个方面进行稳健性检验：①在式(7-3)～式(7-5)的基础上，用下一期的净资产收益率(ROE_{t+1})代替下一期的资产收益率(ROA_{t+1})；②用当期的研发支出(RD_t)替换当期的研发支出占销售收入比率(RD_per_t)。同样采用可行广义最小二乘法对新方程进行估计，回归结果与表7-3的结果基本一致，回归系数的方向和显著性水平没有明显变化，说明上述研究结论具有较强的稳健性。

7.5 结论与启示

在现有二元创新研究中，尚未将时间因素显性化和变量化，导致大量的创新过程研究往往将时间视为企业创新活动开展的背景和后台，仅运用"阶段划分"的方式来研究创新的过程性。本章响应"对'时间'问题化和变量化"的号召（Lee and Liebenau, 1999; Lord et al., 2015），加入到将时间变量引入到企业行为研究中的趋势（Shi and Prescott, 2012），从节奏这一时间视角出发，审视二元创新及其过程，对创新过程理论、二元创新理论、协时理论等有所推进，也对管理实践和未来研究方向有所启示。

7.5.1 研究结论

本章在对知识前因进行研究的基础上，对创新节奏的绩效机制进行研究，并将节奏观和协时观纳入到对二元创新过程的研究中，以挖掘二元创新开展过程中内隐的时间变量、探索二元创新实现的时间机理。利用电子通信业89个上市企业2006～2015年的面板数据，采用可行广义最小二乘法，得到如下结论：探索式创新节奏和企业绩效之间呈"U"形关系，且这个"U"形关系受到企业规模的调节。

7.5.2 理论贡献

1) 对创新过程理论的贡献

本章拓展了现有研究中对"创新节奏-企业绩效"间关系的冲突结论。具体而言，在现有研究中，一方面，Brown 和 Eisenhardt(1997)以及 Klarner 和 Raisch (2013)等指出，规则化节奏能够缓解企业内部产生的协调冲突，增加企业的吸收能力，因而能增加企业的绩效；另一方面，Dougherty 等(2013)利用钟表时间和事件时间的概念来刻画规则化/非规则的节奏，他们指出，在复杂创新的情景中，需要调解两种节奏模式。本章在对探索式创新节奏和利用式创新节奏进行区分的基础上，发现探索式创新节奏和企业绩效间呈"U"形关系，且这一关系受到企业规模的正向调节。这一发现补充了单一节奏论或节奏调和论，研究发现，极端规则化或者非规则化的探索式创新节奏都能够获得较好的企业绩效。但是，当企业的探索式创新节奏被"卡在中间"时，就会丧失两种极端节奏模式带来的好处，造成较差的绩效。这一观点通过企业规模的调节作用得到了进一步的支持，原因是大企业在利用这两种绩效机制时更具有优势。

2) 对二元创新理论的贡献

本章将节奏及其协时视角引入二元创新的研究，提出了新的问题，发现了新的现象。以往学者考查探索式创新和利用式创新两者之间的平衡，始终是基于"静态"的观点，因此，他们提出的"平衡模式"仅试图在对立的两者之间寻找一个理想的混合程度，或者寻找对两者进行资源配置的平衡百分点(朱朝晖和陈劲，2008)。但探索式创新行为和利用式创新行为两者之间存在复杂的协同和嵌入的关系(陈力田，2014)，需要进一步打开两者间的过程黑箱；并且，这种过程黑箱往往不是单纯的"量"的关系，而是涉及复杂的关联、互动和转化关系，这就需要超越单一时点的横截面考查的做法，也需要超越仅仅用平衡效应和组合效应刻画两者对企业绩效影响的做法，其中很好的一个视角是两种创新行为间的节奏协时性。节奏观和协时观的引入，响应了现有二元创新研究对"动态二元"和"二元跳跃"等研究方向的呼吁(Mudambi and Swift，2014)。

本章发现，探索式创新节奏和利用式创新节奏的内部协时和企业绩效间呈倒"U"形关系，也就是说，企业要想取得高绩效，需要在探索式创新节奏和利用式创新节奏间寻找一个最优点，二元创新节奏间的间隔过大或者过小都会损害绩效。这一结论从节奏观这一时间透镜(Ancona et al.，2001)切入二元创新过程中的张力问题(Dougherty et al.，2013；Garud et al.，2011；Gersick，1994)，有别于之前研究主张从结构观、情景观、网络观或组合观(Stettner and Lavie，2014；欧阳桃花等，2016)切入的做法，具有天然的时间动态性。尽管之前的研究指出，二元创新必须通过动态的过程达到(Ketchen et al.，1993)、二元创新需要在探索和利用间的再平衡才能达到(Siggelkow，2002)、企业管理者必须沿着时间做出有意识的资源分配，以保证二元性(Levinthal and March，1993)，但均未将节奏及协时的这两个概念变量化，也就不能够细致地刻画二元创新节奏间的协时关系，也不能揭示其绩效机制。

7.5.3 管理启示

企业在二元创新中，容易陷入两个陷阱：一个是过度聚焦于利用式创新，或者说，过度聚焦于"把握现在的能力"，从而产生"成功陷阱"；另一个是过度聚焦于探索式创新，或者说，过度聚焦于"探索未来的机会"，从而产生"失败陷阱"(Levinthal and March，1993)。可见，这两个陷阱的核心问题之一是"时间"问题。从二元创新节奏及其协时的角度出发，对二元创新的管理有如下启示。①在设计探索式创新的节奏时，需要在两种探索式创新节奏策略中选其一：要么保持一种平稳的、规则的节奏，要么采用一种波动的、不规则的节奏。如果采用节奏的"中庸之道",那么就会造成较低的绩效。这种策略对于大企业而言更是重要。②需要关注探索式创新和利用式创新的节奏管理和协时管理,具体而言,需要在探索式创新节奏和利用式创新节奏间寻找一个最优点,二元创新节奏间的间隔过大或者过小都会损害绩效。

7.5.4 研究不足与展望

本章仍具有一些不足。首先,出于数据可得性的角度,本章的样本来自电子通信业,尽管这一行业具有代表性,但是,在推广结论的时候,仍需要关注行业集中度、行业速率、行业研发强度等特性。其次,本章指出了探索式创新节奏和利用式创新节奏间存在一个最优的协时度,但是,鉴于研究方法的局限性,无法进一步刻画这个协时度的数值和权变性,在后续的研究中,可以采用系统仿真的方法,对这一问题继续研究。最后,时间透镜是一个从抽象化、概念化到具体化、变量化演化的概念束,在将时间视角引入到二元创新研究的过程中,除了节奏这一视角,还可以尝试引入时隔、时序等视角,以进一步完善二元创新研究中的时间特性。

7.6 本章小结

本章在对创新节奏的前因进行研究的基础上,开始将研究的视角置于创新节奏"向后看"方面的研究,即对企业的绩效机制进行研究。本章深入剖析了二元创新节奏及其内部协时与企业绩效之间的关系,揭示了二元创新节奏如何对企业的绩效产生影响。通过实证分析,本章不仅验证了探索式创新节奏与利用式创新节奏是如何在企业规模的影响下对企业绩效产生影响的,还发现了在探索式创新节奏和利用式创新节奏寻求一个最优点有利于提高企业的绩效。这些发现为企业如何通过掌握创新节奏的变化来提高企业绩效提供了新策略。此外,本章还指出了研究的局限性,这为后续研究奠定了基础。整体而言,本章为理解企业如何对创新节奏的选择和动态平衡来提高企业绩效提供了理论与实践上的洞见。

通过本章的分析,我们可以得出结论,企业在对二元创新进行管理的时候需要注意两个方面。第一,企业在对创新节奏进行选择时,切忌采用节奏的"中庸之道",否则会出现较低的企业绩效;第二,从内部协时的角度来看,企业要避免两种节奏之间的间隔过大或者过小,否则也不利于企业绩效的提高。同时,企业在对二元创新节奏以及二元创新的时间模式进行选择时还要考虑企业规模的大小。未来的研究可以在此研究基础上,通过对本章研究中的不足进行补充,从而进一步细化二元创新节奏与企业绩效之间的关系。

第8章 行业速率、创新节奏与企业绩效

8.1 本章研究问题

在第7章中,我们探讨了二元创新节奏及其内部协时与企业绩效的关系。但是,第7章的研究样本来自具有代表性的电子通信业,这就要求在推广结论的时候需要关注行业速率等特性。因此,本章从机会观出发,将行业速率和组织冗余引入到对创新节奏与企业绩效之间关系的研究中。这是本章研究的主题。

首先,我们需要明确创新活动是什么。企业创新被视为一种前瞻性的、为未来做准备的活动(Turner et al.,2013),创新活动的一个重要目的就是抓住行业中涌现的机会(Yadav et al.,2007;Gavetti,2011)。也就是说,在研究创新节奏的效应时,机会观的解释逻辑就非常重要了。因此,本章的研究将从机会观的解释视角出发。

其次,我们需要明确由于企业所处的内外部环境的不同,企业的创新节奏与绩效之间也存在着不同的关系。事实上,不同行业中存在不同的机会涌现模式(Katila et al.,2012;Nadkarni et al.,2016)并进而影响企业的机会识别,而且,不同企业对行业机会的抓取能力也存在差异性(Yadav et al.,2007)。因此,本章将机会的外部因素(即行业速率)和内部因素(即组织冗余)引入到对创新节奏与企业绩效间关系的探索中,以弥补现有研究视角的不足。本章以制造业8个子行业的156个上市企业的468个年数据作为研究样本,研究了在不同的行业速率环境中,创新节奏与企业绩效的关系以及组织冗余在其中的调节作用。

8.2 理论基础与研究假设

8.2.1 创新节奏与企业绩效:行业速率分异的作用

现有研究识别了行业变动的三个不同维度(Nadkarni and Narayanan,

2007）：速率（rate，即行业变动的频率和间隔的跨度）（Duncan，1972；Fine，1998）、震荡性（turbulence，即行业变动的不可预测性和变异性）（Duncan，1972；Fombrun and Ginsberg，1990）、量级（magnitude，即行业变动的规模或尺度）（Tushman and Romanelli，1985；Brown and Eisenhardt，1997）。行业速率刻画了行业变动的速度（Fine，1998），但有别于震荡性和量级。例如，Fine（1998）提出，电路板和半导体行业都经历着高速的变革，但是，半导体行业的变革是可以预测的和渐进的，而电路板行业的变革是不连续性的技术变革。因此，半导体行业是高速率变动行业，但是是低震荡的行业和低量级的行业，相反，电路板行业是高速率的、高震荡的和高量级的行业。

行业速率是行业变动的三个不同维度之一（Nadkarni and Narayanan，2007），主要有三个侧面，即产品、过程和组织（Nadkarni et al.，2016；Nadkarni and Narayanan，2007；Fine，1998）。产品速率指的是产品开发和过时的速度，如飞机行业是一个低速率行业，因为在位企业每十年平均投放两种新产品，相反，电影行业中，工作室每年都生产十多种新产品，因此电影行业是一个高速率行业；过程速率指的是一个行业中过程技术被取代的速度，如某个半导体企业在晶体制造工厂投资十亿美元，可以预见的是，四年内这个工厂会过时，相反，在汽车行业中，过程技术的取代会慢很多，对引擎加工或自动组装工厂投资十亿美元，能维持其运行二十年（Nadkarni and Narayanan，2007）；组织速率指的是战略行为（如兼并、收购、内部扩张、联盟）和结构（结构再造、高管团队变动）的变动速率。行业速率与行业机会的涌现和识别紧密相关，甚至，行业速率就可以被定义为新机会产生和消失的速率（Eisenhardt and Martin，2000；Davis et al.，2009；Nadkarni et al.，2016）。已经有一些学者将行业速率作为战略决策的重要方面（Nadkarni and Narayanan，2007；O'Connor et al.，2008；Weijermars，2009），也考查了高速率环境中的产品创新管理问题（Brown and Eisenhardt，1997；Souza et al.，2004；Carrillo，2005），但如何将行业层面的时间因素（如行业速率）和企业层面的时间因素（如创新节奏）结合起来，并抓住这两个因素的机会本质，尚处于探索阶段。事实上，创业研究中的机会观强调三种力量在行业机会把握和利用中的作用，分别是机会涌现、机会识别和机会抓取（Gielnik et al.，2012；Shane，2012）。因此，本章将从这三个方面出发，考查在不同的行业速率的情景下，创新节奏对企业绩效的差异化影响机制。首先考虑高速率行业的情况。

行业速率会影响机会的涌现模式，进而影响创新节奏模式的选择。一方面，间断平衡理论指出，重大的、有前景的技术机会是不连续且很少发生的（Kuhn，1962），这需要企业在短期的、快速变革的阶段进行创新活动（Levinthal and March，1993；Gupta et al.，2006），此时，非规则创新节奏能较好地契合这种外部环境。但另一方面，在高速率行业中，技术变革、竞争行动和竞争优势来得快，去得也快（Fine，1998），这压缩了行业机会的时间窗口，此时，企业需要"灵活性，以处理快速涌现的、更复杂的、更模糊的和更不可预测的机会流"（Davis et al.，2009），从而加速企业的反应行为（Derfus et al.，2008）。正如 Chen 等（2010）所说，企业需要逐步增加他们的竞争行动，有时仅仅是为了和对手保持同步。换而言之，为了获得更高的绩效，企业必须从一个创新活动快速地切换到另一个创新活动中（Mudambi and Swift，2011），从而"抚平"非规则的创新节奏轨迹。也就是说，在高速率行业中，企业不能单纯地使用非规则创新节奏，也需要频繁地应对外界快速涌现的行业机会，从而表现为一定规则化的创新节奏。

行业速率也会影响企业的机会识别，进而影响创新节奏模式的选择。机会识别的基础是企业的机会认知能力（Mitchell et al.，2002；Mitchell et al.，2007）。一方面，高速率行业往往是快速发展的行业，技术呈现出频繁变动性和不确定性的特征，企业需要提升对异质性机会的认知和识别能力，即充分考虑技术动态、自身禀赋和战略定位，识别出最有利于企业发展的行业机会，与此相匹配的，是非规则的创新节奏。而且非规则的创新节奏也能够帮助企业摆脱由规则化步调带来的认知惰性。另一方面，在高速率行业中，长期的预测和机会识别是困难的，且很少能提前归纳出具体的、详细的信息（Eisenhardt and Martin，2000），正如 Chen 等（2010）所说的，在快速变动的行业中，短期时间认知框架有利于企业形成竞争优势，企业需要对行业机会保持高度的警觉，进行持续的机会扫描。因此，主张最优化节奏安排的"非规则创新节奏"的优势仅止步于某一个特定的水平，超过了这个水平，过于非规则的创新节奏会阻碍绩效提高。

总之，在高速率行业环境中，长期的趋势既是间断平衡的，也是不确定的，企业的机会识别既需要摆脱认知惰性，也需要克服认知挑战。因此，极端地采用非规则创新节奏或规则化创新节奏都可能错失行业机会，需要采取"折中"的创新节奏模式。据此，本章提出如下假设。

H8-1：在高速率行业中，创新节奏与企业绩效间呈倒"U"形关系。

在低速率行业中，创新节奏和企业绩效的关系呈现出不同的模式。

从机会涌现的角度来看。在低速率行业中，产品、技术和其他竞争行为很少发生变革，在位企业享受较长时间的机会窗口，并能从现有的竞争行为中获利（Nadkarni and Narayanan，2007）。除产业技术机会数量少外，低速率行业中的机会涌现还具有以下几个特征。首先是高度非连续性，低速率行业中的机会往往更加零散，即行业"平稳"阶段会持续得更加漫长，"变革"阶段会更加集中，与此相匹配地，企业需要采用非规则的创新节奏。其次是缓慢性，此时变化逐步发生，并且只是显示在长期中，那么，企业强调效率而不是灵活性或战略柔性（Rivkin and Siggelkow，2003），非规则创新节奏往往能发挥更好的作用。最后是同质性，在低速率行业中，竞争对手在较长时间内都表现出类似的行为，过去的知识、经验和优势都是持久的（Nadkarni and Narayanan，2007；D'Aveni et al.，2010），那么，一个详尽的、准备充分的行业机会分析会减少机会识别和资源分配时的潜在障碍（Forbes，2007），这也和非规则创新节奏的要求相一致。

从机会识别的角度来看。在低速率行业中的技术和市场变化是缓慢的，竞争者之间的相似程度也比较高（Katila and Chen，2008；Katila and Ahuja，2002），并且长期内会涌现出重复互动模式（Eisenhardt and Martin，2000；D'Aveni et al.，2010），此时，企业仅需要在专业化和正式化的商业流程（Eisenhardt and Tabrizi，1995）中把握长期的且较为清晰的行业机会。在这种情况下，企业不用对环境进行"持续的扫描、警觉和反应"（Keck，1997），而只需要通过非规则的创新节奏展开创新活动即可。并且，低速率行业中的技术、竞争和消费者偏好是渐变的和微妙的，发生在一个较长的时间周期内，在短期内不容易看出来（Davis et al.，2009；Eisenhardt and Martin，2000；Chen et al.，2010），因此，只有指向"未来"的非规则创新节奏才能更好地抓住这些行业机会。据此，本章提出如下假设。

H8-2：在低速率行业中，创新节奏对企业绩效有显著的正向影响。

8.2.2 组织冗余的作用：机会观的解释逻辑

机会观认为，行业机会的抓取就是对资源的重新整合利用，包括资源的集聚、转换和平衡，具体表现为引用新技术、开发新产品、拓展新市场、实现产业的新组织等活动(郭海和沈睿,2014)。本章认为,这里的资源整合和利用就是企业为未来发展做的组织冗余准备,以实施相应的企业行为并提升绩效。这和 Nadkarni 等(2016)将行业速率定义为"在一个行业中新机会出现和消失的速度"的逻辑是一致的。也就是说,在考虑完不同行业速率情景中创新节奏对企业绩效的影响机制,即机会涌现和机会识别机制之后,需要引入组织冗余的因素,考查机会抓取的作用。

具体而言,在高速率行业中,当企业采取一定的非规则创新节奏时,一方面能够让企业把握住行业机会涌现的间断模式,另一方面能够让企业拥有一定的机会识别能力,此时,组织冗余是一种响应环境和未来变化,并且抓取行业机会的促进因素(Swift,2013)。但是,随着企业创新节奏的非规则化水平提升到一定程度之后,过度的非规则创新节奏会背离高速率行业的机会涌现模式,也会阻碍企业对行业机会的识别,那么,既然行业机会没有能够准确、充分地识别,组织冗余也就逐渐由促进因素变成了阻碍因素。因此,在高速率行业中,组织冗余在创新节奏与企业绩效间起正向调节作用。在低速率行业中,非规则创新节奏总是能够和环境特征相匹配,也能够促进企业对行业机会的识别,在此基础上,组织冗余也就总是能够起到促进因素的作用。据此,本章提出如下假设。

H8-3:组织冗余在创新节奏与企业绩效间起正向调节作用。

8.3 本章研究设计

8.3.1 样本选择和数据来源

行业速率是本章一个重要的权变因素,对其测量的依据是企业竞争行动数据,来源是企业的年报,这也是本章样本选择最重要的考量因素。在现有的研究中,如下几位学者展开了对行业速率的识别和分类。Fine(1998)定义了7个高速率行业(个人电脑、电脑辅助软件工程、玩具和游戏、运动鞋、半导体、电影、化妆品)和9个低速率行业(商用飞机、军用飞机、烟草、钢铁、造船、石油化工、造纸、电力、钻石开采);基于此,Nadkarni 和 Narayanan(2007)识别相同的7个高速率行业,以及7个类似的低速率行业(飞机、烟草、钢铁、造船、造纸、采矿、石油化工);在此基础上,Nadkarni 等(2016)补充了通信等为高速率行业，金属和塑料为低速率行业。本章参考上述 3 个研究结论，结合中国证券监督管理委员会 2012 年行业的分类标准以及数据来源等因素，识别出食品制造业，纺织业，汽车制造业，酒、饮料和精制茶制造业为高速率行业，全样本企业分别为 39 家、33 家、107 家和 41 家；石油加工、炼焦和核燃料加工业，造纸和纸制品业，铁路、船舶、航空航天和其他运输设备制造业以及金属制品业为低速率行业，全样本企业分别为 18 家、31 家、40 家和 54 家。

观测年限的选择是一个多方面权衡的结果，考虑如下：①我国 2007 年实施新的《企业会计准则第 6 号——无形资产》，要求企业对研发支出信息进行修订与披露，因此，2007 年以后的上市企业年报中的研发支出数据信息会更充分；②本章用峰度来测量创新节奏，这需要在观测年的基础上至少回溯 4 年（包括本年）(Vermeulen and Barkema，2002；Shi and Prescott，2012)，并考虑专利数据的可得性。基于以上两点考虑，本章研究的观测年定为 2008~2013 年，其中，自变量和控制变量的观测年为 2011~2013 年，峰度计算的观测年为 2008~2013 年，因变量的观测年为 2012~2014 年。

本章要求样本企业在 2008~2011 年至少有一年申请了专利；剔除了 2011~2013 年任意一年 R&D 费用数据缺失的样本；剔除了*ST、ST 及 PT 类企业样本。最终得到 97 个高速率行业样本，得到 59 个低速率行业样本，总样本为 156 家企业。本章财务数据和其他企业数据主要来源于同花顺数据库及企业年报，专利数据来自国家知识产权局，并经过手工收集和整理。最终得到制造业 8 个子行业的 156 家上市企业的 468 个年数据。

8.3.2 变量测量

1) 创新节奏

本章使用的创新节奏的测量方式已经在第 7 章有了详细的介绍，因此本章不再赘述。

2) 企业绩效

本章使用资产收益率作为企业绩效的代理变量进行测量，并用资本回报率作为企业绩效的稳健性检验指标。

3) 行业速率

参照 Nadkarni 和 Narayanan(2007)以及 Nadkarni 等(2016)的做法，计算

一个行业内占主导地位（累计营业收入超过全行业的80%）的上市企业（上述8个子行业共计89家企业）的竞争行动总数，以此作为行业竞争行动的强度，并将其进行降序排列，取前50%的行业为高速率行业，后50%的行业为低速率行业。

对竞争行动的观测通过对企业年报进行内容分析实现，其前提是确定变量编码方式，分为试编码和正式编码两个阶段。试编码阶段的主要任务是确定竞争行动编码表，包括以下步骤：第一步，参考谢洪明等（2003）和冯桂平等（2009）对竞争行动的分类，取两者分类的交集，即推出新产品、进入新市场/新行业、合作联盟、收购兼并、促销以及降价；第二步，结合企业年报披露的内容及特点，对关键词进行词频统计，并考虑到企业的竞争行动是其战略的体现，增添了TMT变动、分支设立、开发新技术和出售资产4项战略行为，同时规定了每种行动类型的内涵；第三步，通过对试编码样本企业的年报进行内容分析，将竞争行动归入上述10种行动分类中，并在分类过程中对分类方法和标准进行必要的修正，最终形成8项竞争行动，形成竞争行动编码表，如表8-1所示。之后，进行正式编码。

表8-1 竞争行动编码

编码	行为类型	内涵	关键词
1	联盟	合作共赢	联盟、合作、协议、合资、关联交易、合同等
2	兼并/收购	收购合并，战略重组	兼并、收购、合并、并购等
3	TMT变动	高管变动，董事会变动	变动、离职、辞职等
4	分支设立	分/子公司设立	组建、成立、设立、设置等
5	开发新产品	推出新产品	新增、拓展、新产品、新款、新系列、开发、推出等
6	开发新技术	改进现有技术	技术、科技、技能、专利、研发等
7	进入新市场/新行业	多元化，扩大经营范围	进入、特许经营、产业链、出口等
8	出售资产	退出经营行业	出售、股权转让、注销、清算等

4）组织冗余

Cyert和March（1992）将组织冗余划分为未吸收冗余与已吸收冗余两种类型。未吸收冗余指的是未被利用的流动资源，如手头现金、可利用的融资或应急团队，这些资源被暂时或故意闲置，但可以迅速转移到其他目标的实现过程中；已吸收冗余是指被利用之后产生的多余的组织资产，如闲置产能或过剩人员。

按照 Cheng 和 Kesner(1997)、蒋春燕和赵曙明(2004)以及段海艳(2012)的做法,用流动比率和资产负债率的均值来测量未吸收冗余,用费用收入比率来测量已吸收冗余;进一步地,利用上述三者的均值来测量组织冗余。

5) 控制变量

本章包含 5 个控制变量:①企业规模,研究表明,不同规模的企业的创新节奏对企业绩效有不同的影响;②资产增长率;③研发强度,用年研发支出/销售收入来测量;④每股收益率;⑤企业财务健康状况,用 Z 值进行测量。变量测量的总结如表 8-2 所示。

表 8-2 变量测量

变量类型	变量名称(缩写)	变量测量方式
自变量	创新节奏(IR)	峰度
因变量	企业绩效 1(ROA)	第二年的资产收益率
	企业绩效 2(ROIC)	第二年的资本回报率
调节变量	行业速率(IC)	行业内主导企业的竞争行动的数量,分类变量
	组织冗余(OS)	未吸收冗余和已吸收冗余的均值
控制变量	企业规模(SIZE)	总资产的自然对数
	资产增长率(TAGR)	(当期资产−上期资产)/上期资产
	研发强度(RD_per)	研发支出/销售收入
	每股收益率(EPS)	每股的收益
	企业财务健康状况(Z)	$Z=1.2X_1+1.4X_2+3.3X_3+0.6X_4+0.99X_5$,其中,$X_1$=营运资金/资产总额;$X_2$=留存收益/资产总额;$X_3$=息税前利润/资产总额;$X_4$=权益市值/负债账面价值;$X_5$=销售额/资产总额

8.3.3 估计方法

首先,用固定效应模型进行初步估计,经过 Wald 检验的 LR 统计量和 F 统计量检验,发现存在异方差和自相关问题。因此,本章采用比混合回归模型(pooled regression model)和固定效应模型更有效的估计方法,即可行广义最小二乘法。这种方法能够修正上述两个问题,并进行有效估计。其次,为了考虑时间效应,生成时间趋势变量 t。

8.4 分析与结果

8.4.1 回归结果

全样本回归结果如表 8-3 所示。其中，模型 1 是包含控制变量的基本模型，模型 2 是主效应模型，模型 3 是将行业速率作为调节变量的调节效应模型。模型 2 显示，在控制变量的基础上，将创新节奏及其二次项引入到对 ROA 的回归中，发现，创新节奏的系数为正（$\beta = 0.114$，$P<0.01$），二次项的系数不显著，因此，需要进一步分析非线性关系。模型 3 显示，在模型 2 的基础上将行业速率与创新节奏及其二次项的乘积引入到对 ROA 的回归中后，两个交互项的系数均显著（分别为 $\beta = -0.104$，$P<0.01$；$\beta = -0.041$，$P<0.01$）。综合上述两个检验说明，行业速率在创新节奏和企业绩效间存在显著的权变作用，需要进一步挖掘这种权变作用的具体形式。已有研究表明，当样本量较小，或存在较明显的异方差时，交叉项方法就会带来较大误差，宜改为分类变量并进行分组检验（Henseler and Fassott，2009），本章采纳这种做法。

表 8-3 全样本回归

项目	模型 1	模型 2	模型 3
常数项	37.578***	37.209***	43.891***
SIZE	−1.464***	−1.458***	−1.800***
TAGR	−0.000 05	−0.000 08	−0.000 03
RD_per	0.076	0.136**	0.133*
EPS	−0.343**	−0.332	−0.452
Z	0.054**	0.066**	0.008
OS	−0.948***	−0.910***	−0.930***
IR		0.114***	0.162***
IR^2		0.000 3	0.026***
IC×IR			−0.104***
IC×IR^2			−0.041***
样本数量	156	156	156
自由度	162	164	165
Wald Chi^2	15 063.23***	13 851.17***	13 308.62***

*表示 $P<0.1$；**表示 $P<0.05$；***表示 $P<0.01$

按照高速率行业样本和低速率行业样本进行分组回归的结果如表 8-4 所示，其中，模型 4 和模型 7 是包含控制变量的基本模型，模型 5 和模型 8 是主效应模型，模型 6 和模型 9 是调节效应模型。

表 8-4 分组回归模型

项目	高速率行业样本			低速率行业样本		
	模型 4	模型 5	模型 6	模型 7	模型 8	模型 9
常数项	57.366***	53.213***	52.986***	36.580***	37.689***	40.348***
SIZE	−2.309***	−2.114***	−2.091***	−1.529***	−1.578***	−1.690***
TAGR	0.015***	0.015***	0.014***	−0.001	−0.000 05	−0.000 05
RD_per	−0.277***	−0.263**	−0.319***	0.183**	0.120*	0.136**
EPS	−0.838***	−0.875***	−0.833***	0.342	0.222	0.178
Z	0.103***	0.055	0.159***	0.019	0.020	−0.042
OS	−1.454***	−1.390***	−2.161***	−0.490***	−0.352***	−0.372**
IR		0.147***	0.059		0.086**	0.147***
IR^2		−0.039***	0.014			
OS×IR			−0.059*			0.101**
OS×IR^2			0.076***			
样本数量	97	97	97	59	59	59
自由度	103	105	107	65	66	67
Wald Chi^2	9 024.57***	8 593.08***	13 476.84***	7 139.89***	4 556.49**	3 031.34***

注：因变量为 ROA

*表示 $P<0.1$；**表示 $P<0.05$；***表示 $P<0.01$

模型 5 显示，在控制变量的基础上，将创新节奏和创新节奏二次项引入对 ROA 的回归中，发现创新节奏的系数为正（$\beta=0.147$，$P<0.01$），创新节奏二次项的系数为负（$\beta=-0.039$，$P<0.01$），因此在高速率行业中，创新节奏和企业绩效呈倒 "U" 形关系，H8-1 得到支持。类似地，模型 8 显示，在控制变量的基础上，将创新节奏引入对 ROA 的回归中，发现创新节奏的系数为正（$\beta=0.086$，$P<0.05$），因此在低速率行业中，创新节奏对企业绩效有显著的正向影响，H8-2 得到支持。

模型 6 和模型 9 检验了组织冗余对创新节奏和企业绩效间关系的调节作用。模型 6 显示，组织冗余和创新节奏的交互项系数为负（$\beta=-0.059$，$P<0.1$），组织冗余和创新节奏二次项的交互项系数为正（$\beta=0.076$，$P<0.01$），因此在

高速率行业中,组织冗余在创新节奏与企业绩效间起正向调节作用;模型 9 显示,组织冗余和创新节奏的交互项系数为正($\beta=0.101$,$P<0.05$),因此在低速率行业中,组织冗余在创新节奏与企业绩效间起正向调节作用。综上,H8-3 得到支持。

8.4.2 稳健性检验

为了保证研究结果的稳健性,本章从以下几个方面进行稳健性检验,结果如表 8-5 所示。

第一,考虑到企业创新和绩效间可能存在的内生性问题,本章将因变量滞后一期,保证因果关系的方向性。

第二,更换组织冗余的测量方式进行稳健性检验。企业在把握产业机会时,未吸收冗余往往会比已吸收冗余发挥更大的作用(李晓翔和刘春林,2010),因此,本章将未吸收冗余的两种测量方式(即流动比率和资产负债率)求平均,作为组织冗余的测量,并对 ROA 进行分组回归。回归结果显示,在进行主效应检验时,模型 10 中创新节奏的系数为正($\beta=0.152$,$P<0.01$),创新节奏二次项的系数为负($\beta=-0.040$,$P<0.01$),模型 12 中创新节奏的系数为正($\beta=0.086$,$P<0.05$);在进行调节效应检验时,模型 11 中组织冗余和创新节奏的交互项系数为负($\beta=-0.019$,$P<0.1$),组织冗余和创新节奏二次项的交互项系数为正($\beta=0.025$,$P<0.01$),模型 13 中组织冗余和创新节奏的交互项系数为正($\beta=0.033$,$P<0.05$)。可见,当更换调节变量的测量方式之后,回归结果的方向和显著性没有明显的差别。

第三,更换企业绩效的测量方式进行稳健性检验。ROIC 往往是衡量企业业绩的直观指标,因此,本章将因变量的测量由 ROA 替换为 ROIC,同时也采取滞后一期的方式进行新的回归。回归结果显示,在进行主效应检验时,模型 14 中创新节奏二次项的系数为负($\beta=-0.027$,$P<0.05$),模型 16 中创新节奏的系数为正($\beta=0.152$,$P<0.01$);在进行调节效应检验时,模型 15 中,组织冗余和创新节奏二次项的交互项系数为正($\beta=0.750$,$P<0.01$),模型 17 中组织冗余和创新节奏的交互项系数为正($\beta=0.151$,$P<0.01$)。可见,当更换因变量的测量方式之后,回归结果的方向和显著性没有明显的差别。

此外,本章还对主要的连续变量在 1%的水平上进行了缩尾处理,或者进

表 8-5 稳健性检验

常数/变量	更换组织冗余的测量方式 高速率行业样本 模型 10	模型 11	低速率行业样本 模型 12	模型 13	更换企业绩效的测量方式 高速率行业样本 模型 14	模型 15	低速率行业样本 模型 16	模型 17
常数项	55.249***	48.521***	37.743***	40.274***	79.226***	67.274***	32.732***	36.351***
SIZE	-2.217***	-1.892***	-1.581***	-1.687***	-3.165***	-2.592***	-1.457***	-1.618***
TAGR	0.015***	0.012***	-0.000 05	-0.000 05	0.027***	0.023***	0.000 2	0.000 4
RD_per	-0.294***	-0.327***	0.119*	0.136*	-0.584***	-0.649***	0.287***	0.302***
EPS	-0.859***	-0.832***	0.223	0.180	-1.456***	-1.480***	-0.010	0.053
Z	0.063***	0.174***	0.020	-0.041	0.121***	0.182***	-0.087	-0.143***
OS	-0.456***	-0.732***	-0.117***	-0.124***	-0.612***	-2.178***	-0.251***	-0.154*
IR	0.152***	0.069*	0.086**	0.145**	0.620	-0.025	0.152***	0.257***
IR²	-0.040***	0.008		0.033**	-0.027***	0.003		
OS×IR		-0.019*				-0.030		0.151***
OS×IR²		0.025***				0.750***		
样本数量	97	97	59	59	97	97	59	59
自由度	105	107	66	67	105	107	66	67
Wald Chi²	8 448.48***	14 257.39***	44 52.03***	3 058.11***	9 979.69***	14 603.21***	17 395.77***	15 065.23***

*表示 $P<0.1$；**表示 $P<0.05$；***表示 $P<0.01$

行一些控制变量的更换(如用研发投入替换研发投入/营业收入,或者用营业收入替换资产总额),并分别进行回归,发现无论是主效应还是调节效应,回归结果的方向和显著性没有明显区别(鉴于篇幅关系,未展示结果)。综上,本章的结果具有较好的稳健性。

8.5 研究与启示

8.5.1 研究结论

本章在第 7 章基础上基于机会观的解释逻辑,考查了行业速率分异情景下创新节奏的绩效机制问题,利用 8 个子行业的 156 个上市企业 468 个年数据,采用可行广义最小二乘法,得到如下结论。①在不同的行业速率环境中,创新节奏与企业绩效间呈现不同的关系模式。具体而言,在高速率行业中,创新节奏与企业绩效间呈倒"U"形关系;在低速率行业中,创新节奏对企业绩效有显著正向影响。②组织冗余在创新节奏与企业绩效间起正向调节作用。

8.5.2 理论贡献

1) 对创新过程研究的贡献

越来越多的观点认为需要从过程的角度考查企业创新问题,这就涉及创新过程的时间复杂性问题(Garud et al., 2011)。但现有对创新过程的研究往往将时间视为企业创新开展的背景和后台,仅运用"阶段划分"的方式来研究创新的过程性,并未对时间问题化和变量化(Lord et al., 2015)。在这样的背景下,本章从现有组织理论研究中的节奏这一新兴的研究视角切入(Dougherty et al., 2013),基于节奏观打开企业创新的过程黑箱。这一做法弥补了现有创新研究往往关注质和量方面,但是忽视创新过程中的时间复杂性的缺陷。

2) 对创新节奏理论的贡献

对创新节奏的研究逐步将焦点置于创新节奏与企业绩效的关系上,正如上文所述,现有研究往往从间断平衡观(Mudambi and Swift, 2011)、竞争战略观(Mudambi and Swift, 2014)、信息加工观(Hambrick et al., 2005)和吸收能力观(Cohen and Levinthal, 1990)等不同的理论视角出发，得到了冲突性的结论。但本章认为，企业创新的本质是对未来行业机会与技术机会的识别和抓取，因此，需要从机会观的视角出发，对创新节奏与企业绩效间的关系进行刻画和解释。事实上，当基于机会观的解释逻辑引入内外部两个变量后，创新节奏与企业绩效间呈现出更加细化的关系模式，类似的思路也可以在企业其他行为节奏的研究中加以尝试。

3) 对行业速率研究的贡献

国外对行业速率的研究往往从动态竞争理论出发，并基于 LexisNexis 等数据库，对新闻标题进行内容分析。就具体的行业速率观测指标而言，存在 6 指标(Nadkarni and Narayanan, 2007)和 3 指标(Nadkarni et al., 2016)等不同的做法。本章根据中国上市企业的实际情况，设置 8 个观测指标，以企业年报为数据来源，进行内容分析和统计，并对 8 个子行业进行了尝试，这可以视为行业速率研究本土化的一种尝试。

8.5.3 管理启示

本章的管理启示如下。首先，企业的创新决策需要超越单个、特定的创新行为，进一步着眼于企业创新轨迹的纵向全过程，并将创新轨迹中的时间要素塑造为企业创新战略的独特优势来源和竞争壁垒。其次，企业的创新节奏安排需要和行业的因素相匹配，特别是行业速率的因素。具体而言，在高速率行业中，企业的创新需要采取平衡策略或中庸策略，即在规则化创新节奏和非规则创新节奏间取得平衡，相反，在低速率行业中，企业的创新需要采取非规则创新节奏。这样才能更好地利用行业机会。最后，企业需要进行组织冗余的储备，特别是未吸收冗余，以增加对行业机会的抓取。

8.5.4 研究不足

本章的研究也存在一些不足，主要如下。首先，在行业速率测量方面，本章采用对企业年报进行人工分析的方式来测量行业速率，因此仅仅识别了 8 个竞争行动，这和国外通用的做法存在差异。其次，在样本容量方面，由于企业竞争行动搜集的难度，本章的面板数据仅仅包含 3 年。

8.6 本章小结

本章在对创新节奏选择以及二元创新节奏的时间模式进行研究的基础上，深入探讨了在不同的行业速率下，创新节奏与企业绩效之间的关系。通过实证分析，本章不仅验证了创新节奏在高速率行业下与企业绩效的倒"U"形关系，在低速率行业下正向影响企业绩效。同时，也发现了组织冗余对创新节奏与企业绩效之间关系的调节作用。这些发现为企业在不同的行业速率背景下如何利用组织冗余来提高企业绩效提供了新的策略。此外，本章还指出了此研究存在的局限性，并对未来的研究方向提出了展望。整体而言，本章为理解企业在不同的行业速率背景下探究创新节奏与企业绩效的关系提供了理论和实践上的经验。

本章与第 7 章的研究都拓展了关于创新节奏在"向后看"方面的研究，但是两者之间的具体研究变量还有所不同。第 7 章着重从企业的内部分析了创新节奏与企业绩效之间的关系，而本章则主要从企业的外部环境入手研究了创新节奏与企业绩效的关系。因此，我们可以得出结论，企业在对创新节奏进行安排时，不能单纯照搬其他行业的成功经验，而要将该成功经验与本行业的因素相联系。此外，企业要重视内部冗余资源的积累，特别是未沉淀的冗余资源。未来的研究可以在此基础上，从外部协时的角度出发，研究企业的二元创新节奏和行业主导企业的二元创新节奏间的关系。至此，本书对创新节奏的研究形成了一个完整的逻辑链条。

第 9 章 本书结语

时间是现代管理研究中一个重要的理论视角。它不仅是一个基础性的概念,而且是一个多维度和多面向的分析工具,在组织与管理研究中扮演着至关重要的角色。在早期的组织和管理理论中已经出现了时间,如韦伯的组织理论、泰勒的科学管理理论等。时间不仅提供了一种新的视角来观察和理解组织现象,而且通过其结构维度和阐释维度,能够揭示组织行为和决策背后深层次的动力机制。结构维度关注时间的客观方面,如时间背景和时间执行,而阐释维度关注时间的主观方面,如时间感知、个性和规范。这种区分有助于我们更细致地理解组织成员如何感知和运用时间,以及这些感知和运用如何影响组织行为与决策。本书通过深入探讨时间透镜,揭示了时间在组织行为和理论发展中的核心作用。随着时间研究的不断深化,学界开始认识到时间属性的多样性和它们在不同组织层次上的作用,从而推动了对组织和管理实践更为丰富与系统的理解。时间透镜的运用,从宏观的抽象讨论转变为具体分析特定领域中的工具和变量,为我们提供了一个理解和分析组织现象的新视角。时间属性在组织和管理中的具体体现,如节奏、同步性、时间视野和步调风格等,这些属性不仅影响个体和团队的工作效率,也影响组织的战略规划和执行。通过对这些时间属性的深入研究,可以更好地把握组织内部和组织与环境之间的协调及适应。

综上所述,时间透镜的深入分析和应用,不仅能够丰富我们对组织和管理现象的理解,也能够为组织实践提供指导,帮助组织更有效地管理时间资源,提升组织效能。随着对时间维度和属性的进一步研究,我们期待能够形成一个更加系统和全面的时间理论框架,以指导未来的组织和管理研究。

继而,本书用节奏这一核心概念来拓展对"时"的理解,并将其问题化和变量化,以挖掘创新行为背后内隐的时间要素,超越现有创新研究对质和量这些外显要素的关注。本书提出了创新节奏是企业内部业务流程与外部市场环境协同前进的一种组织能力。创新节奏的概念从时间节奏的定义出发,扩展到创新轨迹的规则化程度,进一步将动态二元创新理论纳入讨论,强调了在探索式创新和利用式创新之间进行有效转换的重要性。研究表明，企业的创新节奏可以通过多种方法进行测度，包括时间节奏的行为观察、静态规则化程度的一阶导数分析、动态跳跃的 GARCH 模型以及从协时角度的多元回归分析。这些方法为企业提供了评估和调整创新节奏的科学依据。进一步地，本书探讨了结构论、资源论、惯例论和网络论对创新节奏的影响。结构论指出，半结构化组织形式更有利于快速持续地创新，因为它平衡了秩序与无序，允许即兴创造。资源论强调企业资源基础对其创新形式和创新节奏选择的决定性作用，不同类型的资源，如知识性资源和财产性资源对探索性创新与开发性创新的支持作用各异。惯例论则关注组织的创新经验如何影响其后续创新活动，提出创新经验可能加速或减缓组织的创新节奏。网络论强调中心度高的企业由于其位于网络核心位置，能够更有效地获取和利用知识资源，从而加速创新过程。此外，企业在创新节奏管理上需要考虑时间属性的内涵和维度，探索不同时间属性间的影响机制，并进行跨层次研究。同时，引入和探索更多的理论视角，如结构论、资源论和惯例论，有助于更全面地解释组织和管理中的时间现象，从而帮助企业在激烈的市场竞争中保持核心竞争力，实现可持续发展。通过对创新节奏的深入理解和有效管理，企业能够更好地把握创新的时机和方向，促进探索式创新和利用式创新的有机结合，推动企业创新活动的高效进行。

本书将创新节奏作为一种新的视角，以创新节奏为起点，分别"向前看""向后看"，采用"总-分-分-总"的逻辑逐步深入地探索创新节奏的知识前因及其对企业绩效的影响，深刻揭示了企业内部动态双元转换的理论机制，拓展和深化了创新节奏的研究范围，为将来学者从事相关研究提供启示。首先，在第 4 章研究中，笔者基于知识宽度和知识深度及间断平衡视角，分析和检验了知识宽度和深度对创新节奏的影响，同时考查企业数字化的调节作用，以此对创新节奏的知识前因进行了实证检验，从而深化了企业创新节奏的相关研究；其次，在第 5 章研究中，笔者接着第 4 章研究的逻辑，基于双元转换视角，考查了技术知识系统的多样性和独特性对创新节奏的影响，探索创新节奏的知识系统前因，拓展了对创新节奏的研究，也为企业构建合理的技术知识系统以探索未来的技术机会，提供了一定的启示；再次，在第 6 章研究中，笔者将创新节奏置于智能化的时代背景下，从人工智能的角度出发，探讨了人工智能能力对创新节奏的作用，继续对创新节奏进行前因研究，从而进一步弥补了现有创新节奏研究在"向前看"方面的不足,拓展了对创新节奏的研究;继而,在第7章研究中,笔者将节奏观和协时观纳入到对二元创新过程的研究中,挖掘了二元创新开展过程中内隐的时间变量,并探索二元创新实现的时间机理,拓展了现有研究中对"创新节奏-企业绩效"间关系的冲突结论;最后,在第8章研究中,笔者基于机会观的解释逻辑,考查了在行业速率分异情景下创新节奏的规则化程度和企业绩效之间的关系。正如前文指出的,通过这五个研究的探索,笔者逐步打开了创新节奏的内容黑箱及它和企业绩效间关系的过程黑箱。

在本章中,笔者从四个方面对本书进行总结:①研究得出的主要结论;②研究取得的理论进展;③研究的现实意义;④研究的局限和未来研究展望。

9.1 主要结论

第一,组织与管理领域的研究可以对时间进行双重理解,分为客观与主观两个层面。客观时间,即时间的结构维度,主要反映为组织及其成员在执行任务和行为时所受的时间框架与规律的约束;而主观时间,也就是时间的阐释维度,则更多地体现在组织成员如何基于个人或集体的视角来感受、认识并运用时间。进一步地,时间的子维度可以具体划分如下:时间背景子维度,根据 Shen(2009)的研究,它定义了任务和事件的时间轮廓,即它们在时间上的定位和延展;时间规定子维度,则关注行为本身所固有的时间模式,如周期性或连续性;时间感知与个性子维度,描绘了组织成员对时间流的感知差异以及个性化的时间使用倾向;最后,时间规范子维度,它体现了组织或团队对时间的共同看法和稳定预期,形成了一种共享的时间文化和行为准则。综上所述,组织与管理研究中对时间的分析,不仅要考虑时间本身的结构特性,还须关注组织成员的主观体验和阐释,以及这些因素如何共同塑造了组织的时间观念和行为模式。通过这种多维度的视角,研究者能够更全面地理解时间在组织和管理中的作用与影响。

第二,本书通过三个研究,响应了 Kang 和 Kim(2020)及 Swift(2016)对创新节奏前因研究的呼吁。首先,从知识宽度视角切入,将创新节奏转换的本质看作是企业技术轨迹的切换,而切换时机的识别和把握从根本上有赖于企业的知识宽度,即知识元素的异质性程度。研究结果表明知识宽度与创新节奏呈倒"U"形关系。企业识别双元创新转换的时机和方向,但企业不能一味地增加知识宽度,否则,过于多样化的知识会降低企业进行新旧知识的整合效率。其次,基于双元转换视角,进一步考查创新节奏的知识系统前因。研究结果表明技术知识系统的多样性对创新节奏有显著的正向影响,且相关多样性比不相关多样性的正向作用更大;技术知识系统的独特性与创新节奏间呈倒"U"形关系。最后,将创新节奏置于智能化的背景下,考查创新节奏的人工智能能力前因。研究结果验证了人工智能的能力与创新节奏之间的倒"U"形关系,以及环境的动态性与高管自信对企业人工智能能力和创新节奏之间的关系产生的影响,但高管自信对人工智能分析能力与企业创新节奏的关系并不显著。

第三,本书通过两个研究,探索了创新节奏对企业绩效的影响。企业要根据实际选择合适的创新节奏策略(规则的/不规则的创新节奏)。探索式创新节奏和企业绩效之间呈"U"形关系,且这个"U"形关系受到企业规模的调节。也就是说,企业要想取得高绩效,需要在两种探索式创新节奏策略中选其一,也就是说,要么保持一种平稳的、规则的节奏,要么采用一种波动的、不规则的节奏,而如果采用节奏的"中庸之道",那么就会造成较低的绩效。探索式创新节奏和利用式创新节奏的内部协时与企业绩效间呈倒"U"形关系。企业要想取得高绩效,需要在探索式创新节奏和利用式创新节奏间寻找一个最优点,二元创新节奏间的间隔过大或者过小都会损害绩效。此外,在不同行业速率下,创新节奏与企业绩效的关系不同,在高速率行业中,创新节奏与企业绩效呈倒"U"形关系,而在低速率行业中,创新节奏正向促进企业绩效,组织冗余正向调节这一关系。管理上,企业应将创新节奏作为战略优势,匹配行业速率,调整创新策略,并储备组织冗余以捕捉行业机会,从而优化创新绩效。

第四,创新轨迹中的时间要素塑造(即节奏)可以使企业拥有独特优势,形成竞争壁垒。"创新节奏-企业绩效"间存在不同的关系模式,企业的创新决策需要超越单个、特定的创新行为,进一步着眼于企业创新轨迹的纵向全过程,注重创新中的时间要素。

9.2 理论贡献

本书的主要理论进展包括以下三个方面。

第一，本书通过引入节奏概念，深化了对企业创新过程的理解，强调了时间维度在创新管理中的核心作用。本书不仅将时间从背景中提取出来，将其作为影响创新行为的关键变量进行前台化处理，而且通过将创新活动的节奏模式纳入分析框架，为创新管理领域提供了新的理论支撑和实践指导，为理解和管理企业创新过程提供了新的视角与方法，从而拓宽了相关研究领域的边界。本书的创新性研究，通过揭示创新节奏的生成机制和绩效影响，弥补了以往研究中对时间动态性考虑的不足，强化了对企业如何在快速变化的环境中调整创新节奏以优化绩效的认识。

第二，本书的研究在创新节奏领域迈出了重要的一步，通过考查创新节奏的生成机制，弥补了现有研究的不足。相较于传统研究多采取"向后看"的方法，关注创新节奏如何影响企业绩效（Mudambi and Swift，2011，2014；吴建祖和肖书锋，2015，2016；贾慧英等，2018），缺乏对创新节奏的前因的关注，即尚未回答"创新节奏是如何产生的"这一问题。本书则"向前看"，深入探讨了创新节奏是如何产生和形成的。这种研究视角的转变，不仅丰富了创新节奏的理论内涵，也为企业如何主动塑造和管理创新节奏提供了新的启示。

第三，本书拓展了现有研究中对"创新节奏-企业绩效"间关系的冲突结论。在当前学术探讨中，一方面，Brown 和 Eisenhardt（1997）以及 Klarner 和 Raisch（2013）等学者强调，规则化的创新节奏有助于解决企业内部协调上的挑战，并提升企业对新知识的吸纳能力，这反过来又能够提升企业的整体表现。另一方面，Dougherty 等（2013）从钟表时间和事件时间的视角来区分规则化与非规则创新节奏，他们认为，在面对复杂的创新环境时，企业需要在这两种节奏模式之间找到平衡。研究揭示了探索式创新节奏与企业绩效之间的"U"形关系，并发现企业规模对这一关系具有正向调节作用。本书研究结果补充了关于创新节奏的现有理论，提出极端的规则化或非规则化探索式创新节奏均能提升企业绩效。规则化创新节奏通过解决协调问题、增强知识吸收和缓解信息过载，而非规则化的创新节奏则通过打破组织惰性、增加因果模糊性和构建独特竞争壁垒来实现。当企业探索式创新节奏处于中间状态时，可能无法充分利用这两种节奏的优势，导致绩效下降。此外，大型企业由于在运用这两种机制方面更具优势，其调节作用进一步证实了上述观点。

9.3 现实意义

本书对创新节奏的前因进行了研究，并发现创新节奏策略的选择对提升企业绩效有重要的现实指导意义。

第一，企业须精准把握双元创新的时机与方向，避免盲目扩展知识范围，以防知识多样性过度分散企业整合新旧知识的能力。管理层应依据市场动态，适度拓宽企业的知识视野，促使企业跨领域进行探索和搜索，同时确立核心竞争力。这样不仅有助于把握最佳转换时机，还能有效降低转换成本和决策错误成本，从而提升创新转换的成功率。此外，企业应深入挖掘并充分利用其技术专长，以提高技术吸收能力，进而在跨领域知识整合中降低创新成本和风险。同时，企业还应重视内部资源的累积，优化资源配置，提升资源使用效率。确保有适量的冗余资源，为创新活动提供必要的空间，充分利用这些资源，以促进创新节奏的顺利转换。

第二，从二元创新的节奏及其协调视角来看，对二元创新的管理提供了以下洞见。①在制订探索式创新的节奏时，企业需要在两种策略中做出选择，要么维持一种稳定且有序的节奏，要么采取一种动态且非线性的节奏。若试图采取两者之间的折中策略，可能会导致绩效不佳。对于大型企业来说，这一选择尤为关键。②探索式创新与利用式创新的节奏管理及其协调至关重要。企业需要在这两者之间找到一个最佳平衡点，节奏间隔过大或过小都可能对绩效产生负面影响。

9.4 研究展望

本书在研究设计和研究方法上主要存在以下研究局限。

第一，研究样本的局限。在第 4 章研究中，选取的研究样本是战略性新兴产业企业，且为保证数据的完整性和可靠性，得到的最终样本只有312家，无论是样本选择的范围还是数量，均存在一定局限性，后续研究可以进行更为全面的考查。在第5章研究中，选取的样本来源也是战略性新兴产业企业，无法从整体上说明企业技术知识系统及创新节奏之间的关系。在第6章研究中，选取的样本来自电子通信业，尽管这一行业具有代表性，但是，在推广结论的时候，仍需要关注行业集中度、行业速率、行业研发强度等特性。样本容量方面，由于企业竞争行动搜集的难度，面板数据仅仅包含3年。这些缺陷都限制了本书研究应有的说服力和推广性。

第二，变量测度的局限。由于受研究条件的限制，本书研究中包括自变量、因变量和调节变量的测量方式均来自团队成员。因此，可能存在一定程度的同源方法偏差问题。未来的研究可以采用多主体评价的测量方法，以便进行交叉验证。此外，由于笔者能力和时间的限制，对一些研究方法和研究技术未进行更深入的探索，这也需要在以后的研究中进一步提升。

对于创新节奏，本书研究进行的仅是初步探索，未来研究可以在以下三个方面推进。

第一，开展跨层次研究。在组织管理的不同层次中，都存在时间的结构维度和阐释维度，以及这两个维度下的不同属性，但对特定属性的研究往往集中在一个特定的层次上。例如，对节奏的研究大多集中在组织和团队层面，对时间个性的研究大多集中在个体层面，尽管已经有一些跨层次的研究，但这还是远远不够。同样重要的是，时间属性的跨层次研究也应体现在同一属性在不同层次中的相互关系（如个体工作节奏和团队节奏等）及其过程机制。

第二，基于更多理论视角解释组织管理中的时间现象。基于时间透镜重新审视组织和管理中的现象纵然可以发现新的问题、探索新的模式，但这还仅仅停留在现象层面上，对组织和管理情境中涌现出来的时间模式的进一步理解还有赖于引入特定的理论视角。事实上，时间透镜和现有管理理论之间是相辅相成的关系，一方面，需要用时间透镜拓展现有的组织管理理论，将时间维度和时间属性引入到组织管理理论构建中；另一方面，也需要用相对成熟的理论解读现象层面的时间模式。

第三，考查更多的知识属性对创新节奏的影响。知识基础具有诸多属性，如知识的宽度和深度、知识的替代性和互补性、知识转移与知识距离等。本书的研究考查了知识宽度和知识深度这一组最为基本的知识属性,并整体考查了技术知识系统与创新节奏的关系。后续研究可以从其他属性探讨其对创新节奏的影响,丰富研究结论。

参 考 文 献

柏群, 杨云. 2020. 组织冗余资源对绿色创新绩效的影响: 基于社会责任的中介作用[J]. 财经科学, 393(12): 96-106.

岑杰. 2017. 企业二元行为研究的范式之争及其超越: 时间视角[J]. 外国经济与管理, 39(1): 3-14.

岑杰, 杨燕, 张翠艳, 等. 2019. 技术知识系统与创新跳跃: 基于双元转换的视角[J]. 科学学研究, 37(11): 2073-2081.

岑杰, 张钢. 2017. 价值、维度与属性视角下的组织管理时间透镜研究[J]. 管理学报, 14(5): 781-788.

陈国权, 刘薇. 2017. 企业组织内部学习、外部学习及其协同作用对组织绩效的影响: 内部结构和外部环境的调节作用研究[J]. 中国管理科学, 25(5): 175-186.

陈剑, 黄朔, 刘运辉. 2020. 从赋能到使能: 数字化环境下的企业运营管理[J]. 管理世界, 36(2): 117-128, 222.

陈力田. 2014. 企业技术创新能力演化研究述评与展望: 共演和协同视角的整合[J]. 管理评论, 26(11): 76-87.

陈庆江, 万茂丰, 王彦萌. 2021. 数字技术应用对企业双元创新的影响: 基于组织生命周期的实证检验[J]. 软科学, 35(11): 92-98.

陈伟宏, 钟熙, 蓝海林, 等. 2021. 范围、速度与节奏: 高管过度自信对国际化进程的影响[J]. 管理评论, 33(3): 233-243.

党兴华, 常红锦. 2013. 网络位置、地理临近性与企业创新绩效: 一个交互效应模型[J]. 科研管理, 34(3): 7-13, 30.

段海艳. 2012. 连锁董事、组织冗余与企业创新绩效关系研究[J]. 科学学研究, 30(4): 631-640.

方宏, 王益民. 2021. 女性 CEO 如何影响中国企业国际化节奏?[J]. 外国经济与管理, 43(1): 73-91.

冯桂平, 汪克夷, 钟琦. 2009. 竞争行动概念结构的实证研究[J]. 情报杂志, 28(4): 12-17.

冯涛, 孔智, 王成军, 等. 2023. 知识宽度与深度对被并购企业关键研发者创造力变化的影响[J]. 科技进步与对策, 40(13): 103-112.

奉小斌, 周兰. 2020. 逆向国际化企业创新搜索平衡对双元性的影响[J]. 科学学研究, 38(3): 545-554.

傅皓天, 于斌, 王凯. 2018. 环境不确定性、冗余资源与公司战略变革[J]. 科学学与科学技术管理, 39(3): 92-105.

傅利平, 李永辉. 2015. 政府补贴、创新能力与企业存续时间[J]. 科学学研究, 33(10): 1496-1503, 1495.

高霞, 陈凯华. 2015. 合作创新网络结构演化特征的复杂网络分析[J]. 科研管理, 36(6): 28-36.

葛菲, 田启涛, 贺小刚. 2020. 产权性质和制度质量调节作用下的 CEO 过度自信与企业国际扩张研究[J]. 管理学报, 17(7): 1007-1015.

顾力刚, 张文帝. 2015. 基于联合申请专利的企业研发合作网络研究[J]. 科技进步与对策, 32(5): 73-78.

郭海, 韩佳平. 2019. 数字化情境下开放式创新对新创企业成长的影响:商业模式创新的中介作用[J]. 管理评论, 31(6): 186-198.

郭海, 沈睿. 2014. 如何将创业机会转化为企业绩效:商业模式创新的中介作用及市场环境的调节作用[J]. 经济理论与经济管理, 34(3): 70-83.

海本禄, 高庆祝, 尹西明, 等. 2020. 高管过度自信、研发投入跳跃与企业绩效:来自中国上市公司的经验证据[J]. 科技进步与对策, 37(12): 136-145.

何锐. 2016. 沃森生物经营绩效下降探因:基于连续并购视角[J]. 财经界, (24): 116, 342.

洪伟. 2020. 中国企业国际化之路:以福耀美国工厂为例[J]. 经营与管理, (4): 69-74.

黄嫚丽, 张钺, 李静. 2020. 基于时间过程视角的连续并购研究综述[J]. 管理学报, 17(9): 1412-1422.

黄旭, 徐朝霞, 李卫民. 2013. 中国上市公司高管背景特征对企业并购行为的影响研究[J]. 宏观经济研究, (10): 67-73, 113.

贾慧英, 王宗军, 曹祖毅. 2018. 研发投入跳跃与组织绩效:环境动态性和吸收能力的调节效应[J]. 南开管理评论, 21(3): 130-141.

姜李丹, 薛澜, 梁正. 2022. 人工智能赋能下产业创新生态系统的双重转型[J]. 科学学研究, 40(4): 602-610.

蒋春燕, 赵曙明. 2004. 组织冗余与绩效的关系:中国上市公司的时间序列实证研究[J]. 管理世界, 20(5): 108-115.

李海东, 戎晓婕. 2020. 研发投入跳跃与企业绩效:可用冗余和潜在冗余的调节效应[J]. 华南理工大学学报(社会科学版), 22(1): 58-71.

李桦, 储小平, 郑馨. 2011. 双元性创新的研究进展和研究框架[J]. 科学学与科学技术管理, 32(4): 58-65.

李竞. 2018. 基于时间维度的国际化模式对跨国企业母公司创新绩效的影响机制研究[D]. 杭州:浙江大学.

李晓翔, 刘春林. 2010. 高流动性冗余资源还是低流动性冗余资源:一项关于组织冗余结构的经验研究[J]. 中国工业经济, (7): 94-103.

林明, 任浩, 董必荣. 2015. 技术多样化结构二元平衡、企业内聚性与探索式创新绩效[J] 科研管理, 36(4): 65-72.

刘洪伟, 冯淳. 2015. 基于知识基础观的技术并购模式与创新绩效关系实证研究[J]. 科技进步与对策, 32(16): 69-75.

刘莹, 丁慧平, 崔婧. 2017. 上市公司并购次序对并购绩效影响的实证检验[J]. 统计与决策, 33(11): 185-188.

刘志迎, 单洁含. 2013. 技术距离、地理距离与大学-企业协同创新效应: 基于联合专利数据的研究[J]. 科学学研究, 31(9): 1331-1337.

马海燕, 李远航, 田瑞. 2023. 研发转换速度对企业成长的影响研究[J]. 管理学报, 20(1): 37-46.

马海燕, 朱韵. 2020. 研发时序双元转换与组织绩效的关系研究[J]. 管理学报, 17(12): 1777-1785.

孟凡生, 赵刚. 2018. 中国制造企业创新柔性与智能化转型关系的实证研究: 基于商业模式创新和环境动态性的中介调节效应[J]. 预测, 37(6): 1-8.

南金伟, 付浩. 2018. 连续并购的绩效分析研究: 以海航收购 CWT 物流供应商为例[J]. 现代营销(下旬刊), (7): 140.

欧阳桃花, 崔争艳, 张迪, 等. 2016. 多层级双元能力的组合促进高科技企业战略转型研究: 以联想移动为案例[J]. 管理评论, 28(1): 219-228.

潘清泉, 唐刘钊. 2015. 技术关联调节下的企业知识基础与技术创新绩效的关系研究[J]. 管理学报, 12(12): 1788-1796.

彭新敏, 吴晓波, 吴东. 2011. 基于二次创新动态过程的企业网络与组织学习平衡模式演化: 海天 1971—2010 年纵向案例研究[J]. 管理世界, 27(4): 138-149, 166, 188.

彭新敏, 张帆. 2019. 技术变革、次序双元与后发企业追赶[J]. 科学学研究, 37(11): 2016-2025.

任鸽, 陈伟宏, 钟熙. 2019. 高管国际经验、环境不确定性与企业国际化进程[J]. 外国经济与管理, 41(9): 109-121.

苏卫东, 谢玲红. 2011. 基于时间间隔的连续并购行为分析[J]. 西北工业大学学报(社会科学版), 31(1): 28-31, 43.

孙笑明, 崔文田, 崔芳, 等. 2014. 当前合作网络结构对关键研发者创造力的影响[J]. 管理工程学报, 28(1): 48-55.

唐松, 伍旭川, 祝佳. 2020. 数字金融与企业技术创新: 结构特征、机制识别与金融监管下的效应差异[J]. 管理世界, 36(5): 52-66, 9.

王铁男, 王宇, 赵凤. 2017. 环境因素、CEO 过度自信与 IT 投资绩效[J]. 管理世界, 33(9): 116-128.

王艺霖, 王益民. 2016. 高层管理人员权力与中国企业的国际化节奏研究[J]. 管理学报, 13(3): 366-373.

魏江, 应瑛, 刘洋. 2014. 研发网络分散化、组织学习顺序与创新绩效: 比较案例研究[J]. 管理世界, (2): 137-151, 188.

吴超鹏, 吴世农, 郑方镳. 2008. 管理者行为与连续并购绩效的理论与实证研究[J]. 管理世界, (7): 126-133, 188.

吴航, 陈劲. 2020. 跨国并购影响创新绩效的中介机制: 制度复杂性战略响应视角[J]. 科学学与科学技术管理, 41(11): 31-47.

吴建祖, 肖书锋. 2015. 研发投入跳跃对企业绩效影响的实证研究: 双元性创新注意力的中介作用[J]. 科学学研究, 33(10): 1538-1546, 1554.

吴建祖, 肖书锋. 2016. 创新注意力转移、研发投入跳跃与企业绩效: 来自中国A股上市公司的经验证据[J]. 南开管理评论, 19(2): 182-192.

吴小龙, 肖静华, 吴记. 2022. 人与AI协同的新型组织学习: 基于场景视角的多案例研究[J]. 中国工业经济, (2): 175-192.

伍健, 田志龙, 龙晓枫, 等. 2018. 战略性新兴产业中政府补贴对企业创新的影响[J]. 科学学研究, 36(1): 158-166.

肖兴志, 王伊攀. 2014. 政府补贴与企业社会资本投资决策: 来自战略性新兴产业的经验证据[J]. 中国工业经济, (9): 148-160.

谢洪明, 蓝海林, 叶广宇, 等. 2003. 动态竞争: 中国主要彩电企业的实证研究[J]. 管理世界, (4): 77-86, 128.

谢卫红, 蒋峦. 2012. 组织柔性与竞争优势研究: IT、模块化、时间节奏的解释[M]. 广州: 华南理工大学出版社.

徐楷, 余中东. 2008. 中国企业国际化经营与产业结构演化分析[J]. 经济管理, 30(2): 91-96.

许风怡. 2019. 国际化节奏对企业绩效的影响: 整合企业家精神与制度视角的研究[D]. 北京: 北京邮电大学.

闫俊周, 姬婉莹, 熊壮. 2021. 数字创新研究综述与展望[J]. 科研管理, 42(4): 11-20.

杨德明, 毕建琴. 2019. "互联网+"、企业家对外投资与公司估值[J]. 中国工业经济, (6): 136-153.

杨靓, 曾德明, 邹思明, 等. 2021. 科学合作网络、知识多样性与企业技术创新绩效[J]. 科学学研究, 39(5): 867-875.

易靖韬, 张修平, 王化成. 2015. 企业异质性、高管过度自信与企业创新绩效[J]. 南开管理评论, 18(6): 101-112.

袁建国, 程晨, 后青松. 2015. 环境不确定性与企业技术创新: 基于中国上市公司的实证研究[J]. 管理评论, 27(10): 60-69.

曾德明, 周蓉, 陈立勇. 2004. 环境动态性、资本结构与公司绩效关系的研究[J]. 财经研究, 30(3): 67-74, 84.

翟淑萍, 毕晓方. 2016. 环境不确定性、管理层自信与企业双元创新投资[J]. 中南财经政法大学学报, (5): 91-100, 159.

张钢, 岑杰. 2012. 组织适应理论扩展: 组织时间适应研究探析[J]. 外国经济与管理, 34(8): 43-49.

张钢, 岑杰. 2015. 知识型团队时间协调机制及其对效能的影响研究[J]. 科研管理, 36(6): 145-156.

张光宇, 欧春尧, 刘贻新, 等. 2021. 人工智能企业何以实现颠覆性创新?——基于扎根理论的探索[J]. 科学学研究, 39(4): 738-748, 757.

张建宇. 2014. 企业探索性创新与开发性创新的资源基础及其匹配性研究[J]. 管理评论, 26(11): 88-98

张琳, 程晨, 施建军. 2009. 基于创新网络的企业研发合作博弈分析[J]. 现代管理科学, (3): 3-4, 61.

张祥. 2013. 我国企业国际化经营及其绩效研究[D]. 成都: 西南财经大学.

张晓黎, 覃正. 2013. 知识基础能力、研发投入与技术创新绩效关系研究: 基于全球R&D领先通信及技术设备制造类企业的实证分析[J]. 科技进步与对策, 30(11): 140-144.

张秀娥, 张向, 王超. 2023. 技术能力对新创企业运营绩效的影响研究[J]. 科学学研究, 41(4): 688-697.

张越, 封伟毅, 李志欣. 2021. 战略性新兴产业双元创新协同性影响研究[J]. 经济纵横, (8): 96-105.

张振刚, 尚钰, 陈一华. 2021. 大数据能力对企业创新绩效的影响: IT-业务融合与双元环境的调节作用[J]. 科技进步与对策, 38(14): 82-90.

钟昌标, 刘伟. 2016. 企业国际化与绩效关系: 一个文献综述[J]. 国际商务研究, 7(3): 87-96.

钟苏梅, 易癸晓, 何婷, 等. 2016. 吸收能力、时间节奏和技术创新关系研究[J]. 技术与创新管理, 37(4): 357-364, 370.

周荷晖, 陈؋宏, 蓝海林. 2019. "循规蹈矩"更有利可图吗? 国际化节奏与企业绩效的关系研究[J]. 科学学与科学技术管理, 40(1): 150-164.

周路路, 李婷婷, 李健. 2017. 高管过度自信与创新可持续性的曲线关系研究[J]. 科学学与科学技术管理, 38(7): 105-118.

周文辉, 王鹏程, 杨苗. 2018. 数字化赋能促进大规模定制技术创新[J]. 科学学研究, 36(8): 1516-1523.

朱朝晖, 陈劲. 2008. 探索性学习和挖掘性学习的协同与动态: 实证研究[J]. 科研管理, (6): 1-9.

Abernathy W J, Utterback J M. 1978. Patterns of industrial innovation[J]. Technology Review, 80(7): 40-47.

Agrawal A, McHale J, Oettl A. 2017. How stars matter: recruiting and peer effects in evolutionary biology[J]. Research Policy, 46(4): 853-867.

Ahuja G, Morris Lampert C. 2001. Entrepreneurship in the large corporation: a longitudinal study of how established firms create breakthrough inventions[J]. Strategic Management Journal, 22(6/7): 521-543.

Albert S. 1995. Towards a theory of timing: An archival study of timing decisions in the Persian Gulf War[J]. Research in Organizational Behavior, 17(17): 1-70.

Aljaber B, Stokes N, Bailey J, et al. 2010. Document clustering of scientific texts using citation contexts[J]. Information Retrieval, 13(2): 101-131.

Allen T J. 1977. Managing the Flow of Technology: Technology Transfer and the Dissemination of

Technological Information Within the R&D Organization[M]. Cambridge: The MIT Press.

Amabile T M. 2020. Creativity, artificial intelligence, and a world of surprises[J]. Academy of Management Discoveries, 6(3): 351-354.

Amburgey T L, Dacin T. 1994. As the left foot follows the right? The dynamics of strategic and structural change[J]. Academy of Management Journal, 37(6): 1427-1452.

Amburgey T L, Kelly D, Barnett W P. 1993. Resetting the clock: the dynamics of organizational change and failure[J]. Administrative Science Quarterly, 38(1): 51-73.

Amburgey T L, Miner A S. 1992. Strategic momentum: the effects of repetitive, positional, and contextual momentum on merger activity[J]. Strategic Management Journal, 13(5): 335-348.

Amis J, Slack T, Hinings C R. 2004. The pace, sequence, and linearity of radical change[J]. The Academy of Management Journal, 47(1): 15-39.

Ancona D, Chong C-L. 1996. Entrainment: Pace, cycle, and rhythm in organizational behavior[J]. Research in Organizational Behavior, 18(3): 251-284.

Ancona D G, Caldwell D. 1990. Beyond boundary spanning: Managing external dependence in product development teams[J]. The Journal of High Technology Management Research, 1(2): 119-135.

Ancona D G, Okhuysen G A, Perlow L A. 2001. Taking time to integrate temporal research[J]. Academy of Management Review, 26(4): 512-529.

Anderson M H. 2008. Social networks and the cognitive motivation to realize network opportunities: a study of managers' information gathering behaviors[J]. Journal of Organizational Behavior, 29(1): 51-78.

Anderson P, Tushman M. L. 1990. Technological discontinuities and dominant designs: a cyclical model of technological change[J]. Administrative Science Quarterly. 35(4): 604-633.

Andriopoulos C, Lewis M W. 2009. Exploitation-exploration tensions and organizational ambidexterity: managing paradoxes of innovation[J]. Organization Science, 20(4): 696-717.

Ansoff H I. 1970. Corporate Strategy[M]. London: Penguin.

Argote L. 1999. Organizational Learning: Creating, Retaining, and Transferring Knowledge[M]. Boston: Kluwer Academic.

Badar K, Hite J M, Badir Y F. 2013. Examining the relationship of co-authorship network centrality and gender on academic research performance: the case of chemistry researchers in Pakistan[J]. Scientometrics, 94(2): 755-775.

Ballard D I, Seibold D R. 2003. Communicating and organizing in time: a meso-level model of organizational temporality[J]. Management Communication Quarterly, 16(3): 380-415.

Barkema H G, Baum J A C, Mannix E A. 2002. Management challenges in a new time[J]. Academy of Management Journal, 45(5): 916-930.

Barley S R. 1988. On technology, time, and social order: technically induced change in the temporal organization of radiological work[M]//Dubinskas F A. Making Time: Ethnographies of High Technology Organizations. Philadelphia: Temple University Press: 123-169.

Barney J. 1991. Firm resources and sustained competitive advantage[J]. Journal of Management, 17(1): 99-120.

Bastien D T, Hostager T J. 1988. Jazz as a process of organizational innovation[J]. Communication Research, 15(5): 582-602.

Bean R.2018. How big data and AI are driving business innovation in 2018[J]. MIT Sloan Management Review, 47: 777-780.

Beck N, Brüderl J, Woywode M. 2008. Momentum or deceleration? Theoretical and methodological reflections on the analysis of organizational change[J]. Academy of Management Journal, 51(3): 413-435.

Beckman C M. 2006. The influence of founding team company affiliations on firm behavior[J]. Academy of Management Journal, 49(4): 741-758.

Benitez J, Castillo A, Llorens J, et al. 2018a. IT-enabled knowledge ambidexterity and innovation performance in small U.S. firms: the moderator role of social media capability[J]. Information & Management, 55(1): 131-143.

Benitez J, Llorens J, Braojos J. 2018b. How information technology influences opportunity exploration and exploitation firm's capabilities[J]. Information & Management, 55(4): 508-523.

Benner M J, Tripsas M. 2012. The influence of prior industry affiliation on framing in nascent industries: the evolution of digital cameras[J]. Strategic Management Journal, 33(3): 277-302.

Benner M J, Tushman M L. 2003. Exploitation, exploration, and process management: the productivity dilemma revisited[J]. The Academy of Management Review, 28(2): 238-256.

Berends H, Boersma K, Weggeman M. 2003. The structuration of organizational learning[J]. Human Relations, 56(9): 1035-1056.

Biemann T, Datta D K. 2014. Analyzing sequence data: optimal matching in management research[J]. Organizational Research Methods, 17(1): 51-76.

Bingham C B, Davis J P. 2012. Learning sequences: their existence, effect, and evolution[J]. Academy of Management Journal, 55(3): 611-641.

Black J A, Boal K B. 1994. Strategic resources Traits, configurations and paths to sustainable competitive advantage[J]. Strategic Management Journal, 15(S2): 131-148.

Blount S E, Janicik G A. 2002. Getting and staying in-pace: the in-synch preference and its implica-tions for work groups[J]. Research on Managing Groups and Teams, 4: 235-266.

Bluedorn A C. 1993. Pilgrim's progress: trends and convergence in research on organizational size and environments[J]. Journal of Management, 19(2): 163-191.

Bluedorn A C, Denhardt R B. 1988. Time and organizations[J]. Journal of Management, 14(2): 299-320.

Bluedorn A C, Jaussi K S. 2008. Leaders, followers, and time[J]. The Leadership Quarterly, 19(6): 654-668.

Borges A F S, Laurindo F J B, Spínola M M, et al. 2021. The strategic use of artificial intelligence in the digital era: systematic literature review and future research directions[J]. International Journal of Information Management, 57: 102225.

Božič K, Dimovski V. 2019a. Business intelligence and analytics for value creation: the role of absorptive capacity[J]. International Journal of Information Management, 46: 93-103.

Božič K, Dimovski V. 2019b. Business intelligence and analytics use, innovation ambidexterity, and firm performance: a dynamic capabilities perspective[J]. The Journal of Strategic Information Systems, 28(4): 101578.

Bradshaw J A. 2003. Book review: reimbursement tool kit for lactation consultants[J]. Journal of Human Lactation, 19(2): 206-207.

Brown S L, Eisenhardt K M. 1995. Product development: past research, present findings, and future directions[J]. The Academy of Management Review, 20(2): 343-378.

Brown S L, Eisenhardt K M. 1997. The art of continuous change: linking complexity theory and time-paced evolution in relentlessly shifting organizations[J]. Administrative Science Quarterly, 42(1): 1-34.

Burgelman R A. 1991. Intraorganizational ecology of strategy making and organizational adaptation: theory and field research[J]. Organization Science, 2(3): 239-262.

Burgelman R A. 2002. Strategy as vector and the inertia of coevolutionary lock-in[J]. Administrative Science Quarterly, 47(2): 325-357.

Burgelman R A, Grove A S. 2007. Let chaos reign, then rein in chaos-repeatedly: managing strategic dynamics for corporate longevity[J]. Strategic Management Journal, 28(10): 965-979.

Burns T, Stalker G M. 1969. The Management of Innovation[J]. The Economic Journal, 79(314): 403-405.

Carrillo J E. 2005. Industry clockspeed and the pace of new product development[J]. Production and Operations Management, 14(2): 125-141.

Casillas J C, Moreno-Menéndez A M. 2014. Speed of the internationalization process: the role of diversity and depth in experiential learning[J]. Journal of International Business Studies, 45(1): 85-101.

Chai S. 2017. Near misses in the breakthrough discovery process[J]. Organization Science, 28(3): 411-428.

Chakravarthy B. 1997. A new strategy framework for coping with turbulence[J]. MIT Sloan

Management Review, 38(2): 69-82.

Chen H Q, Li X D, Zeng S X, et al. 2016. Does state capitalism matter in firm internationalization? Pace, rhythm, location choice, and product diversity[J]. Management Decision, 54(6): 1320-1342.

Chen M J, Lin H C, Michel J G. 2010. Navigating in a hypercompetitive environment: the roles of action aggressiveness and TMT integration[J]. Strategic Management Journal, 31(13): 1410-1430.

Chen M, Kaul A, Wu B. 2019. Adaptation across multiple landscapes: Relatedness, complexity, and the long Run effects of coordination in diversified firms[J]. Strategic Management Journal, 40(11): 1791-1821.

Chen W H, Zhong X, Lv D D. 2022. Negative performance feedback, CEO tenure, and punctuated equilibrium innovation[J]. R&D Management, 52(3): 564-576.

Chen W R, Miller K D. 2007. Situational and institutional determinants of firms' R&D search intensity[J]. Strategic Management Journal, 28(4): 369-381.

Chen Y M, Pan S Y, Zhang T L. 2014. (When) Do Stronger Patents Increase Continual Innovation?[J]. Journal of Economic Behavior & Organization, 98: 115-124.

Chen Y M, Sappington D E M. 2011. Exclusive contracts, innovation, and welfare[J]. American Economic Journal: Microeconomics, 3(2): 194-220.

Chen Y S, Chang K C. 2012. Using the entropy-based patent measure to explore the influences of related and unrelated technological diversification upon technological competences and firm performance[J]. Scientometrics, 90(3): 825-841.

Cheng J L C, Kesner I F. 1997. Organizational slack and response to environmental shifts: the impact of resource allocation patterns[J]. Journal of Management, 23(1): 1-18.

Choi S, McNamara G. 2018. Repeating a familiar pattern in a new way: the effect of exploitation and exploration on knowledge leverage behaviors in technology acquisitions[J]. Strategic Management Journal, 39(2): 356-378.

Clark K B, Fujimoto T. 1991. Product Development Performance in the World Auto Industry[M]. Boston: Harvard Business School Press.

Clark P A. 1985. A review of the theories of time and structure for organizational sociology[J]. Research in the Sociology of Organizations, 4: 35-80.

Clegg S R. 1989. Frameworks of Power[M]. London: SAGE Publications Ltd.

Cloodt M, Hagedoorn J, van Kranenburg H. 2006. Mergers and acquisitions: their effect on the innovative performance of companies in high-tech industries[J]. Research Policy, 35(5): 642-654.

Cohen W M, Levinthal D A. 1990. Absorptive capacity: a new perspective on learning and innovation[J]. Administrative Science Quarterly, 35(1): 128-152.

College D, Parker G, van Alstyne M, et al. 2017. Platform ecosystems: how developers invert the firm[J]. MIS Quarterly, 41(1): 255-266.

Crossan M, Cunha M P E, Vera D, et al. 2005. Time and organizational improvisation[J]. Academy of Management Review, 30(1): 129-145.

Cyert R M, March J G. 1992. A Behavioral Theory of the Firm[M]. 2nd. Oxford: Wiley-Blackwell.

Czeisler C A, Richardson G S, Zimmerman J C, et al. 1981. Entrainment of human orcadian rhythms by light-dark cycles: a reassessment[J]. Photochemistry and Photobiology, 34(2): 239-247.

D'Aveni R A, Dagnino G B, Smith K G. 2010. The age of temporary advantage[J]. Strategic Management Journal, 31(13): 1371-1385.

D'Aveni R A, Gunther W R. 1994 Hypercompetition: Managing the Dynamics of Strategic Maneuvering[M]. New York: The Free Press.

Daft R L. 1983. Organization Theory and Design[M]. St. Paul: West Pub. Co.

Das T K, Teng B S. 2000. A resource based theory of strategic alliances[J]. Journal of Management, 26(1): 31-61.

Das T K, Teng B S. 2002. The dynamics of alliance conditions in the alliance development process[J]. Journal of Management Studies, 39(5): 725-746.

Davenport T H. 2018. The AI Advantage: How to Put the Artificial Intelligence Revolution to Work[M]. Cambridge: The MIT Press.

Davis J P, Eisenhardt K M, Bingham C B. 2009. Optimal structure, market dynamism, and the strategy of simple rules[J]. Administrative Science Quarterly, 54(3): 413-452.

Deetz S A. 1992. Democracy in an Age of Corporate Colonization: Developments in Communication and the Politics of Everyday Life[M]. Albany: State University of New York.

Delacroix J, Swaminathan A. 1991. Cosmetic, speculative, and adaptive organizational change in the wine industry: a longitudinal study[J]. Administrative Science Quarterly, 36(4): 631-661.

Derfus P J, Maggitti P G, Grimm C M, et al. 2008. The red queen effect: competitive actions and firm performance[J]. Academy of Management Journal, 51(1): 61-80.

Dibrell C, Davis P S, Craig J B. 2009. The performance implications of temporal orientation and information technology in organization-environment synergy[J]. Journal of Strategy and Management, 2(2): 145-162.

DiGuardo M C, Harrigan K R, Marku E. 2014. Does M&A diversification improve post-deal technological performance?[J]. SSRN Electronic Journal, (3): 87-92.

DiMaggio P J, Powell W W. 1983. The iron cage revisited: Institutional isomorphism and collective rationality in organizational fields[J]. American Sociological Review, 48(2): 147-160.

Ding W W, Levin S G, Stephan P E, et al. 2010. The impact of information technology on academic scientists' productivity, quality and collaboration patterns[J]. Management Science, 56(9): 1439-1461.

Dobrev S, Kim T Y, Hannan M. 2001. Dynamics of niche width and resource partitioning[J].

American Journal of Sociology, 106(5): 1299-1337.

Dosi G. 1982. Technological paradigms and technological trajectories: a suggested interpretation of the determinants and directions of technical change [J]. Research Policy, 11(3): 147-162.

Dosi G, Nelson R R, Winter S G. 2001. Introduction: the nature and dynamics of organizational capabilities[M]//Dosi G, Nelson R R, Winter S G. The Nature and Dynamics of Organizational Capabilities. New York: Oxford University Press: 1-22.

Dougherty D. 1992. Interpretive barriers to successful product innovation in large firms[J]. Organization Science, 3(2): 179-202.

Dougherty D, Bertels H, Chung K, et al. 2013. Whose time is it? Understanding clock-time pacing and event-time pacing in complex innovations[J]. Management and Organization Review, 9(2): 233-263.

Doz Y L. 1996. The evolution of cooperation in strategic alliances: initial conditions or learning processes?[J]. Strategic Management Journal, 17(S1): 55-83.

Driscoll J C, Kraay A C. 1998. Consistent covariance matrix estimation with spatially dependent panel data[J]. Review of Economics and Statistics, 80(4): 549-560.

Duan Y Q, Edwards J S, Dwivedi Y K. 2019. Artificial intelligence for decision making in the era of Big Data – evolution, challenges and research agenda[J]. International Journal of Information Management, 48: 63-71.

Dubinskas F A. 1988. On technology, time, and social order: technologically induced change in the temporal organization of radiological work[M]//Dubinskas F A. Making Time: Ethnographies of High-technology Organizations. Philadelphia: Temple University Press: 123-169.

Duncan R B. 1972. Characteristics of organizational environments and perceived environmental uncertainty[J]. Administrative Science Quarterly, 17(3): 313-327.

Dunning J H. 1988. The eclectic paradigm of international production: a restatement and some possible extensions[J]. Journal of International Business Studies, 19(1): 1-31.

E Cunha M P. 2004. Organizational time: a dialectical view[J]. Organization, 11(2): 271-296.

Eggers J P, Kaul A. 2018. Motivation and ability? A behavioral perspective on the pursuit of radical invention in multi-technology incumbents[J]. Academy of Management Journal, 61(1): 67-93.

Eisenhardt K M. 1989. Making fast strategic decisions in high-velocity environments[J]. Academy of Management Journal, 32(3): 543-576.

Eisenhardt K M, Brown S L. 1998. Competing on the edge: strategy as structured chaos[J]. Long Range Planning, 31(5): 786-789.

Eisenhardt K M, Martin J A. 2000. Dynamic capabilities: what are they?[J]. Strategic Management Journal, 21(10/11): 1105-1122.

Eisenhardt K M, Tabrizi B N. 1995. Accelerating adaptive processes: product innovation in the global computer industry[J]. Administrative Science Quarterly, 40(1): 84-110.

Elosge C, Oesterle M J, Stein C M, et al. 2018. CEO succession and firms' internationalization processes: insights from German companies[J]. International Business Review, 27(2): 367-379.

Elzinga C H, Liefbroer A C. 2007. De-standardization of family-life trajectories of young adults: a cross-national comparison using sequence analysis[J]. European Journal of Population, 23(3): 225-250.

Fine C H. 1998. Clockspeed: Winning Industry Control in the Age of Temporary Advantage[M]. New York: Basic Books.

Fombrun C J, Ginsberg A. 1990. Shifting gears: enabling change in corporate aggressiveness[J]. Strategic Management Journal, 11(4): 297-308.

Forbes D P. 2007. Reconsidering the strategic implications of decision comprehensiveness[J]. Academy of Management Review, 32(2): 361-376.

Fredrich V, Bouncken R B, Kraus S. 2019. The race is on: Configurations of absorptive capacity, interdependence and slack resources for interorganizational learning in coopetition alliances[J]. Journal of Business Research, 101: 862-868.

Galasso A, Simcoe T S. 2011. CEO overconfidence and innovation[J]. Management Science, 57(8): 1469-1484.

Galunic D C, Eisenhardt K M. 1996. The evolution of intracorporate domains: divisional charter losses in high-technology, multidivisional corporations[J]. Organization Science, 7(3): 211-358.

Gao G Y, Xie E, Zhou K Z. 2015. How does technological diversity in supplier network drive buyer innovation? Relational process and contingencies[J]. Journal of Operations Management, 36(1): 165-177.

García-Lillo F, Úbeda-García M, Marco-Lajara B. 2016. Organizational ambidexterity: exploring the knowledge base[J]. Scientometrics, 107(3): 1021-1040.

Garud R, Gehman J, Kumaraswamy A. 2011. Complexity arrangements for sustained innovation: lessons from 3M corporation[J]. Organization Studies, 32(6): 737-767.

Garud R, Tuertscher P, van de Ven A H. 2013. Perspectives on innovation processes[J]. The Academy of Management Annals, 7(1): 775-819.

Gassmann O, Zeschky M, Wolff T, et al. 2010. Crossing the industry-line: breakthrough innovation through cross-industry alliances with 'non-suppliers'[J]. Long Range Planning, 43(5/6): 639-654.

Gavetti G. 2011. The new psychology of strategic leadership[J]. Harvard Business Review, 89(7/8): 118-125, 166.

George G, Kotha R, Zheng Y E. 2008. Entry into insular domains: a longitudinal study of knowledge structuration and innovation in biotechnology firms[J]. Journal of Management Studies, 45(8): 1448-1474.

Gersick C J G. 1991. Revolutionary change theories: A multilevel exploration of the punctuated equilibrium paradigm[J]. The Academy of Management Review, 16(1): 10-36.

Gersick C J G. 1994. Pacing strategic change: the case of a new venture[J]. Academy of Management Journal, 37(1): 9-45.

Gervais S, Odean T. 2001. Learning to be overconfident[J]. The Review of Financial Studies, 14(1): 1-27.

Gevers J M P, van Eerde W, Rutte C G. 2009. Team self-regulation and meeting deadlines in project teams: antecedents and effects of temporal consensus[J]. European Journal of Work and Organizational Psychology, 18(3): 295-321.

Gibson C B, Birkinshaw J. 2004. The antecedents, consequences, and mediating role of organizational ambidexterity[J]. Academy of Management Journal, 47(2): 209-226.

Gielnik M M, Frese M, Graf J M, et al. 2012. Creativity in the opportunity identification process and the moderating effect of diversity of information[J]. Journal of Business Venturing, 27(5): 559-576.

Granovetter M. 1985, Economic action and social structure: the problem of embeddedness[J]. American Journal of Sociology, 91(3): 481-510.

Grant R M. 1987. Multinationality and performance among british manufacturing companies[J]. Journal of International Business Studies, 18(3): 79-89.

Grant R M. 1996. Toward a knowledge-based theory of the firm[J]. Strategic Management Journal, 17(S2): 109-122.

Greve H R. 1998. Performance, aspirations, and risky organizational change[J]. Administrative Science Quarterly, 43(1): 58-86.

Greve H R. 2003. Organizational Learning from Performance Feedback: A Behavioral Perspective on Innovation and Change[M]. Cambridge: Cambridge University Press.

Grimpe C, Hussinger K. 2014. Resource complementarity and value capture in firm acquisitions: the role of intellectual property rights[J]. Strategic Management Journal, 35(12): 1762-1780.

Gruber M, MacMillan I C, Thompson J D. 2013. Escaping the prior knowledge corridor: what shapes the number and variety of market opportunities identified before market entry of technology start-ups?[J]. Organization Science, 24(1): 280-300.

Gupta A K, Smith K G, Shalley C E. 2006. The interplay between exploration and exploitation[J]. Academy of Management Journal, 49(4): 693-706.

Haans R F J, Pieters C, He Z L. 2016. Thinking about U: Theorizing and testing U- and inverted U-shaped relationships in strategy research[J]. Strategic Management Journal, 37(7): 1177-1195.

Hackman J R, Oldham G R. 1975. Development of the job diagnostic survey[J]. Journal of Applied Psychology, 60(2): 159-170.

Halawi L A, McCarthy R V, Aronson J E. 2008. An empirical investigation of knowledge management systems' success[J]. Journal of Computer Information Systems, 48(2): 121-135.

Halbesleben J R B, Novicevic M M, Harvey M G, et al. 2003. Awareness of temporal complexity in leadership of creativity and innovation: a competency-based model[J]. The Leadership Quarterly, 14(4/5): 433-454.

Hall E T. 1983. The Dance of Life: The Other Dimension of Time[M]. New York: Anchor Press/Doubleday.

Hambrick D C. 2007. Upper echelons theory: an update[J]. Academy of Management Review, 32(2): 334-343.

Hambrick D C, Finkelstein S, Mooney A C. 2005. Executive job demands: new insights for explaining strategic decisions and leader behaviors[J]. Academy of Management Review, 30(3): 472-491.

Han M. 2007. Achieving superior internationalization through strategic ambidexterity[J]. Journal of Enterprising Culture, 15(1): 43-77.

Han Y, Liefbroer A, Elzinga C. 2017. Comparing methods of classifying life courses: sequence analysis and latent class analysis[J]. Longitudinal and Life Course Studies, 8(4): 319-341.

Hannan M T, Freeman J. 1977. The population ecology of organizations[J]. American Journal of Sociology, 82(5): 929-964.

Hardy C, Clegg S R. 2006. Some dare call it power[M]//Clegg S R, Hardy C, Nord W, et al. Handbook of Organization Studies. London: Sage: 754-775.

Hashai N, Kafouros M, Buckley P J. 2018. The performance implications of speed, regularity, and duration in alliance portfolio expansion[J]. Journal of Management, 44(2): 707-731.

Hatch M J. 1999. Exploring the empty spaces of organizing: how jazz can help us understand organizational structure[J]. Organization Studies, 20(1): 75-100.

Henderson R. 1994. The evolution of integrative capability: innovation in cardiovascular drug discovery[J]. Industrial and Corporate Change, 3(3): 607-630.

Henderson R M, Clark K B. 1990. Architectural innovation: the reconfiguration of existing product technologies and the failure of established firms[J]. Administrative Science Quarterly, 35(1): 9-30.

Henseler J, Fassott G. 2009. Testing moderating effects in PLS path models: an illustration of available procedures[M]//Handbook of Partial Least Squares. Berlin: Springer Berlin Heidelberg: 713-735.

Hirshleifer D, Low A, Teoh S H. 2012. Are overconfident CEOs better innovators?[J]. The Journal of Finance, 67(4): 1457-1498.

Huber G P. 1991. Organizational learning: the contributing processes and the literatures[J].

Organization Science, 2(1): 88-115.

Im G, Rai A. 2008. Knowledge sharing ambidexterity in long-term interorganizational relationships[J]. Management Science, 54(7): 1281-1296.

Jaffe A B. 1986. Technological opportunity and spillovers of R&D: evidence from firm's patents, profits and market value[J]. American Economic Review, 76(5): 984-1001.

Jaffe A B. 1989. Characterizing the "technological position" of firms, with application to quantifying technological opportunity and research spillovers[J]. Research Policy, 18(2): 87-97.

Jansen J J P, van den Bosch F A J, Volberda H W. 2006. Exploratory innovation, exploitative innovation, and performance: effects of organizational antecedents and environmental moderators[J]. Management Science, 52(11): 1661-1674.

Jansen K J, Kristof-Brown A L. 2005. Marching to the beat of a different drummer: examining the impact of pacing congruence[J]. Organizational Behavior and Human Decision Processes, 97(2): 93-105.

Jarrahi M H. 2018. Artificial intelligence and the future of work: human-AI symbiosis in organizational decision making[J]. Business Horizons, 61(4): 577-586.

Jennings P D, Zandbergen P A. 1995. Ecologically sustainable organizations: an institutional approach[J]. Academy of Management Review, 20(4): 1015-1052.

Jiang Z Y, Wang Z J, Feng C X, et al. 2022. Local political turnover, R&D investment leap and corporate innovation performance: evidence from China[J]. Science and Public Policy, 49(2): 347-364.

Johanson J, Vahlne J E. 1977. The internationalization process of the firm-a model of knowledge development and increasing foreign market commitments[J]. Journal of International Business Studies, 8(1): 23-32.

Justin J J P, van Den Bosch F A J, Volberda H W. 2006. Exploratory innovation, exploitative innovation, and performance: effects of organizational antecedents and environmental moderators[J]. Management Science, 52(11): 1661-1674.

Kahneman D. 1973. Attention and Effort[M]. Englewood Cliffs, NJ: Prentice-Hall.

Kang J, Kim S J. 2020. Performance implications of incremental transition and discontinuous jump between exploration and exploitation[J]. Strategic Management Journal, 41(6): 1083-1111.

Kaplan A, Haenlein M. 2019. Siri, Siri, in my hand: who's the fairest in the land? on the interpretations, illustrations, and implications of artificial intelligence[J]. Business Horizons, 62(1): 15-25.

Kaplan S, Tripsas M. 2008. Thinking about technology: applying a cognitive lens to technical change[J]. Research Policy, 37(5): 790-805.

Kaplan S, Vakili K. 2015. The double-edged sword of recombination in breakthrough innovation[J].

Strategic Management Journal, 36(10): 1435-1457.

Katila R, Ahuja G. 2002. Something old, something new: a longitudinal study of search behavior and new product introduction[J]. Academy of Management Journal, 45(6): 1183-1194.

Katila R, Chen E L. 2008. Effects of search timing on innovation: the value of not being in sync with rivals[J]. Administrative Science Quarterly, 53(4): 593-625.

Katila R, Chen E L, Piezunka H. 2012. All the right moves: How entrepreneurial firms compete effectively[J]. Strategic Entrepreneurship Journal, 6(2): 116-132.

Keck S L. 1997. Top management team structure: differential effects by environmental context[J]. Organization Science, 8(2): 143-156.

Kelly D, Amburgey T L. 1991. Organizational inertia and momentum: a dynamic model of strategic change[J]. Academy of Management Journal, 34(3): 591-612.

Ketchen D J Jr, Thomas J B, Snow C C. 1993. Organizational configurations and performance: a comparison of theoretical approaches[J]. Academy of Management Journal, 36(6): 1278-1313.

Kim G, Shin B, Kim K K, et al. 2011. IT capabilities, process-oriented dynamic capabilities, and firm financial performance[J]. Journal of the Association for Information Systems, 12(7): 487-517.

King A A, Tucci C L. 2002. Incumbent entry into new market niches: the role of experience and managerial choice in the creation of dynamic capabilities[J]. Management Science, 48(2): 171-186.

King A W, Zeithaml C P. 2001. Competencies and firm performance: examining the causal ambiguity paradox[J]. Strategic Management Journal, 22(1): 75-99.

Kirschbaum R. 2005. Open innovation in practice[J]. Research Technology Management, 48(4): 24-28.

Klarner P, Raisch S. 2013. Move to the beat-rhythms of change and firm performance[J]. Academy of Management Journal, 56(1): 160-184.

Kor Y Y, Mahoney J T. 2005. How dynamics, management, and governance of resource deployments influence firm-level performance[J]. Strategic Management Journal, 26(5): 489-496.

Kuhn T. 1962. The Structure of Scientific Revolutions[M]. Chicago: University of Chicago Press.

Kumar S M. 1984. Comparative analysis of UK domestic and international firms[J]. Journal of Economic Studies, 11(3): 26-42.

Kyriakopoulos K, Hughes M, Hughes P. 2016. The role of marketing resources in radical innovation activity: antecedents and payoffs[J]. Journal of Product Innovation Management, 33(4): 398-417.

Laamanen T, Keil T. 2008. Performance of serial acquirers: toward an acquisition program perspective[J]. Strategic Management Journal, 29(6): 663-672.

Lavie D, Kang J, Rosenkopf L. 2011. Balance within and across domains: the performance implications of exploration and exploitation in alliances[J]. Organization Science, 22(6):

1517-1538.

Lavie D, Rosenkopf L. 2006. Balancing exploration and exploitation in alliance formation[J]. Academy of Management Journal, 49(4): 797-818.

Lawrence T B, Hardy C, Phillips N. 2002. Institutional effects of interorganizational collaboration: the emergence of proto-institutions[J]. Academy of Management Journal, 45(1): 281-290.

Lawrence T B, Winn M I, Jennings P D. 2001. The temporal dynamics of institutionalization[J]. Acadcmy of Management Review, 26(4): 624-644.

Leblebici H, Salancik G R, Copay A, et al. 1991. Institutional change and the transformation of interorganizational fields: an organizational history of the U.S. radio broadcasting industry[J]. Administrative Science Quarterly, 36(3): 333-363.

LeCun Y, Bengio Y, Hinton G. 2015. Deep learning[J]. Nature, 521(7553): 436-444.

Lee H, Liebenau J. 1999. Time in organizational studies: towards a new research direction[J]. Organization Studies, 20(6): 1035-1058.

Lee H, Liebenau J. 2000. Temporal effects of information systems on business processes: focusing on the dimensions of temporality[J]. Accounting, Management and Information Technologies, 10(3): 157-185.

Leonard-Barton D. 1992. Core capabilities and core rigidities: a paradox in managing new product development[J]. Strategic Management Journal, 13(S1): 111-125.

Letarte L, Gagnon P, McKay R, et al. 2021. Examining longitudinal patterns of individual neighborhood deprivation trajectories in the province of Quebec: a sequence analysis application[J]. Social Science & Medicine, 288: 113695.

Levinthal D A, March J G. 1993. The myopia of learning[J]. Strategic Management Journal, 14(S2): 95-112.

Liguori M. 2012. The supremacy of the sequence: key elements and dimensions in the process of change[J]. Organization Studies, 33(4): 507-539.

Limaj E, Bernroider E W N. 2019. The roles of absorptive capacity and cultural balance for exploratory and exploitative innovation in SMEs[J]. Journal of Business Research, 94: 137-153.

Lin W T. 2012. Family ownership and internationalization processes: internationalization pace, internationalization scope, and internationalization rhythm[J]. European Management Journal, 30(1): 47-56.

Lin W T, Cheng K Y. 2013. Upper echelon compensation, performance, and the rhythm of firm internationalization[J]. Management Decision, 51(7): 1380-1401.

Liu J, Chang H H, Forrest J Y L, et al. 2020. Influence of artificial intelligence on technological innovation: evidence from the panel data of China's manufacturing sectors[J]. Technological Forecasting and Social Change, 158: 120142.

Liu Y, Chan C, Zhao C H, et al. 2019. Unpacking knowledge management practices in China: do institution, national and organizational culture matter?[J]. Journal of Knowledge Management, 23(4): 619-643.

Lord R G, Dinh J E, Hoffman E L. 2015. A quantum approach to time and organizational change[J]. Academy of Management Review, 40(2): 263-290.

Lubatkin M, Simsek Z, Ling Y, et al. 2006. Ambidexterity and performance in small-to medium-sized firms: the pivotal role of top management team behavioral integration[J]. Journal of Management, 32(5): 646-672.

March J G. 1981. Footnotes to organizational change[J]. Administrative Science Quarterly, 26(4): 563-577.

March J G. 1991. Exploration and exploitation in organizational learning[J]. Organization Science, 2(1): 71-87.

March J G, Schulz M, Zhou X G. 2000. The Dynamics of Rules: Change in Written Organizational Codes[M]. Stanford: Stanford University Press.

March J G, Simon H A. 1958. Organizations[M]. Hoboken: Wiley.

Marks M A, Mathieu J E, Zaccaro S J. 2001. A temporally based framework and taxonomy of team processes[J]. Academy of Management Review, 26(3): 356-376.

Marion T J, Eddleston K A, Friar J H, et al. 2015. The evolution of interorganizational relationships in emerging ventures: an ethnographic study within the new product development process[J]. Journal of Business Venturing, 30(1): 167-184.

McGrath J E, Kelly J R. 1987. Time and Human Interaction: Toward a Social Psychology of Time[M]. New York: The Guilford Press.

McGrath J E, Kelly J R, Machatka D E. 1984. The social psychology of time: entrainment of behavior in social and organizational settings[J]. Applied Social Psychology Annual, 5: 21-44.

McGrath J E, Tschan F. 2004.Temporal Matters in Social Psychology: Examining the Role of Time in the Lives of Groups and Individuals[M]. Washington DC: American Psychological Association.

McNeely C L, Hahm J O. 2014. The big(data)Bang: policy, prospects, and challenges[J]. Review of Policy Research, 31(4): 304-310.

Meyer J W, Rowan B. 1977. Institutionalized organizations: formal structure as myth and ceremony[J]. American Journal of Sociology, 83(2): 340-363.

Michel A, Shaked I. 1986. Multinational corporations vs. domestic corporations: financial performance and characteristics[J]. Journal of International Business Studies, 17(3): 89-100.

Mikalef P, Boura M, Lekakos G, et al. 2019. Big data analytics and firm performance: findings from a mixed-method approach[J]. Journal of Business Research, 98: 261-276.

Mikalef P, Pateli A. 2017. Information technology-enabled dynamic capabilities and their indirect effect on competitive performance: findings from PLS-SEM and fsQCA[J]. Journal of Business Research, 70: 1-16.

Milesi C. 2010. Do all roads lead to Rome? Effect of educational trajectories on educational transitions[J]. Research in Social Stratification and Mobility, 28(1): 23-44.

Miller D, Chen M J. 1994. Sources and consequences of competitive inertia: a study of the U.S. airline industry[J]. Administrative Science Quarterly, 39(1): 1-23.

Miller D, Friesen P H. 1982a. Innovation in conservative and entrepreneurial firms: two models of strategic momentum[J]. Strategic Management Journal, 3(1): 1-25.

Miller D, Friesen P H. 1982b. Structural change and performance: quantum versus piecemeal-incremental approaches[J]. Academy of Management Journal, 25(4): 867-892.

Miller D, Shamsie J. 1996. The resource-based view of the firm in two environments: the hollywood film studios from 1936 to 1965[J]. Academy of Management Journal, 39(3): 519-543.

Milliken F J, Lant T K. 1991. The effect of an organizations recent performance history on strategic persistence and change: The role of managerial interpretations[J]. Advance in Strategic Management, 7: 129-156..

Miner A S, Bassof P, Moorman C. 2001. Organizational improvisation and learning: a field study[J]. Administrative Science Quarterly, 46(2): 304-337.

Miner A S, Moorman C, Bassoff P. 1996. Organizational improvisation and new product development[J]. (No Title).

Mitchell R K, Busenitz L W, Bird B, et al. 2007. The central question in entrepreneurial cognition research 2007[J]. Entrepreneurship Theory and Practice, 31(1): 1-27.

Mitchell R K, Busenitz L W, Lant T, et al. 2002. Toward a theory of entrepreneurial cognition: rethinking the people side of entrepreneurship research[J]. Entrepreneurship Theory and Practice, 27(2): 93-104.

Mohammed S, Nadkarni S. 2011. Temporal diversity and team performance: the moderating role of team temporal leadership[J]. The Academy of Management Journal, 54(3): 489-508.

Mudambi R, Swift T. 2011. Proactive R&D management and firm growth: a punctuated equilibrium model[J]. Research Policy, 40(3): 429-440.

Mudambi R, Swift T. 2014. Knowing when to leap: transitioning between exploitative and explorative R&D[J]. Strategic Management Journal, 35(1): 126-145.

Mueller V, Rosenbusch N, Bausch A. 2013. Success patterns of exploratory and exploitative innovation: a meta-analysis of the influence of institutional factors[J]. Journal of Management, 39(6): 1606-1636.

Nadkarni S, Chen T X, Chen J H. 2016. The clock is ticking! Executive temporal depth, industry velocity, and competitive aggressiveness[J]. Strategic Management Journal, 37(6): 1132-1153.

Nadkarni S, Narayanan V K. 2007. Strategic schemas, strategic flexibility, and firm performance: the moderating role of industry clockspeed[J]. Strategic Management Journal, 28(3): 243-270.

Nagle F, Teodoridis F. 2020. Jack of all trades and master of knowledge: the role of diversification in new distant knowledge integration[J]. Strategic Management Journal, 41(1): 55-85.

Nelson R R, Winter S G. 1982. An Evolutionary Theory of Economic Change[M]. Cambridge: Harvard University Press.

O'Connor G C, Ravichandran T, Robeson D. 2008. Risk management through learning: management practices for radical innovation success[J]. The Journal of High Technology Management Research, 19(1): 70-82.

O'Reilly C A, Tushman M L. 2004. The ambidextrous organization[J]. Harvard Business Review, 82(4): 74-81, 140.

Okhuysen G A, Waller M J. 2002. Focusing on midpoint transitions: an analysis of boundary conditions[J]. The Academy of Management Journal, 45(5): 1056-1065.

Orlikowski W J, Yates J. 2002. It's about time: temporal structuring in organizations[J]. Organization Science, 13(6): 684-700.

Pérez-Nordtvedt L, Payne G T, Short J C, et al. 2008. An entrainment-based model of temporal organizational fit, misfit, and performance[J]. Organization Science, 19(5): 785-801.

Perlow L A. 1999. The time famine:toward a sociology of work time[J]. Administrative Science Quarterly, 44(1): 57-81.

Peters T J. 1994. The Tom Peters Seminar: Crazy Times Call for Crazy Organizations[M]. New York: Vintage Books.

Pina e Cunha M. 2004. Organizational time: a dialectical view[J]. Organization, 11: 271-296.

Porter M E. 1991. Towards a dynamic theory of strategy[J]. Strategic Management Journal, 12(S2): 95-117.

Powell W W, DiMaggio P J. 1991. The New Institutionalism in Organizational Analysis[M]. Chicago: University of Chicago Press.

Prahalad C K, Bettis R A. 1986. The dominant logic: a new linkage between diversity and performance[J]. Strategic Management Journal, 7(6): 485-501.

Prescott J E, Shi W S. 2008. A temporal perspective of corporate M&A and alliance portfolios[J]. Advances in Mergers and Acquisitions, 7: 5-27.

Quigley T J, Hambrick D C. 2015. Has the "CEO effect" increased in recent decades? A new explanation for the great rise in America's attention to corporate leaders[J]. Strategic Management Journal, 36(6): 821-830.

Raisch S, Birkinshaw J. 2008. Organizational ambidexterity: antecedents, outcomes, and moderators[J]. Journal of Management, 34(3): 375-409.

Raisch S, Birkinshaw J, Probst G, et al. 2009. Organizational ambidexterity: balancing exploitation and exploration for sustained performance[J]. Organization Science, 20(4): 685-695.

Reichstein M, Camps-Valls G, Stevens B, et al. 2019. Deep learning and process understanding for data-driven earth system science[J]. Nature, 566(7743): 195-204.

Rivkin J W, Siggelkow N. 2003. Balancing search and stability: interdependencies among elements of organizational design[J]. Management Science, 49(3): 290-311.

Robinson J P, Godbey G. 1997. Time for Life: the Surprising Ways Americans Use Their Time[M]. University Park: Pennsylvania State University Press.

Roe R A. 2008. Time in applied psychology: the study of "what happens" rather than "what is"[J]. European Psychologist, 13(1): 37-52.

Rogers E M. 1995. Diffusion of Innovation[M]. New York: Free Press.

Romanelli E, Tushman M L. 1994. Organizational transformation as punctuated equilibrium: an empirical test[J]. Academy of Management Journal, 37(5): 1141-1166.

Rosenkopf L, Nerkar A. 2001. Beyond local search: boundary-spanning, exploration, and impact in the optical disk industry[J]. Strategic Management Journal, 22(4): 287-306.

Rothaermel F T, Deeds D L. 2004. Exploration and exploitation alliances in biotechnology: a system of new product development[J]. Strategic Management Journal, 25(3): 201-221.

Sachs W, Dieleman M, Fendt J, et al. 2006. Managing dilemmas in organizations: Irregular oscillation and coevolving causalities[R]//Bergen: EGOS Conference.

Sankowska A, Söderlund J. 2015. Trust, reflexivity and knowledge integration: toward a conceptual framework concerning mobile engineers[J]. Human Relations, 68(6): 973-1000.

Schilling M A, Green E. 2011. Recombinant search and breakthrough idea generation: an analysis of high impact papers in the social sciences[J]. Research Policy, 40(10): 1321-1331.

Schmidt J, Keil T. 2013. What makes a resource valuable? Indentifying the drivers of firm idiosyncratic resource value[J]. Academy of Management Review, 38(2): 206-228.

Schneider C. 2008. Fences and competition in patent races[J]. International Journal of Industrial Organization, 26(6): 1348-1364.

Schoenherr T, Swink M. 2015. The roles of supply chain intelligence and adaptability in new product launch success[J]. Decision Sciences, 46(5): 901-936.

Schriber J B, Gutek B A. 1987. Some time dimensions of work: measurement of an underlying aspect of organization culture[J]. Journal of Applied Psychology, 72(4): 642-650.

Schulz M. 1998. Limits to bureaucratic growth: the density dependence of organizational rule births[J]. Administrative Science Quarterly, 43(4): 845-876.

Schultz M, Hernes T. 2013. A temporal perspective on organizational identity[J]. Organization Science, 24(1): 1-21.

Schumpeter J A. 1934. The Theory of Economic Development[M]. Cambridge: Harvard University Press.

Seeber I, Bittner E, Briggs R O, et al. 2020. Machines as teammates: a research agenda on AI in team collaboration[J]. Information & Management, 57(2): 103174.

Shane S. 2012. Reflections on the 2010 AMR decade award: delivering on the promise of entrepreneurship as a field of research[J]. Academy of Management Review, 37(1): 10-20.

Shen Z X. 2009. It's about time: the temporal impacts of information and communication technology (ICT) on groups[D]. Cleveland: Case Western Reserve University.

Shi W S, Prescott J E. 2011. Sequence patterns of firms' acquisition and alliance behaviour and their performance implications[J]. Journal of Management Studies, 48(5): 1044-1070.

Shi W S, Prescott J E. 2012. Rhythm and entrainment of acquisition and alliance initiatives and firm performance: a temporal perspective[J]. Organization Studies, 33(10): 1281-1310.

Shipp A J, Cole M S. 2015. Time in individual-level organizational studies: what is it, how is it used, and why isn't it exploited more often?[J]. Annual Review of Organizational Psychology and Organizational Behavior, 2: 237-260.

Siggelkow N. 2002. Evolution toward fit[J]. Administrative Science Quarterly, 47(1): 125-159.

Silver D, Schrittwieser J, Simonyan K, et al. 2017. Mastering the game of go without human knowledge[J]. Nature, 550(7676): 354-359.

Simon H A. 1959. Theories of decision-making in economics and behavioral science[J]. The American Economic Review, 49(3): 253-283.

Simon H A. 1960. Administrative Behavior[M]. New York: Macmillan.

Simon H A. 1961. Administrative Behavior: a Study Of Decision-Making Processes In Administrative Organization[M]. 2nd ed. New York: Macmillan.

Simon H A. 1991. Bounded rationality and organizational learning[J]. Organization Science, 2(1): 125-134.

Simsek Z, Heavey C, Veiga J F, et al. 2009. A typology for aligning organizational ambidexterity's conceptualizations, antecedents, and outcomes[J]. Journal of Management Studies, 46(5): 864-894.

Smith W K, Tushman M L. 2005. Managing strategic contradictions: a top management model for managing innovation streams[J]. Organization Science, 16(5): 522-536.

Sonnentag S. 2012. Time in organizational research: Catching up on a long neglected topic in order to improve theory[J]. Organizational Psychology Review, 2(4): 361-368.

Souza G C, Bayus B L, Wagner H M. 2004. New-product strategy and industry clockspeed[J]. Management Science, 50(4): 425-559.

Standifer R, Bluedorn A. 2006. Alliance management teams and entrainment: sharing temporal mental models[J]. Human Relations, 59(7): 903-927

Stettner U, Lavie D. 2014. Ambidexterity under scrutiny: Exploration and exploitation via internal organization, alliances, and acquisitions[J]. Strategic Management Journal, 35(13): 1903-1929.

Strang D, Tuma N B. 1993. Spatial and temporal heterogeneity in diffusion[J]. American Journal of Sociology, 99(3): 614-639.

Swift T. 2013. R&D expenditure volatility and firm performance: organizational and environmental contexts[J]. International Journal of Innovation and Technology Management, 10(4): 1350013.

Swift T. 2016. The perilous leap between exploration and exploitation[J]. Strategic Management Journal, 37(8): 1688-1698.

Tarafdar M, Beath C M, Ross J W. 2019. Using AI to enhance business operations[J]. MIT Sloan Management Review, 60(4): 37-44.

Teece D J, Pisano G, Shuen A. 1997. Dynamic capabilities and strategic management[J]. Strategic Management Journal, 18(7): 509-533.

Tempelaar M P, Rosenkranz N. 2019. Switching hats: the effect of role transition on individual ambidexterity[J]. Journal of Management, 45(4): 1517-1539.

Toh P K. 2014. Chicken, or the egg, or both? The interrelationship between a firm's inventor specialization and scope of technologies[J]. Strategic Management Journal, 35(5): 723-738.

Townley B. 1993. Foucault, power/knowledge, and its relevance for human resource management[J]. The Academy of Management Review, 18(3): 518-545.

Tsai K H, Liao Y C, Hsu T T. 2015. Does the use of knowledge integration mechanisms enhance product innovativeness?[J]. Industrial Marketing Management, 46(6): 214-223.

Turner S, Mitchell W, Bettis R. 2013. Strategic momentum: how experience shapes temporal consistency of ongoing innovation[J]. Journal of Management, 39(7): 1855-1890.

Tushman M L, Anderson P. 1986. Technological discontinuities and organizational environments[J]. Administrative Science Quarterly, 31(3): 439-465.

Tushman M L, O'Reilly C A III. 1996. Ambidextrous organizations: managing evolutionary and revolutionary change[J]. California Management Review, 38(4): 8-29.

Tushman M L, Romanelli E. 1985. Organizational evolution: a metamorphosis model of convergence and reorientation[J]. Research in Organizational Behavior, 7: 171-222.

Utterback J M. 1994. Mastering the Dynamics of Innovation: How Companies Can Seize Opportunities in the Face of Technological Change[M]. Boston: Harvard Business School Press.

Vable A M, Duarte C D, Cohen A K, et al. 2020. Does the type and timing of educational attainment influence physical health? A novel application of sequence analysis[J]. American Journal of Epidemiology, 189(11): 1389-1401.

Venkatraman N, Lee C-H, Iyer B. 2007. Strategic ambidexterity and sales growth: a longitudinal test in the software sector [EB/OL].https://www.doc88,com/p-268188238700.html[2024-11-21].

Venkatraman N, Prescott J E. 1990. Environment-strategy coalignment: an empirical test of its performance implications[J]. Strategic Management Journal, 11(1): 1-23.

Vermeulen F, Barkema H. 2001. Learning through acquisitions[J]. Academy of Management Journal, 44(3): 457-476.

Vermeulen F, Barkema H. 2002. Pace, rhythm and scope: process dependence in building a profitable multinational corporation[J]. Strategic Management Journal, 23(7): 637-653.

Vinkenburg C J, Connolly S, Fuchs S, et al. 2020. Mapping career patterns in research: a sequence analysis of career histories of ERC applicants[J]. PLoS One, 15(7): e0236252.

von Briel F, Davidsson P, Recker J. 2018. Digital technologies as external enablers of new venture creation in the IT hardware sector[J]. Entrepreneurship Theory and Practice, 42(1): 47-69.

von Hippel E. 1988. The Sources of Innovation[M]. New York: Oxford University Press.

von Krogh G. 2018. Artificial intelligence in organizations: new opportunities for phenomenon-based theorizing[J]. Academy of Management Discoveries, 4(4): 404-409.

Wamba-Taguimdje S L, Fosso Wamba S, Kamdjoug J R, et al. 2020. Influence of artificial intelligence (AI) on firm performance: the business value of AI-based transformation projects[J]. Business Process Management Journal, 26(7): 1893-1924.

Weick K E. 1993. The collapse of sensemaking in organizations: The Mann gulch disaster[J]. Administrative Science Quarterly, 38(4): 628-652.

Weijermars R. 2009. Accelerating the three dimensions of E&P clockspeed-A novel strategy for optimizing utility in the Oil & Gas industry[J]. Applied Energy, 86(10): 2222-2243.

Wernerfelt B. 1984. A Resource-based view of the firm[J]. Strategic Management Journal, 5(2): 171-180.

Wernerfelt B. 1989. From critical resources to corporate strategy[J]. Journal of General Management, 14(3): 4-12.

Wilson J H, Daugherty P R. 2018. Collaborative intelligence humans and AI are joining forces[J]. Harvard Business Review, 96(4): 114-123.

Winn M I. 2001. Building stakeholder theory with a decision modeling methodology[J]. Business & Society, 40(2): 133-166.

Xie H M, Lan H L, Ye G Y, et al. 2003. Dynamic competition: an empirical study of China's main color TV enterprises[J]. Management World, 4: 77-86.

Yadav M S, Prabhu J C, Chandy R K. 2007. Managing the future: CEO attention and innovation outcomes[J]. Journal of Marketing, 71(4): 84-101.

Yayavaram S, Ahuja G. 2008. Decomposability in knowledge structures and its impact on the usefulness of inventions and knowledge base malleability[J]. Administrative Science Quarterly,

53(2): 333-362.

Yayavaram S, Chen W R. 2015. Changes in firm knowledge couplings and firm innovation performance: the moderating role of technological complexity[J]. Strategic Management Journal, 36(3): 377-396.

Yoo Y, Henfridsson O, Lyytinen K. 2010. The new organizing logic of digital innovation: an agenda for information systems research[J]. Information Systems Research, 21(4): 724-735.

Zaheer S, Albert S, Zaheer A. 1999. Time scales and organizational theory[J]. Academy of Management Review, 24(4): 725-741.

Zerubavel E. 1981. Hidden Rhythms: Schedules and Calendars in Social Life[M]. Chicago: University of Chicago Press.